Jejuar

UMA REVOLUÇÃO NA
VIDA ESPIRITUAL

ELMER L. TOWNS

Jejuar

UMA REVOLUÇÃO NA
VIDA ESPIRITUAL

Atos

Towns, Elmer L.
  Jejuar: uma revolução na vida espiritual: um guia de nove jejuns bíblicos / Elmer L. Towns; tradutora Lenita Ananias do Nascimento. – Belo Horizonte: Editora Atos, 2003.

  256 p.
  Título original: Fasting for spiritual breakthrough.
  ISBN 978-65-995851-3-5

  1. Jejum – Aspectos religiosos – Cristianismo 2. Jejum – Ensino bíblico I. Título. II. Título: Um guia de nove jejuns bíblicos.

03-3258   CDD-248.47

Índices para catálogo sistemático:
1. Jejum: Prática religiosa   248.47

Publicado originalmente por
Regal Books

Copyright © 1996 por Elmer L. Towns
Todos os direitos reservados.

Tradução: Lenita Ananias do Nascimento
Revisão: Rita Leite
Capa: Leandro Schuques
Diagramação: Manoel Menezes

Primeira edição: Julho de 2003
Segunda edição: Março de 2022

Nenhuma parte deste livro pode ser reproduzida, arquivada ou transmitida por qualquer meio – eletrônico, mecânico, fotocópias, etc. – sem a devida permissão dos editores, podendo ser usada apenas para citações breves.

Publicado com a devida autorização e com todos os direitos reservados pela EDITORA ATOS LTDA.

Atos

www.editoraatos.com.br

Sumário

Prefácio 7
Agradecimentos 9
Introdução 11
1. **O jejum que Deus escolhe** 17
2. **O jejum do discípulo** 31
3. **O jejum de Esdras** 45
4. **O jejum de Samuel** 65
5. **O jejum de Elias** 85
6. **O jejum da viúva** 103
7. **O jejum de Paulo** 115
8. **O jejum de Daniel** 133
9. **O jejum de João Batista** 147
10. **O jejum de Ester** 161
Apêndice 1. **Jejuar: Dar um repouso para o corpo** 177
Apêndice 2. **Glossário do jejum** 193
Apêndice 3. **Comentários de líderes cristãos sobre o jejum** 215
Apêndice 4. **Como manter um diário do jejum** 225
Apêndice 5. **Referências bíblicas ao jejum** 231
Apêndice 6. **Bibliografia comentada** 253

Prefácio

Sempre acreditei no princípio bíblico do jejum. Durante os últimos cinquenta anos, jejuei em muitas ocasiões e por diferentes finalidades. Contudo foi em 1994 que o Senhor começou realmente a trabalhar comigo na questão do jejum de uma forma nova e poderosa, e a dar-me novo entendimento nesse assunto.

Em 5 de julho desse ano, Deus me levou a iniciar um jejum de quarenta dias em favor de um grande despertamento espiritual na América e para que se cumprisse a Grande Comissão em todo o mundo. Antes e durante o processo desse jejum, o Senhor me mostrou poderosamente que jejuar, embora não mencionado especificamente, é o melhor meio de ajudar a encontrar as condições de humildade e de buscar a face de Deus como mostra 2 Crônicas 7.14.

Se o meu povo, que se chama pelo meu nome, se humilhar e orar, buscar a minha face e se afastar dos seus maus caminhos, dos céus o ouvirei, perdoarei o seu pecado e curarei a sua terra.

Também, no vigésimo nono dia de meu jejum, enquanto eu lia a Palavra de Deus, fui convencido a enviar cartas a líderes cristãos em todos os Estados Unidos, convidando-os para jejuar e orar juntos em Orlando, Flórida, por avivamento e para a Grande Comissão pudesse se cumprir. Enviei os convites logo. Eu fiquei orando e esperando que pelo menos "trezentos gideões" respondessem afirmativamente e me fizessem companhia no evento planejado para dezembro.

Vieram mais de seiscentos! Representavam uma parte significativa da liderança cristã de muitas denominações, igrejas e ministérios dos Estados Unidos. Foram três dias maravilhosos de jejum, oração, confissão e união. Muitos líderes deram testemunho de que essa tinha sido uma das maiores experiências espirituais da vida deles. Acredito que essa oportunidade incrível não ocorreu por acaso, porque já no mês seguinte, janeiro de 1995, houve relatos de importante avivamento ocorrendo em *câmpus* universitários e igrejas em todos os Estados Unidos. É claro que outras pessoas oraram por avivamento durante muito tempo, e nossas orações apenas se somaram às delas. Entretanto estou convencido de que nosso encontro de jejum e oração de dezembro de 1994 agradou a Deus, e o ajudou a mover a mão para realizar seus propósitos.

Acredito firmemente que os Estados Unidos e grande parte do mundo vão experimentar, antes do final do ano 2000, um grande despertar espiritual. Essa divina visita do Espírito Santo vai suscitar a maior colheita espiritual da história da igreja. Contudo, antes que Deus venha com o poder do avivamento, o Espírito Santo vai chamar milhões de cristãos ao arrependimento, ao jejum e à oração, no espírito de 2 Crônicas 7.14. Fui convencido a orar para que Deus chame pelo menos dois milhões de cristãos para jejuar e orar durante quarenta dias pela vinda do grande avivamento.

Este livro oportuno, necessário e excelente *Jejuar – uma revolução na vida espiritual*, do meu amigo dr. Elmer L. Towns, é sem dúvida inspirado pelo Espírito Santo para instruir o corpo de Cristo. Suas reflexões nos dão maior entendimento da disciplina do jejum e nos inspiram a usar esse princípio bíblico para nos humilhar e buscar a face de Deus. Louvo intensamente o dr. Towns por ser obediente a nosso Senhor e ter se empenhado em reunir essas valiosas informações bíblicas sobre a importância única de jejuar com oração.

Dr. William R. Bright
*Fundador e Presidente da Cruzada
Estudantil e Profissional para Cristo*

Agradecimentos

O CONTEÚDO DESTE LIVRO FOI ensinado na classe pastoral de estudo bíblico da Igreja Batista de Thomas Road, Lynchburg, Virgínia, entre junho e setembro de 1995. Obrigado, alunos, por frequentar minhas aulas e compartilhar comigo o que aprenderam sobre jejuar. À medida que eu ensinava uma lição, ia escrevendo cada capítulo. Na maior parte, não foram os cristãos mais velhos, mas os mais novos, que conversaram comigo sobre essa série e experimentaram o que ensinei. Aprendi muito sobre jejuar olhando através dos olhos de meus alunos.

Sou muito grato ao meu pastor, Jerry Falwell, pelos esclarecimentos que me deu sobre jejuar, principalmente as de seu livro *Fasting: What the Bible Teaches* (Jejuar: o que a Bíblia ensina) (Wheaton, Ill., Tyndale House, 1981); à sra. Shelly Seager, que datilografou o manuscrito; e ao dr. Douglas Porter, que fez a pesquisa bibliográfica para o glossário e os apêndices.

O dr. Rex Russell deu uma grande contribuição médica para esse trabalho.

Com exceção daqueles fisicamente incapacitadas, eu peço aos alunos de meu curso "EVAN 610/910, Spiritual Factors of Church Growth" que jejuem. Eles devem disciplinar-se a jejuar um dia, manter uma lista de oração, participar de um evento de fé e manter um diário espiritual. À medida que lia seus trabalhos, esses alunos me ensinaram muito sobre como jejuar e o que evitar durante o jejum.

Todo o manuscrito é o produto de muitas experiências. Ouvi sermões sobre jejum, li muitos livros e conversei com muita gente que jejuou. Tudo isso me influenciou. Agradeço a todos, e principalmente ao Espírito Santo, que me dirigiu, e ao Senhor Jesus Cristo, que foi meu modelo. Lembre-se: ele jejuou quarenta dias antes de iniciar seu ministério. Em última análise, eu assumo toda a responsabilidade por todos os erros e omissões deste texto. Que Deus use este livro para seus propósitos.

ELMER L. TOWNS
Junho a setembro de 1995

Introdução

Se você está procurando viver mais perto de Deus, este livro é para você. À primeira vista, poderá achar que não, pois a disciplina do *jejum* caiu em tamanho desuso que as pessoas não conhecem seu poder. Contudo deixe-me contar-lhe uma experiência que ocorreu com minha secretária, Shelly Seager, e o marido dela, Dave, quando ela estava datilografando o manuscrito deste livro.

Dave foi chamado para uma entrevista de emprego em Harrisburg, Pensilvânia. Shelly definiu o cargo como "a oportunidade da vida". Dave queria realmente o cargo. Por isso os dois entraram em acordo para fazer algo que jamais tinham feito. Jejuaram durante vinte e quatro horas e passaram muito tempo em oração. (Na Bíblia, orar e jejuar caminham juntos.)

No dia seguinte ao que Dave passara mais tempo em oração, ele recebeu uma chamada interurbana.

Era de Harrisburg. Recebeu a oferta do cargo.

Naturalmente, não vou garantir que toda circunstância de sua vida pode ser "consertada" com jejum. Entretanto, insisto que os cristãos de hoje precisam examinar novamente porque essa clássica disciplina espiritual tem sido negligenciada em nossos dias.

Richard Foster, o escritor que despertou muita gente para as disciplinas espirituais, disse que não se publica nenhum livro importante sobre jejum há cem anos.

Por quê?

Talvez seja porque atualmente estamos tão mergulhados na "religião do bem-estar" que não queremos nos incomodar com nenhuma ideia de fome ou autonegação. Ou quem sabe tenhamos substituído os fatores espirituais do crescimento da igreja pela nossa confiança no ativismo – por exemplo, programas evangelísticos ostentosos – para trazer o reino de Deus. Talvez a promessa difundida de que "se pode ter tudo" tenha bloqueado em nossa mente toda ideia de sacrifício.

Como também Foster dá a entender, alguns cristãos podem ter-se desinteressado de jejuar devido ao modo que alguns monges e ascetas do passado jejuavam. Eles praticavam o jejum de modo a cair na velha armadilha gnóstica de declarar que a matéria (como o alimento e o corpo) é má e somente o que é espiritual é bom. Desse modo, podemos achar que jejuar faz parte da perspectiva que afirma que qualquer forma de gozar das boas dádivas terrenas de Deus é a mesma coisa que pecar. Esse engano, claro, não é argumento contra a prática verdadeira do jejum, mas contra seu abuso.

Certa vez, os discípulos de João Batista (conhecidos pela prática do jejum) perguntaram a Jesus por que seus discípulos não jejuavam. *"Jesus respondeu: 'Como podem os convidados do noivo ficar de luto enquanto o noivo está com eles?'"* (Mt 9.15). A resposta era óbvia. Enquanto Jesus estava junto aos seus discípulos, estes não jejuavam. Em seguida, Jesus disse: *"'Virão dias quando o noivo lhes será tirado; então jejuarão'"* (v. 15).

Evidentemente, o noivo não está mais presente na Terra em corpo físico; ele foi elevado ao céu (v. At 1.19). *Jesus partia do pressuposto que, depois que ele ascendesse aos céus, os que acreditavam nele jejuariam*: *"Então jejuarão naqueles"* (Mc 2.20 – ARC); *"quando jejuardes"* (Mt 6.16 – ARA). Agora que o noivo nos foi tirado, devemos nos empenhar nas disciplinas de abnegação que nos capacitam a gozar um pouco da intimidade de Jesus. A mesma intimidade que os primeiros discípulos desfrutavam enquanto caminhavam e conversavam diariamente com seu Senhor.

Sei que o jejum não apenas pode nos aproximar do noivo, mas também é capaz produzir resultados benéficos na vida de outros com profundas necessidades. Os benefícios de jejuar transcendem o nível pessoal e atingem o social.

Meu pastor jejua, e eu o tenho visto levantar quantias enormes de dinheiro por meio do jejum. Minha igreja jejua, e tenho visto Deus intervir em tempos de crise nacional. Os alunos da universidade em que leciono jejuam. Em 1985, quase todos os cinco mil alunos jejuaram pela cura física do deão do corpo discente, Vernon Brewer, que sofria de câncer. Dez anos depois, ele ainda está vivo e ministrando com eficiência em missões estrangeiras. Sei que Deus honra as orações e o jejum.

Como muitos não estão familiarizados com a variedade de maneiras de jejuar, no fim de cada capítulo apresento sugestões de como submeter-se a cada um dos nove jejuns sugeridos neste livro. Essas seções devem ser consideradas apenas como instruções gerais. O jejum não é uma disciplina legalista, mas deve ser adaptada ao objetivo particular de cada adorador. Enfim, você mesmo deve determinar a duração de seu jejum, o que deve comer ou beber, se é que vai comer ou beber algo, e outros aspectos relacionados ao seu jejum pessoal. A bibliografia no final deste livro tem recursos valiosos que o ajudarão nessa área. O Apêndice 4, "Como Manter um Diário do Jejum", vai orientá-lo a fazer um acompanhamento do que Deus realiza em sua vida durante o jejum.

Este livro, porém, visa principalmente a definir os *propósitos* do jejum e mostrar-lhe os *resultados* dele. Eu o escrevi para mostrar como o jejum pode capacitá-lo a se transformar num vencedor, a aumentar sua fé e realizar grandes coisas na vida de outras pessoas.

Eu não acredito que o jejum seja obrigatório para os crentes de hoje, mas creio, sim, que essa disciplina é útil para fortalecer a espiritualidade e ajudar a transpor barreiras que nos possam impedir de experimentar a vida cristã vitoriosa.

Num tempo como este, é necessário um livro importante sobre a disciplina espiritual do jejum. Por quê?

- Porque, mais que nunca, os crentes estão sendo controlados por poderes demoníacos e precisam de força para prevalecer contra o pecado (veja o capítulo "O jejum dos Discípulos").
- Porque os crentes de todo o mundo necessitam de soluções para muitos problemas complexos e situações ameaçadoras que enfrentam (veja "O jejum de Esdras").
- Porque a igreja precisa com urgência de avivamento, e todas as tribos, línguas e nações necessitam urgentemente de evangelização (veja "O jejum de Samuel").
- Porque o mundo, em geral, e a igreja, em particular, estão clamando por pessoas com caráter e integridade, pessoas que encontraram a cura emocional em Cristo e a força para vencer os hábitos pecaminosos e destrutivos (veja "O jejum de Elias").

- Porque a abundância de alimento isolou os crentes norte-americanos da realidade da fome e da subnutrição dos dois terços do mundo (veja "O jejum da viúva").
- Porque os meios de comunicação cativaram de tal forma a atenção dos norte-americanos que até os crentes estão vivendo de acordo com princípios completamente alheios à vontade de Deus (veja "O jejum de Paulo").
- Porque, apesar de toda a abundância de alimento e de toda a tecnologia médica na América do Norte, as pessoas não estão necessariamente mais saudáveis (veja "O jejum de Daniel").
- Porque uma enorme quantidade de crentes está tão emaranhada nas malhas da busca de bens econômicos e sociais que precisa se libertar para demonstrar seu testemunho e influenciar outros para Cristo (veja "O jejum de João Batista").
- Por causa do crescimento da influência de forças demoníacas e do declínio da influência do cristianismo bíblico na América do Norte e do fato de os crentes necessitarem de proteção contra o maligno (veja a seção "O jejum de Ester").

Completando o último ponto, já vai longe o tempo em que os cristãos podiam gozar de um fervor protestante evangélico na América do Norte. Nossa cultura agora é pós-cristã e militante do pluralismo. Está aos poucos perdendo a influência do Noivo. Precisamos jejuar para restabelecer contato com o Senhor.

Se você é responsável o suficiente com suas tarefas sociais como cristão para assumir a disciplina do jejum, pode contar com resistência, interferência e oposição. Prepare-se para isso na medida do possível. Não seja pego de surpresa. Lembre-se de que está procurando avançar em sua jornada espiritual e obter progresso para o Reino. Isso requer tomar o terreno do inimigo – e toda grande ação do Espírito Santo sofre a contestação do inimigo.

Leitor, eu o incentivo a procurar um parceiro de oração que fique com você durante seu jejum – para fazer intercessão por você enquanto você se esforça para buscar o Senhor por meio dessa disciplina espiritual.

É importante lembrar que o jejum é uma disciplina física. Consulte um médico antes de começar a jejuar. Nem todos podem jejuar. Nem todos devem jejuar por mais que um dia por vez. Nem todos devem tentar fazer os nove jejuns sugeridos neste livro. O jejum é apenas uma ferramenta que podemos ser usar para glorificar a Deus e concretizar as respostas à oração. Se nosso coração estiver perfeitamente preparado, poderemos obter os mesmos resultados sem jejuar. Se você ainda não estiver preparado, e é saudável, o jejum pode ser a resposta de Deus.

Minha esperança com relação a você

Tive grandes ideias para este livro. Como um pai ou uma mãe que tem um bebê, todo autor enxerga seu novo livro como algo tão especial que é capaz de mudar o mundo. Desejo que todos os cristãos do mundo aprendam a jejuar – jejuar corretamente – jejuar para obter resultados.

Se todos os cristãos jejuassem, os resultados poderiam abalar nossa sociedade como uma tempestade sacode um arbusto. Os cristãos deveriam demonstrar que vivem de modo diferente, que sua fé é decisiva, que o Todo-Poderoso opera em sua vida todos os dias.

Se todas as nossas igrejas jejuassem, avançariam na evangelização e se aproximariam dos necessitados para alimentá-los e auxiliá-los. Desse modo, Deus derramaria sua presença sobre seu povo.

1

O jejum que Deus escolhe

Desde o início, as pessoas têm buscado a Deus. Indevidamente, construíram o zigurate (torre) de Babel para chegar a Deus (veja Gênesis 11.1-9). Contrariamente à lei de Deus, esculpiram imagens para agradá-lo. Com arrogância, conceberam estatutos legalistas e viveram de acordo com eles para impressionar a Deus. Construíram monastérios e se isolaram para agradar a Deus. Como veremos, até jejuaram de maneira errada na tentativa de distrair a atenção de Deus das outras coisas que, negligentemente, haviam deixado de fazer.

É importante observar que práticas religiosas como o jejum são menos importantes que fazer a vontade de Deus. Como mostra Miqueias 6.8, o que o Senhor realmente requer de nós é devoção a Ele: *"Pratique a justiça, ame a fidelidade e ande humildemente com o seu Deus".* Jejuar não é um fim em si mesmo, mas um meio pelo qual podemos adorar ao Senhor e, humildemente, nos submeter a Ele. O amor de Deus é incondicional; não depende de nosso jejum ou da duração dele. Como está escrito em Gálatas: *"Portanto, permaneçam firmes e não se deixem submeter novamente a um jugo de escravidão"* (5.1). O objetivo de qualquer disciplina é a liberdade. Se o resultado não for uma liberdade superior, algo está errado.

Mesmo se quiséssemos, não poderíamos manipular a Deus. Jejuamos e oramos para obter resultados, mas eles estão nas mãos de Deus. Um dos maiores benefícios espirituais do jejum é ficarmos mais atentos à pessoa de Deus – mais consciente de nossa imperfeição e da perfeição dele, de nossas possibilidades e da autosuficiência dele – e ouvir o que Ele quer que sejamos e façamos.

O jejum cristão, portanto, é a antítese total, digamos, do jejum hinduísta. Ambos visam a resultados. Todavia, o jejum hinduísta concentra-se no "eu" e procura obter algo por um sacrifício observado. O jejum cristão concentra-se em Deus. Os resultados são espirituais e glorificam a Deus – tanto na pessoa que jejua quanto nas outras por quem ela jejua e ora.

O propósito de Deus para o jejum

Neste livro, concentrei-me na conhecidíssima e quase sempre citada passagem das Escrituras em Isaías 58.6-8, que dá uma verdadeira lista de advertências bem como de resultados positivos que podem ocorrer quando nos submetemos à disciplina do jejum.

É importante aprender com essa passagem os tipos de jejuns que *não* agradam a Deus bem como compreender os tipos que Ele escolhe. O povo de Deus jejuava nos dias de Isaías, mas sem resultados. O motivo, diz Deus, é que *eles ignoravam o modo de jejuar que podia mudar a vida deles* e o consideravam um ritual vazio:

> *Contudo, no dia do seu jejum vocês fazem o que é do agrado de vocês, e exploram os seus empregados. Seu jejum termina em discussão e rixa, e em brigas de socos brutais. Vocês não podem jejuar como fazem hoje e esperar que a sua voz seja ouvida no alto* (Is 58.3, 4).

O povo de Deus, assim como muitos cristãos atualmente, considerava a adoração meramente um ato particular, interior. Todo o foco do jejum estava no aspecto pessoal. Ouça a repreensão que Deus faz desse conceito:

> *Será esse o jejum que escolhi, que apenas um dia o homem se humilhe, incline a cabeça como o junco e se deite sobre pano de saco e cinzas? É isso que vocês chamam jejum, um dia aceitável ao Senhor?* (v.5)

O propósito de toda adoração, inclusive o jejum, é transformar o adorador de modo que haja impacto social e interpessoal. Adoramos não somente para nos satisfazer, mas também para nos tornar capazes de transformar o mundo! Deus prossegue, especificando o tipo de jejum que Ele escolhe:

O jejum que Deus escolhe

O jejum que desejo não é este: soltar as correntes da injustiça, desatar as cordas do jugo, pôr em liberdade os oprimidos e romper todo jugo? Não é partilhar sua comida com o faminto, abrigar o pobre desamparado, vestir o nu que você encontrou, e não recusar ajuda ao próximo? Aí sim, a sua luz irromperá como a alvorada, e prontamente surgirá a sua cura; a sua retidão irá adiante de você, e a glória do Senhor estará na sua retaguarda (v. 6-8).

Não devemos interpretar os primeiros versículos dessa passagem como um chamado ao "evangelho social" no sentido que possa negar a importância da adoração pessoal e sincera. Deus não estava pedindo que seu povo parasse de jejuar e, em vez disso, trouxesse o reino pela transformação social. Muito pelo contrário – Ele queria que o povo continuasse jejuando, mas que estendesse o jejum às suas ações da vida cotidiana. Por meio do profeta Joel, Deus chamou seu povo: *"Voltem-se para mim de todo o coração,* **com jejum**, *lamento e pranto"* (Jl 2.12 – grifo meu). Podemos supor que Isaías está comunicando o desejo de Deus de que o jejum continue, e que seus efeitos sejam manifestos além da mera vida particular e pessoal.

Portanto encontramos, em Isaías 58, um modelo para os frutos da fé e da devoção autênticas que Deus espera ver. Corretamente praticado, o jejum pode ajudar-nos a presentear o Senhor com esses frutos. Por isso, essa passagem me levou a procurar em outros textos das Escrituras nove tipos de jejum que penso que os cristãos devem redescobrir hoje em dia – não apenas para benefício próprio, mas também para o de outras pessoas. Observemos novamente a passagem de Isaías, prestando atenção nos aspectos que servirão de base para o restante deste livro.

Em Isaías 58, Deus diz que escolheu jejuns que (1) soltam as correntes da injustiça, (2) desatam as cordas do jugo, (3) põem em liberdade os oprimidos, (4) rompam todo jugo, (5) partilham a comida com o faminto e abrigam o pobre desamparado, (6) permitem a luz das pessoas irromper como a alvorada, (7) e prontamente providenciem a cura delas, (8) fazem a retidão das pessoas ir adiante delas; e (9) induzam a glória do Senhor a ficar na retaguarda delas.

Praticando corretamente o jejum, vemos nos dias de Isaías um filho de Judá privilegiado, curvando-se diante do Senhor e suplicando para que seu povo se convertesse de seus pecados, abandonasse a idolatria e adorasse ao Senhor com jejum e assistência aos pobres e aflitos.

Há sinais de que os israelitas também subjugavam e escravizavam os compatriotas judeus, talvez punindo a inadimplência destes em relação ao que lhes deviam (veja Neemias 5.8). Embora a escravidão por dívida fosse permitida em alguns casos, os que fossem punidos não deviam ser tratados como simples escravos (veja Levítico 25.39-42). Evidentemente, essa lei estava sendo violada em grande escala nos dias de Isaías.

Temos de reconhecer que não encontraremos todas essas condições sociais em nossa realidade. Contudo, se lermos a passagem com o conceito bíblico em mente, poderemos enxergar uma aplicação atual e quase sempre pessoal de cada aspecto do tipo de jejum que agrada a Deus.

Por exemplo, ainda que a escravidão no sentido literal não seja um problema disseminado em nossa sociedade, que dizer do estado de servidão da alma? Do mesmo modo que um israelita podia jejuar em protesto contra a escravização literal dos outros, também podemos jejuar para resistir a vender nossa alma a Satanás. Em cada um desses pecados sociais, podemos ver um paralelo pessoal. Por isso, na descrição dos nove jejuns, convido-o, como a um sincero discípulo de Cristo, a procurar uma aplicação contemporânea do propósito original dessa grande passagem sobre o jejum.

Nove jejuns que Deus pode usar

Para melhor exemplificar e esclarecer a importância dessas nove razões para jejuar, escolhi nove personagens bíblicas cuja vida personifica o tema literal ou figurado de cada um dos nove aspectos destacados em Isaías 58.6-8. Cada jejum tem um nome diferente, concretiza um diferente propósito e segue uma recomendação diferente.

Não estou levantando a hipótese de que os nove jejuns que começaremos a analisar sejam os únicos tipos de jejum disponíveis ao crente, ou que sejam totalmente separados um do outro. Nem tampouco quero dar a entender que há somente um tipo de jejum para um determinado problema. Esses jejuns sugeridos são modelos para utilizar e adaptar às suas necessidades e aos desejos particulares à medida que busca se aproximar mais de Deus. A seguir apresento uma breve visão geral dos nove jejuns que compõem o restante deste livro:

1. O jejum do discípulo
Objetivo: "Soltar as correntes da injustiça" (Is 58.6) – libertar, a nós e a outras pessoas, do vício de pecar.
Versículo principal: *"Esta espécie só sai pela oração e pelo jejum"* (Mt 17.21).

Contexto histórico: Jesus libertou um rapaz de um demônio que os discípulos não haviam conseguido expulsar. Ao que parece, eles não tinham levado muito a sério o modo que Satanás tinha cravado suas garras no rapaz. Podemos concluir que, se os discípulos de Jesus estivessem dispostos a se submeterem à disciplina do jejum, poderiam ter realizado essa expulsão. Os discípulos atuais também geralmente não dão a devida importância aos "pecados crônicos" que poderiam ser exorcizados se tivéssemos seriedade suficiente para tomar praticar essa abnegação que é o jejum – daí o título "Jejum do Discípulo".

2. O jejum de Esdras

Objetivo: *"Desatar as cordas do jugo"* (Is 58.6) – resolver problemas, invocar a ajuda do Espírito Santo para aliviar as cargas e ultrapassar as barreiras que nos impedem, e a nossos queridos, de caminhar com alegria junto ao Senhor.
Versículo principal: *"Por isso jejuamos e suplicamos essa bênção ao nosso Deus, e ele nos atendeu"* (Ed 8.23).
Contexto histórico: O sacerdote Esdras foi encarregado de restaurar a lei de Moisés entre os judeus enquanto estes reconstruíam a cidade de Jerusalém. Eles tinham a permissão de Artaxerxes, rei da Pérsia, para onde o povo de Deus tinha sido levado cativo. Não obstante a permissão do rei, os inimigos de Israel se opuseram a eles. Apreensivo com o constrangimento de ter de pedir soldados ao rei da Pérsia para protegê-los, Esdras jejuou e orou pedindo uma resposta.

3. O jejum de Samuel

Objetivo: *"Pôr em liberdade os oprimidos* [física e espiritualmente]*"* (Is 58.6) – para ter avivamento e ganhar almas, para identificar-se com pessoas escravizadas de todas as partes, literalmente ou pelo pecado, e orar para ser usado por Deus para tirar as pessoas do reino das trevas e trazê-las para a maravilhosa luz de Deus.
Versículo principal: *"Quando eles se reuniram em Mispá, tiraram água e a derramaram perante o Senhor. Naquele dia jejuaram e ali disseram: 'Temos pecado contra o Senhor'"* (1 Sm 7.6).
Contexto histórico: Samuel dirigiu o povo de Deus num jejum para comemorar o retorno da arca da aliança, que fora sequestrada pelos filisteus, e para orar a fim de que Israel se libertasse do pecado que deixou que a arca fosse capturada.

4. O jejum de Elias

Objetivo: *"Romper todo jugo"* (Is 58.6) – superar os problemas mentais e emocionais que controlam nossa vida e devolver o controle ao Senhor.

Versículo principal: *"Entrou no deserto, caminhando um dia [...] Ele se levantou, comeu e bebeu. Fortalecido com aquela comida, viajou quarenta dias e quarenta noites"* (1 Rs 19.4,8).

Contexto histórico: Embora as Escrituras não classifiquem esse ato de "jejum" formal, Elias deliberadamente passou sem se alimentar quando fugiu da ameaça de morte pela rainha Jezabel. Depois dessa privação autoimposta, Deus enviou um anjo para ministrar a Elias no deserto.

5. O jejum da viúva

Objetivo: *"Partilhar a comida com o faminto"* e cuidar dos pobres (Is 58.7) – suprir as necessidades humanitárias de outras pessoas.

Versículo principal: *"A farinha na vasilha não se acabou e o azeite na botija não se secou, conforme a palavra do Senhor proferida por Elias"* (1 Rs 17.16).

Contexto histórico: Deus enviou o profeta Elias a uma viúva pobre que estava prestes a morrer de fome – ironicamente, dessa forma, a viúva conseguiu prover alimento para Elias. Assim como a presença de Elias resultou em alimento para a viúva de Sarepta, também apresentar-nos diante de Deus em oração e jejum pode aliviar a fome hoje.

6. O jejum de Paulo

Objetivo: Quando temos de tomar decisões cruciais, precisamos permitir que a luz de Deus *"irrompa como a luz da alvorada"* (Is 58.8), que traz discernimento e uma perspectiva esclarecedora.

Versículo principal: *"Por três dias ele [Paulo] esteve cego, não comeu nem bebeu"* (At 9.9).

Contexto histórico: Quando perseguia os cristãos, Saulo de Tarso, que passou a ser conhecido como Paulo depois de sua conversão a Cristo, foi cego pelo Senhor. Ele não apenas ficou literalmente sem visão; também perdeu toda a noção de que direção sua vida iria tomar. Depois de ficar sem comer e sem beber e orando durante três dias, Paulo foi visitado pelo cristão Ananias, e tanto sua visão física quanto sua visão do futuro foram restauradas.

7. O jejum de Daniel

Objetivo: "*E prontamente surgirá a sua cura*" (Is 58.8) – para conseguir uma vida mais saudável ou pela cura.
Versículo principal:"*Daniel, contudo, decidiu não se tornar impuro com a comida e com o vinho do rei*" (Dn 1.8).
Contexto histórico: Daniel e seus três companheiros hebreus demonstraram no cativeiro da Babilônia que, ao se absterem dos alimentos pagãos que Deus os orientara que não comessem, ficaram mais saudáveis que os outros da corte do rei.

8. O jejum de João Batista

Objetivo: Que "*a sua retidão irá adiante de você*" (Is 58.8) – que o nosso testemunho e a influência de Jesus em nossa vida sejam realçados diante das pessoas.
Versículo-Chave: "*[Ele] será grande aos olhos do Senhor. Ele nunca tomará vinho nem bebida fermentada*" (Lc 1.15).
Contexto histórico: João Batista seria o precursor de Jesus. Por isso, ele fez o voto de nazireado, que lhe exigia "jejuar" em relação ao vinho e bebidas fortes, ou evitá-los. Isso fazia parte do estilo de vida de João, adotado deliberadamente, e que o designava para ser separado para uma missão especial.

9. O jejum de Ester

Objetivo: Que a "*glória do Senhor*" nos proteja do perverso (Is 58.8).
Versículo-Chave: "*Jejuai em meu favor [...] E eu e as minhas criadas jejuaremos como vocês [...] Depois disso irei ao rei [...] [e] teve misericórdia dela*" (Et 4.16; 5.2).
Contexto histórico: A rainha Ester, uma judia numa corte pagã, arriscou a vida para salvar seu povo da destruição ordenada por Assuero (Xerxes), rei da Pérsia. Antes de aparecer diante do rei para lhe pedir que poupasse os judeus, Ester, suas acompanhantes e seu primo Mordecai jejuaram para suplicar a Deus que os protegesse.

Quatro tipos de jejum

Os nove jejuns descritos neste livro são apenas sugestões de uma variedade de maneiras de praticar essa proveitosa disciplina. Provavelmente existem tantas maneiras de jejuar quanto de orar – evidentemente, não há nenhum número estabelecido em cada caso. Entretanto os quatro tipos de jejum a seguir, retirados do livro do dr. Rex Russel, *What the Bible Says About Helthy Living* (O que a Bíblia fala a respeito de viver de maneira saudável) (Regal Books, 1996; veja o Apêndice 1), são boas diretrizes para você seguir ou modificar conforme Deus orientar.

1. O *jejum normal* significa passar sem alimento por um período definido, durante o qual se ingere apenas líquidos (água e/ou sucos). A duração pode ser de um dia, três, uma semana, um mês ou quarenta dias. Deve-se tomar extremo cuidado com jejuns mais prolongados, que podem ser praticados apenas sob orientação médica.
2. O *jejum absoluto* não permite a ingestão de água e alimento, e deve ser de curta duração. Moisés jejuou durante quarenta dias. Contudo, sem uma intervenção natural, essa prática mataria qualquer pessoa; e jamais deve ser praticada hoje. Tenha o cuidado de testar o espírito que procura fazê-lo entrar num jejum de quarenta dias, mesmo que admita líquidos.
3. O *jejum parcial* é aquele que suprime certos alimentos ou se realiza num planejamento que implique alimentação limitada. Pode consistir na supressão de uma refeição por dia. Comer apenas vegetais durante alguns dias também é um bom regime parcial. John Wesley comia apenas pão (de farinha integral) e tomava água durante vários dias. Elias fez jejuns parciais pelo menos duas vezes. João Batista e Daniel com seus três amigos são outros exemplos de pessoas que praticaram jejum parcial. As pessoas que têm hipoglicemia (baixa taxa de açúcar no sangue) ou outras doenças podem pensar na hipótese de fazer esse tipo de jejum.
4. Um *jejum rotativo* consiste em comer ou suprimir certas famílias de alimentos por períodos determinados. Podemos comer, por exemplo, cereais apenas de quatro em quatro dias. As várias famílias de alimentos podem entrar em sistema de rodízio de maneira que se disponha de alguns alimentos todos os dias.

Benefícios físicos do jejum

No projeto de criação de Deus, o espírito e o corpo são tão inter-relacionados que o jejum tem tanto benefícios físicos quanto espirituais. O livro de Russel apresenta alguns benefícios visíveis de jejuar que seria bom conhecermos antes de começar.

Russel observa que, assim como, na criação, o sétimo dia foi destinado ao descanso, também as células de nosso corpo podem necessitar de um descanso de alimento. Entre os principais benefícios de uma noite de sono está o repouso para nosso aparelho digestivo. Chamamos, com muita propriedade, a primeira refeição de *desjejum*.

O dr. Russel assinala que nosso corpo foi projetado para reagir à doença com jejum e febre! Quando ficamos doentes, normalmente não queremos nem pensar em comer, mas apenas nos enfiar debaixo das cobertas e ficar sossegados. Fazemos de tudo para baixar uma febre, pois ela nos provoca dor e nos faz preferir a cama à mesa. O repouso, a febre e o jejum fazem parte do projeto de Deus para combater a infecção.

O Senhor projetou nosso corpo para curar-se a si próprio no nível celular, observa o dr. Russel. Esses processos de cura empregam proteínas, carboidratos e gorduras para obter calorias e nutrientes, contudo, todas as maneiras em que essas substâncias são consumidas geram substâncias desnecessárias. As células têm meios e estruturas de eliminar esses resíduos. Evidentemente essas estruturas podem ficar sobrecarregadas. Jejuar ajuda a desobstruir o sistema e eliminar as toxinas. É animador saber que o mesmo Deus que planejou a disciplina do jejum também projetou formas de nosso corpo ser beneficiado por períodos de abstinência de alimento (veja o apêndice 1).

Uma breve história do jejum

Os cristãos que aceitam o convite de jejuar têm o privilégio singular de identificar-se com alguns grandes heróis da fé ao longo dos séculos. O jejum tem um passado rico e interessante.

O jejum no Antigo Testamento

A palavra "jejum" deriva do vocábulo hebraico *tsom*, que se refere à prática de abnegação. O Novo Testamento emprega a palavra grega *nesteia* para o jejum, a qual também se refere à abnegação.

A maioria dos estudiosos acredita que a prática do jejum começou com a perda de apetite durante os tempos de grande dificuldade e aflição. Ana, que posteriormente veio a ser mãe de Samuel, estava tão aflita com sua esterilidade que *"chorava e não comia"* (1 Sm 1.7). Igualmente, o rei Acabe, quando fracassou na tentativa de comprar a vinha de Nabote, *"recusou-se a comer"* (1 Rs 21.4).

Ao que parece, o jejum começou como uma expressão natural de tristeza. Com o tempo, entretanto, para um indivíduo refletir ou demonstrar sua tristeza, passou a ser costume abster-se de alimento e/ou demonstrar tristeza. Davi jejuou para demonstrar sua tristeza pela morte de Abner (veja 2 Samuel 3.35). Muitas referências nas Escrituras falam do jejum "afligindo" a alma ou o corpo de alguém (veja Isaías 58.3, 5). O jejum veio a ser praticado como meio de demonstrar externamente e depois promover o sentimento interno de remorso pelo pecado.

O jejum era uma expressão perfeitamente natural da tristeza humana; por isso, transformou-se num costume religioso para aplacar a ira de Deus. As pessoas começaram a jejuar para evitar que a ira de Deus as destruísse. Finalmente, o jejum se transformou num meio para tornar uma petição eficaz diante de Deus. Davi sustentou seu jejum antes da morte de seu filho com Bate-Seba, demonstrando sua esperança de que, enquanto a criança vivesse, a oração dele podia ser atendida. Quando a criança morreu, Davi encerrou imediatamente o jejum, demonstrando que sabia que nem o jejum nem a oração poderiam fazer mais nada (veja 2 Samuel 12.15-23).

Quando Deus derramava sua ira sobre uma nação por causa de iniquidade, o jejum passava a ser um modo de toda a nação buscar o favor e a proteção divinos. Portanto, era simplesmente natural que um grupo de pessoas se associasse em confissão, jejum, tristeza pelo pecado e intercessão diante de Deus.

O jejum no Novo Testamento

No Novo Testamento, o jejum era uma disciplina bastante praticada, principalmente entre os fariseus e os discípulos de João Batista. Jesus inaugurou seu ministério público com um extenso jejum de quarenta dias (veja Mateus 4.1, 2). Como vimos, quando os apóstolos de Jesus foram criticados, tanto pelos fariseus quanto pelos discípulos de João Batista por não jejuar, Jesus defendeu que eles não jejuassem enquanto Ele estivesse presente. Contudo deixou subentendido que jejuariam depois que Ele fosse retirado do meio deles (veja Mateus 9.14, 15).

Jesus não deu diretrizes específicas a seus discípulos quanto à frequência do jejum. Ele ensinou que o jejum deles devia ser diferente do dos fariseus, porque tinham de jejuar para Deus, não para impressionar os outros com uma suposta espiritualidade (veja Mateus 6.16-18).

Mais tarde, a igreja do Novo Testamento adotou a prática do jejum, principalmente quando ordenava presbíteros e/ou comissionava pessoas para projetos ministeriais especiais (veja Atos 13.1-3). Podemos observar que o jejum era praticado por Paulo e outros líderes cristãos com bastante regularidade (veja 1 Coríntios 7.5 e 2 Coríntios 6.5).

O jejum na igreja primitiva

Epifânio, bispo de Salamina, nascido em 315 d.C., perguntava: "Quem não sabe que o jejum do quarto e do sexto dia da semana é observado pelos cristãos do mundo inteiro?" No início da história da igreja, os cristãos começaram a jejuar duas vezes por semanas, preferindo as quartas e sextas-feiras para evitar ser confundidos com os fariseus, que jejuavam nas terças e quintas-feiras.

A prática de jejuar durante alguns dias antes da Páscoa, para preparar-se espiritualmente para a comemoração da ressurreição de Cristo, também era observada comumente. Mais tarde, esse jejum assumiu a forma de uma série de jejuns de um dia por semana durante várias semanas antes da Páscoa. Reminiscências desses jejuns da igreja primitiva podem ser vistas nas tradições católico-romanas de evitar outras carnes, exceto peixe, nas sextas-feiras, e na observação da Quaresma durante os quarenta dias que precedem a Páscoa. Também era costume dos cristãos do período pós-apostólico jejuar para prepararem-se para o batismo.

Jejuar em movimentos de renovação

A disciplina do jejum há muito tem sido associada com movimentos reformadores e de avivamento no cristianismo. Os fundadores do movimento monástico praticavam o jejum como disciplina regular de sua vida espiritual. Embora o monasticismo mais tarde tenha-se desvirtuado para a prática de jejum e outras formas de ascetismo como tentativas vãs de atingir a salvação, é provável que os primeiros monges jejuassem no desejo de que a igreja experimentasse avivamento e reforma.

Todos os reformadores do século XVI também praticavam o jejum, bem como os líderes de avivamentos evangélicos nos séculos seguintes. Jonathan Edwards jejuou durante 22 horas antes de pregar o seu famoso sermão, "Pecadores nas Mãos de um Deus Irado". Durante o Avivamento de Oração de Leigos nos Estados Unidos, em 1859, os cristãos jejuavam na hora do almoço e frequentavam reuniões de oração nas igrejas próximas de seus locais de trabalho. Esse avivamento de oração irrompeu nas grandes cidades industriais do nordeste dos Estados Unidos.

A oração sempre era acompanhada de jejum quando as pessoas buscavam o Senhor para obter bênção espiritual durante o despertamento mundial de 1906. Billy Graham conta que jejuou e orou durante sua viagem à Inglaterra para dirigir a primeira cruzada britânica, no início dos anos 1950. A reação em suas reuniões nessa época foi descrita como um dos maiores avivamentos de nosso tempo. Muitos movimentos de despertar espiritual defenderam o retorno à prática cristã primitiva de jejuar dois dias por semanas.

Jejuar para intervenção divina

Periodicamente, líderes políticos têm declarado um dia nacional de oração e jejum para intervenção divina em situações de crise. Em 1588, a vitória de Sir Francis Drake sobre a esquadra espanhola foi reconhecida por todos os ingleses como um ato de intervenção divina.

Em 1620, os peregrinos jejuaram um dia antes de desembarcar do Mayflower, enquanto se preparavam para fundar uma colônia missionária para alcançar os povos nativos da América do Norte. Quando enfrentavam crises, era comum os líderes políticos de muitas cidades da Nova Inglaterra convocarem um jejum.

A sexta-feira, 6 de fevereiro de 1756, foi proclamada dia de jejum solene e oração na Inglaterra, pois o país enfrentava a ameaça de ser conquistado por Napoleão. Lincoln também convocou um dia nacional de oração e jejum durante a Guerra Civil. Nas duas ocasiões, aqueles que oraram pelo sucesso, consideraram intervenção divina as vitórias militares da Inglaterra e dos estados do norte dos Estados Unidos.

Mais recentemente, dias de oração e jejum semelhantes foram proclamados por líderes políticos, como na Segunda Guerra Mundial. No meio da Batalha da Grã-Bretanha, George VI designou o domingo, 8 de setembro de 1940, dia de oração e jejum. Num programa de rádio transmitido dias depois do dia de oração, o primeiro-ministro britânico, Winston Churchil, comparou a situação da Inglaterra com as ameaças anteriores da armada espanhola e a de Napoleão. Em suas memórias, Churchill, identificou o 15 de setembro (o domingo seguinte ao domingo de oração) como "o ponto crucial da Batalha da Grã-Bretanha". Depois da guerra, ficou-se sabendo que Hitler tinha decidido adiar seus planos de invasão da Grã-Bretanha por dois dias (17 de setembro). Convocações semelhantes para um dia de oração também sucederam ao dia D da invasão da Europa pelos aliados em 6 de junho de 1944.

Resumindo, o jejum tem uma história longa e impressionante como disciplina adotada pelos crentes por várias razões, mas todas elas estão relacionadas com o princípio de abnegação. Podemos negar o "eu" para destacar as necessidades da nação, dos outros que precisam das bênçãos de Deus ou de nossas próprias necessidades espirituais.

Convido-o a encontrar, nos capítulos seguintes, um modo de jejuar que realize esses propósitos santos em sua vida e na vida daqueles a quem você ama.

2

O jejum do discípulo

Eu sofro de compulsão sexual", disse-me uma pessoa na igreja no momento do apelo ao altar. Ela havia visitado vários conselheiros, viera ao altar várias vezes e tentara tudo que lhe fora sugerido. Falava sério ao dizer que queria se libertar desse problema.
– Você já tentou jejuar? perguntei-lhe.
– Não.
Expliquei os passos descritos neste capítulo para soltar as correntes da iniquidade, começando o jejum do discípulo: *"Esta espécie só sai pela oração e pelo jejum"* (Mt 17.21).
Quando mais tarde vi o sorriso de contentamento no rosto dessa pessoa, descobri que Deus havia respondido às orações e recompensado a autodisciplina do jejum do discípulo.

Os "pecados crônicos"

Uma razão importante para jejuar é que o jejum liberta as pessoas das cadeias do pecado. *"O jejum que desejo não é este: soltar as correntes da injustiça?"* (Is 58.6).
Muitos cristãos são vítimas indefesas de "pecados crônicos" (veja Hebreus 12.1). Pecados crônicos não são pecados comuns de negligência ou de deslizes momentâneos. Nem são os pecados de rebeldia, dos quais Deus diz: "Não farás…", e a pessoa diz: "Farei", no rosto de Deus. Pecados crônicos

são atitudes ou comportamentos pecaminosos habituais que escravizam e atormentam as pessoas.

Quando se é vítima de um pecado crônico, não se cerra os punhos no rosto de Deus, e transgride seus propósitos; mas fica-se quebrantado e impotente diante do Senhor por causa do pecado. O pecado crônico nos escraviza e tira nossa vontade própria. Gritamos: "Não consigo me corrigir!" É como disse alguém: "Sou obrigado a jogar um jogo em que sempre perco, e não consigo parar de jogar. Odeio o jogo... odeio jogar... odeio a vida".

Os apóstolos tentaram sem sucesso lidar com esse tipo de pecado que envolvia um rapaz endemoninhado. Jesus disse que o problema era tão grave que não podia ser tratado por meios comuns. *"Esta espécie só sai pela oração e pelo jejum"* (Mt 17.21).

Como discípulo de Cristo, você está sendo sitiado por um pecado crônico que exige medidas como essa? Jesus morreu na cruz por todos os pecados, inclusive o pecado crônico. A expiação vicária do sangue de Jesus Cristo é a coisa mais poderosa da Terra porque destrói o pecado e liberta da morte e do inferno. Os cristãos cantam: "Há poder no sangue", e creem nas conquistas do Calvário.

Todavia alguns cristãos estão presos no vício do álcool, das outras drogas, do sexo e do tabaco. Outros têm conflito com o comer compulsivo, casos extraconjugais e a mentira. Qualquer pecado que não pode ser vencido com "força de vontade" comum pode ser classificado de pecado crônico.

A Bíblia assegura: *"Não sobreveio a vocês tentação que não fosse comum aos homens"* (1 Co 10.13) Você não é o único que enfrenta a tentação de pecar. Entretanto você está amarrado ao pecado como um escravo compulsivo. Mas as Escrituras prometem "um escape" (veja 1 Coríntios 10.13). O jejum do discípulo pode ser exatamente esse escape para você, discípulo.

Por que estamos presos?

Os pecados crônicos nos afligem porque acreditamos nas mentiras de Satanás. Ele "é mentiroso", disse Jesus (Jo 8.44). Satanás mente para nós acerca do pecado e nós acreditamos nele, não em Deus. Nos pecados crônicos, Satanás faz que acreditemos numa das três mentiras seguintes (chamadas de outro modo de "compulsões"):
1. Tentei antes, mas não consegui vencer.
2. Não quero fazer isso, mas não consigo evitar.
3. Preciso de uma explicação para isso, mas não consigo encontrar.

Por acreditar na mentira de Satanás, não conseguimos enxergar que *há* um meio de escapar. Ainda que mudemos nossos desejos e encontremos a resposta, acreditamos que somos impotentes porque rendemos nossa vontade a Satanás, em vez de a Deus.

A mentira de Satanás nos convence de que não temos poder contra o pecado. Felizmente, Paulo declarou para nos encorajar: *"Pois o que faço não é o bem que desejo, mas o mal que não quero fazer, esse eu continuo fazendo"* (Rm 7.19).

Quando Satanás controla nossos pensamentos, controla nossa vida. Quando ele mente para nós a respeito de nossa vida, estamos presos.

Perguntamos: "Como quebrar as cadeias externas de nossa vida? Como reconquistar o controle de nossa vida?"

> Quando controlamos nosso apetite físico, desenvolve-se força para dominar nosso apetite emocional.

O poder do jejum do discípulo

O pai do rapaz endemoninhado não compreendia o problema do filho. Ele disse: *"Senhor, tem misericórdia do meu filho. Ele tem ataques e está sofrendo muito. Muitas vezes cai no fogo ou na água"* (Mt 17.15). O pai achava que o filho estava doente ou tivesse algum retardamento, não compreendia que o jovem estava sendo controlado por um espírito externo. Entretanto Jesus sabia que o rapaz estava possuído por um demônio, que lhe assumira o controle da vida.

Aquele pai havia levado o menino para os discípulos em busca de libertação, *"mas eles não puderam curá-lo"* (Mt 17.16). Os discípulos foram incapazes de quebrar as correntes que aprisionavam o moço.

Algumas pessoas não conseguem abandonar o hábito de fumar ou de se livrar de seus relacionamentos homossexuais. Embora chorem, orem sinceramente e procurem a libertação, permanecem presas. O jejum do discípulo enfrenta esses tipos de cadeias.

Quando iniciarmos o jejum do discípulo, estaremos lutando pelo controle de nossa vida. Controlando o que comemos, determinamos o que você vai controlar nossa vida para o propósito de Deus. Quando fazemos um voto e o reforçamos com o jejum do discípulo, passamos a ter força para tomar decisões. Desistimos de alimentos agradáveis ou necessários como demonstração da submissão da nossa vontade a Deus. Quando decidimos jejuar, nos fortalecemos para prevalecer contra a força que escravizou nosso apetite espiritual. No jejum do discípulo, controlamos nosso apetite físico para fortalecer o espiritual. Observe o que acontece nesse jejum.

Fazemos uma opção de vida para sermos libertados. Alguém que chegou a Jesus pedindo cura foi confrontado com esta pergunta do Senhor: *"Você quer ser curado?"* (Jo 5.6). Jesus sabia que o homem queria ser curado, então por que fez essa pergunta? Jesus não estava pedindo informação, porque Ele sabia todas as coisas. O Senhor estava perguntando para criar esperança ou "força de vontade" no paciente. Jesus queria que o homem *desejasse* o poder que Ele podia lhe dar.

Algumas pessoas vão ao altar na igreja para pedir que Deus as liberte de suas cadeias. "Senhor, por favor, afaste o cigarro de mim", suplicam. Essas pessoas em geral esperam que Deus faça tudo. Querem que Deus as transforme num piscar de olhos e remova instantaneamente o apetite delas pelo cigarro. Não é assim que Deus trabalha. Ele quer que olhemos para o nosso interior, a fim de que *nós* tomemos a decisão de segui-lo. Deus não quer que as pessoas sejam robôs controlados por botões que Ele pressiona para forçá-las a desistir dos pecados.

Deus quer que o amemos voluntariamente e abandonemos o pecado também por vontade própria. Ele quer que demonstremos nosso compromisso com Ele não numa admirável "transformação rápida", como o Clark Kent em Super-Homem, mas fazendo escolhas e agindo de acordo com elas.

Reconhece que um poder externo é responsável por nossa prisão. O pai do jovem de Mateus 17 não reconhecia que o filho tinha sido aprisionado por um demônio. Ao que parece, os discípulos também não reconheceram a causa do problema. Mas Jesus imediatamente *"repreendeu o demônio; este saiu do menino"* (v. 18).

Um dos primeiros passos no jejum do discípulo é reconhecer o poder externo dos laços que nos prendem. Isso não significa necessariamente que temos demônios, mas que somos controlados de fora, não por dentro. Alguns acreditam que são alcoólatras porque o pai era alcoólatra. Outros se convenceram de que nasceram homossexuais. Embora a causa desses problemas seja externa, essas pessoas quando, na verdade, se reconquistassem o controle sobre o corpo por meio do jejum, poderiam penetrar o próprio espírito para assumir o controle de sua natureza humana. Reconhecer que um poder externo nos enfraqueceu é o primeiro passo para recuperar nosso autocontrole.

Confessamos nossa incredulidade anterior. Para que possamos nos fortalecer, temos de confessar nossa fraqueza. Antes de correr uma maratona, o corredor precisa reconhecer a necessidade física de treinar, exercitar-se e pôr o corpo em forma. Os discípulos não perceberam sua necessidade diante do poder demoníaco que estava no garoto, por isso não conseguiram expulsar o demônio. Eles perguntaram: *"Por que não conseguimos expulsá-lo?"* (Mt 17.19). Jesus respondeu: *"Porque a fé que vocês têm é pequena"* (v. 20).

Reconhecer o que Deus pode fazer é uma declaração de fé. Também é uma declaração de fé reconhecer o que não podemos fazer. Fé é reconhecer a estratégia de Deus e submeter-se a ela.

Declara especificamente nosso pecado crônico. Como veremos na próxima seção, o jejum do discípulo implica declarar especificamente nosso propósito de fé. Quando estamos jejuando para quebrar cadeias, devemos escrever a cadeia específica que queremos romper. Observemos o que acontece quando começamos a escrever:

- Fortalecemos nossa vontade, declarando o que queremos.
- Concentramos nossas energias no problema.
- Criamos expectativa de solucionar o problema.
- Edificamos nossa fé em Deus a fim de aguardar uma resposta.

Jesus disse aos discípulos: *"Se vocês tiverem fé do tamanho de um grão de mostarda, poderão dizer a este monte: 'Vá daqui para lá', e ele irá"* (v. 20).

Não se trata de fé cega, como caminhar para a ponta do trampolim e saltar na piscina, esperando que ela esteja cheia. Fé é confiança. Quando você diz "Eu creio", está dizendo "Eu sei". Quando Jesus disse: "Se vocês tiverem fé", Ele estava dizendo: "Se vocês souberem, conseguirão quebrar essa cadeia".

Um velho fazendeiro disse: "Fé é acreditar que o que você sabe não é bem assim" – mas essa não é a fé do Novo Testamento. A fé neotestamentária é crer que o você sabe é *assim mesmo*.

Quando escrevemos uma declaração de intenção de fé, começamos a exercer a fé necessária para nos libertarmos de nosso problema. Nossa experiência de fé leva à expressão de fé (o que se vê), que leva ao ato de fé (jejuar).

Experiência de fé ➢ Expressão de fé ➢ Ato de fé

Embora seja importante *jejuar especificamente por pecado(s) específicos*, não é necessário fazer uma lista de atos específicos. Identifique as cadeias por seus princípios, mas não escreva os detalhes particulares. (Reviver os detalhes pode reacender a chama da concupiscência em vez de produzir poder para derrotá-la).

Repetimos o jejum várias vezes até conseguirmos derrubar as barreiras. Quando Jesus disse: *"Mas esta espécie só sai pela oração e pelo jejum"* (v. 21), a ação do verbo na língua original é contínua. Jesus queria dizer que devemos jejuar continuamente para ter poder sobre os pecados crônicos. Isso pode implicar jejuar por tempo maior ou com mais frequência que esperávamos (uma vez por semana, durante várias semanas).

Jejuar por uma resposta é semelhante a orar. Às vezes podemos orar uma vez em ato de fé, e Deus ouvir e responder. Não é preciso insistir como uma criança implorando algo que o pai ou a mãe não lhe quer dar. Noutras ocasiões, devemos pedir continuamente em fé até receber uma resposta. *"Peçam, e lhes será dado; busquem, e encontrarão; batam, e a porta lhes será aberta"* (Mt 7.7). Por que Deus às vezes nos faz esperar? Em geral, ele nos testa para determinar se estamos sendo sérios em nosso pedido. Quase sempre leva tempo para se providenciar as condições de responder a nossas orações. Por exemplo, oramos para chover, mas leva tempo para se formarem nuvens de chuva.

Olhemos do ponto de vista de Deus. Ele pode responder imediatamente. O Senhor sabe de antemão que vamos orar com fé, por isso podia preparar as nuvens de chuva com antecedência. Contudo Deus vê de nossa perspectiva. Para edificar nossa fé e nosso "caráter espiritual", precisamos orar com frequência e jejuar continuamente.

Quanto mais tempo jejuamos, mais obedecemos a Deus. Quanto mais tempo nos abstemos de alimento, mais determinados ficamos. Depois de um tempo, nossa fé cresce a ponto de confiar que Deus realizará milagres maiores em nossa vida.

Receita para libertação

Os que não conseguem neutralizar os maus hábitos, experimentam uma sensação arrasadora de frustração. Não conseguem libertar-se das cadeias associadas com seus hábitos. Querem mudar, mas algo no interior deles se recusa a deixá-los assumir o controle da própria vida. Quer tenham dependência física de uma substância, quer não, as pessoas experimentam vícios psicológicos no pecado que as impede de realizar as mudanças importantes que desejam urgentemente.

Para aqueles que têm conflito com um pecado arraigado profundamente, o jejum do discípulo oferece esperança. Escolha o tipo e a duração do jejum que lhe seja adequado. Anote os alimentos específicos a ser evitados (veja a seção "A preparação para o jejum do discípulo", no final deste capítulo).

Também precisamos dar os passos espirituais específicos. As cadeias espirituais se desenvolvem de sementes que foram plantadas em nossa mente. Essas sementes criam raízes que penetram em nosso inconsciente, influenciando, desse modo, nossas emoções, nossa capacidade física e nossos desejos. Quem estiver preso espiritualmente tem de firmar a confiança na onipotência de Deus, mas também deve se definir como vítima indefesa, incapaz de romper o poder do pecado, a sua velha natureza, Satanás e seus vícios.

É por isso que as Escrituras muitas vezes associam o jejum à oração. Se tentamos vencer um pecado de vício sem levar em conta os passos espirituais necessários para vencer esse pecado, vamos sofrer as frustrações e o desânimo dos fracassos constantes. Para quebrar as cadeias espirituais, temos de seguir os passos que Deus providenciou para a batalha espiritual.

"Porque as armas da nossa milícia não são carnais e sim poderosas em Deus, para destruir fortalezas; anulando nós, sofismas e toda altivez que se levante contra o conhecimento de Deus, e levando cativo todo pensamento à obediência de Cristo" (2 Co 10.4, 5 – ARA).

Passo 1: Renunciar ao controle falso

O primeiro passo na quebra das cadeias espirituais implica *discernir o real do falso*. Isso exige reconhecer e renunciar a qualquer controle sobre nossa mente que não venha de Cristo. *"Receio que, assim como a serpente enganou a Eva com a sua astúcia, assim também seja corrompida a vossa mente e se aparte da simplicidade e pureza devidas a Cristo"* (2 Co 11.3 – ARA).

O controle falso pode ter origem numa de várias fontes. Os valores anticristãos aprendidos num lar incrédulo podem causar impacto numa família por gerações. Todos nós fomos expostos à influência ateísta dos meios de comunicação de massa, dos livros, dos filmes e das músicas que desfrutamos. Você alguma vez já se envolveu inocente ou ativamente com o ocultismo, o movimento Nova Era, o espiritismo, a magia branca ou negra, seitas ou outras religiões? Essas fontes representam um poder externo que podem influenciar nossa vida. Rituais satânicos e a ligação com espíritos hostis também colocam as pessoas em cadeias espirituais.

Jesus mostrou o contraste entre seu ministério e o do Diabo declarando: *"O ladrão vem apenas para roubar, matar e destruir; eu vim para que tenham vida, e a tenham plenamente"* (Jo 10.10). Para viver plenamente a vida que Jesus prometeu e ser livre de cadeias espirituais, devemos renunciar às influências falsas de nossa vida.

Ore com voz audível: "Eu renuncio a (*mencione as influências falsas que o prendem em cadeias espirituais*)".

Orar em voz audível é o primeiro passo importante na direção de alcançar sua liberdade em Cristo. Reserve tempo para examinar sua história de vida. Observe todas as influências externas e internas, e as exponha em voz audível quando orar.

Passo 2: Reconhecer o autoengano

O segundo passo na direção da liberdade cristã implica *discernir a verdade da ilusão*. Para muitas pessoas, esse passo é muito difícil. Implica reconhecer nosso próprio empenho de nos iludir e, então, escolher adotar a verdade de Deus. O Senhor quer começar o processo de nossa libertação das cadeias espirituais interiores. Davi escreveu*: "Sei que desejas a verdade no íntimo; e no coração me ensinas a sabedoria"* (Sl 51.6).

O problema com o autoengano é que somos tão eficientes nisso que não sabemos que conseguimos nos autoenganar e não percebemos o prejuízo que ele nos causa. Muitas pessoas se autoenganaram por tanto tempo que têm dificuldade de acreditar que estão enganadas.

Podemos aplicar alguns princípios bíblicos que nos possibilitarão discernir as áreas em que nos iludimos. Primeiro, nós nos autoenganamos quando ouvimos a Palavra de Deus e deixamos de aplicá-la em nossa vida (veja Tiago 1.22). Segundo, *"se afirmarmos que não temos cometido pecado, fazemos de Deus um mentiroso e a sua palavra não está em nós"* (1 Jo 1.8). E também: *"Se alguém se considera alguma coisa, não sendo nada, engana-se a si mesmo"* (Gl 6.3).

Outra maneira de nos autoiludir é avaliar nossa sabedoria usando o critério da idade, em vez de nos basearmos na sabedoria de Deus (veja 1 Coríntios 3.18). Finalmente, iludimo-nos quando achamos que podemos pecar e depois escapar das consequências (veja 1Coríontios 6.9). Alguns pastores que caíram em pecados sexuais talvez tenham começado a vida como homens de Deus, mas cometeram pecados "menores" e acharam que se livrariam deles. Como uma coisa leva a outra, seus pecados ficaram mais graves e eles pensavam que estavam acima das consequências do pecado.

Enquanto continuamos nos enganando, permanecemos nas cadeias espirituais. Contudo Jesus diz o contrário: *"E conhecerão a verdade, e a verdade os libertará"* (Jo 8.32). Para sair do reino do autoengano e entrar na verdade libertadora do evangelho, precisamos reconhecer que estamos enganados.

Ore em voz audível: "Eu reconheço que (*acrescente aqui as áreas em que você se tem autoenganado*)".

Quando somos sinceros com Deus e conosco mesmos, deixamos que a verdade de Deus nos liberte da ilusão.

Passo 3: Perdoar para vencer a amargura

O terceiro passo na direção da liberdade implica *perdoar os outros de modo que consigamos vencer a amargura e obtermos a liberdade*. Se nos recusamos a perdoar alguém, envolvemo-nos numa cadeia espiritual com essa pessoa e com o pecado. Paulo faz a seguinte advertência aos coríntios:

> *Se vocês perdoam a alguém, eu também perdoo; e aquilo que perdoei, se é que havia alguma coisa para perdoar, perdoei na presença de Cristo, por amor a vocês, a fim de que Satanás não tivesse vantagem sobre nós; pois não ignoramos as suas intenções* (2 Co 2.10, 11).

Quando lidamos com nossa cadeia de pecado e outros, devemos arrolar o nome daqueles a quem precisamos perdoar. Deve ser uma lista de nomes, não de pecados ou de outras transgressões que elas possam ter cometido contra nós ou outra pessoa próxima de nós. Mencionar continuamente os pecados passados é evidência de que não os perdoamos.

O perdão é uma escolha. O fato de Deus requerer que perdoemos aos outros mostra que isso é algo que podemos fazer. Nossa tendência natural é procurar a vingança quando sofremos. Quando não queremos deixar os outros "fora do gancho", entretanto, isso significa que elas ainda têm ganchos em nós. Isso nos aprisiona a elas. Se não perdoamos aos outros para o bem deles, devemos perdoar-lhes para o nosso próprio bem.

O perdão não é meramente um conflito entre nós e o ofensor, mas uma questão entre nós e Deus. Quando perdoamos, optamos por conviver com as consequências dos erros cometidos contra nós. Se não perdoarmos, vamos conviver com as consequências amargas de qualquer modo. A escolha é nossa. Escolhe entre viver na liberdade do perdão ou na amargura da prisão.

Ore em voz audível: "Perdoo (*insira aqui o nome daqueles que falharam com você de alguma forma*)". Quando perdoamos os outros, experimentamos o perdão de Deus em nossa vida.

Passo 4: Submeter-se à autoridade de Deus

O quarto passo implica *vencer a rebeldia submetendo-nos à autoridade de Deus e à daqueles que Ele colocou em autoridade sobre nós*. Jesus comparou estar sob autoridade com uma manifestação de grande fé (veja Mateus 8.8-10). Isso implica confiar não apenas em Deus diretamente, mas também na hierarquia de autoridade que Ele indicou para nos dar orientação pela liderança.

Deus nos pôs a todos "sob autoridade". Somos chamados a nos submeter à autoridade (1) do governo civil (veja Romanos 13.1-7); (2) da liderança da igreja (veja Hebreus 13.17); (3) dos pais (veja Efésios 6.1-3); (4) do marido (veja 1 Pedro 3.1-4); (5) dos patrões (veja 1 Pedro 2.13-23); e (6) de Deus (veja Daniel 9.5, 9). Cada uma dessas autoridades tem uma esfera de influência em nossa vida. Repreender o espírito ou a atitude de rebelião e nos colocarmos sob autoridade é outro passo para quebrarmos a escravidão em nossa vida.

Ore em voz audível: "Submeto-me a (*insira aqui a autoridade específica sobre sua vida*)".

Submeter-se às autoridades que Deus pôs sobre nossa vida é um elemento importante do jejum do discípulo porque é evidência de submissão ao próprio Deus.

Passo 5: Assumir responsabilidades pessoais

Para romper nossas cadeias, *enfrentemos o problema do orgulho com espírito de humildade*. Esse é o único meio de aceitarmos nossa parcela de responsabilidade pelo problema. Podemos vencer as cadeias de nossa vida seguindo o exemplo de Jesus Cristo. Quando damos vazão ao pecado do orgulho e da autoexaltação, ficamos presos pelas cadeias desses pecados. Jesus Cristo quer que sejamos livres. Ele prometeu: *"Se o Filho os libertar, vocês de fato serão livres"* (Jo 8.36).

Ser livre não é ser passivo. Nós nos submetemos a Cristo para sermos ativos. Somos livres para fazer ativamente o que Deus quer que façamos. O segredo para experimentar a liberdade plena em Cristo é assumir a responsabilidade por nossas ações. Quando confessamos nossos pecados, Deus nos promete purificação e perdão (veja 1 João 1.9).

Toda vez que confessamos o mesmo pecado, Deus perdoa. Entretanto, ainda que Deus perdoe, nosso "eu" interior fica cada vez mais fraco na estima e na aceitação. Muitos protestantes sofrem de uma "doença" que chamo "confissionite", que é o mesmo ciclo de "confessionário" dos católicos romanos. Eles confessam repetidas vezes seus pecados, mas depois voltam imediatamente a esses pecados depois da confissão porque estão amarrados a eles.

A cura para a "confissionite" se encontra na maneira em que confessamos nossos pecados. Não devemos apenas dizer: "Desculpe-me por *(insira o pecado específico aqui)*". Isso nos deixa com desculpas para nossos atos como, por exemplo, "Não consegui evitar", ou "O Diabo me obrigou a fazer isso".

Somos responsáveis pelo pecado que tem controle habitual sobre nosso corpo (veja Rm 6.13). Orar "Desculpe-me" não significa que assumimos a responsabilidade por nosso ato. Somos chamados a renunciar (arrepender-nos) a todo pecado cometido no nosso corpo. Isso implica orar em voz audível.

Jejue, e ore assim: "Sou responsável por *(insira aqui o pecado específico)*". Quando assumimos a responsabilidade por nós mesmos e por nosso pecado, humilhamo-nos diante de Deus e lhe damos habilitação para abençoar-nos com a liberdade que Ele deseja nos dar.

Passo 6: Livre-se das influências pecaminosas

O último passo para a liberdade espiritual implica *livrar-se da herança das influências pecaminosas que vêm de amigos e conhecidos*. Todos nós somos predispostos a certos comportamentos de várias origens, entre elas (a) problemas emocionais/psicológicos, (b) genética, (c) estímulo pecaminoso direto, (d) heróis ou modelos errados; e (e) atividade satânica ou demoníaca.

No caso de muitas pessoas, essas coisas fazem parte da herança familiar. Para obter liberdade espiritual das cadeias ligadas a essas influências, temos de nos livrar da herança dos pecados dos outros e de sua influência em nossa vida (veja Êxodo 20.4, 5 e Gálatas 5.24).

Isso talvez seja mais fácil de ser dito do que de ser feito. Na verdade, alguns passos simples podem ajudar-nos nesse processo. Primeiro, reconheçamos que fomos crucificados, enterrados e ressuscitados com Jesus Cristo e que agora estamos assentados nos céus (veja 2 Coríntios 4.14). Segundo, declaremos publicamente que pertencemos ao Senhor Jesus Cristo (veja Gálatas 5.24). Depois reivindiquemos verbalmente o sangue de Jesus sobre o maligno (1 Coríntios 6.20 e 1 João 1.7).

Ore em voz audível: "Eu rejeito (*inserir a influência negativa específica em sua vida*)".

Esses seis passos podem ajudá-lo a quebrar a influência de coisas que de outro modo poderiam manter você e sua família em grilhões por gerações vindouras. Resumindo:

Seis passos para a liberdade
1. Eu renuncio...
2. Eu reconheço...
3. Eu perdoo...
4. Eu me submeto...
5. Eu assumo a responsabilidade...
6. Eu rejeito...

Princípios para lembrar

A prática do jejum do discípulo não terá bons resultados se você seguir os seis passos anteriores como se fosse escravo. Você deve estar ativamente envolvido com o propósito de determinar como, e se, cada passo deve ser aplicado a sua situação particular. A seguir, há alguns princípios a considerar.

Faça uma lista dos seis princípios. Algumas pessoas vão precisar passar pelos seis passos, orando em voz audível em cada um dos seis. Você talvez pense que não tem nenhum problema com algum desses itens enquanto não faz dele motivo de oração. Fique principalmente atento à sua tendência de autoiludir-se. Faça de cada um dos passos matéria de reflexão sincera e de oração antes de tomá-lo.

Concentre-se em seu problema. Se, depois de refletir honestamente e orar com interesse, você acreditar sinceramente que não necessita de todos os passos, escolha aqueles que se aplicam a suas necessidades individuais. Apenas um ou dois podem ser suficientes para lidar com seus problemas. Empregue seu tempo no seu problema principal.

O princípio da objetividade. Quanto mais específico e objetivo você for, mais específicos serão os resultados. Se você for vago ao lidar com seu pecado, terá minimizado os possíveis resultados. Quando você jejuar para quebrar um pecado específico, concentre todas as suas energias nesse pecado. Desse modo, Deus pode lhe dar a capacidade de vencê-lo.

O princípio da prescrição. Quando lida com pecados, você precisa aprender a orar exatamente as palavras prescritas que tratam do motivo por que você estava preso. Somente quando você se recordar em voz audível das causas de seus pecados, pode ficar apto para quebrar o resultado. Não é suficiente orar: "Perdoa-me, Senhor", e deixar como está. Você também deve jejuar e orar. Por exemplo: "Assumo a responsabilidade por ter-me permitido ficar viciado em álcool". Dar nome a seu pecado e confirmar sua responsabilidade por seus atos é um passo em direção à vitória sobre o "pecado crônico".

O princípio da jornada interior. Você jamais alcançará uma vitória externa sobre o pecado sem assumir responsabilidade interior por suas ações. Você não pode começar a jornada sem antes ter feito a jornada interior. Da mesma maneira que os anéis dos troncos das árvores indicam que elas crescem do interior para o exterior, os cristãos também precisam desenvolver o caráter interior antes de lidar com os problemas externos. As raízes precisam fortalecer-se antes de haver os frutos.

O princípio público. Evidentemente você vai ter de lidar com seu pecado para quebrar as cadeias que lhe oprimem. Surge a questão: em que medida sua confissão deve ser pública? Basicamente, pecado é um ato ou uma atitude interna. É algo que normalmente começa no coração antes de chegar às mãos. Com o passar do tempo, entretanto, o pecado acaba tornando-se público. As ações realizadas no escuro, no fim, acabam ficando sob as luzes e diante das câmeras do escrutínio público.

Jejuar é um voto feito a Deus em particular. Portanto você deve começar a tratar de seu pecado durante seu jejum privado antes que ele se torne público. Comece com sua confissão a Deus. *"Se confessarmos os nossos pecados, ele é fiel e justo para perdoar os nossos pecados e nos purificar de toda injustiça"* (1 Jo 1.9). Às vezes, entretanto, temos de confessar o nosso pecado a outra pessoa, ou à igreja – isto é, publicamente.

Em que medida nossa confissão deve ser pública?

Temos de incluir em nosso círculo de confissão todos aqueles que estiverem incluídos em nosso círculo de pecado. Se foi um pecado privado, mantenha sua confissão em âmbito privado. Se apenas algumas pessoas sabem de seu pecado, somente essas pessoas devem ouvir sua confissão. Se você pecou contra a igreja e o mundo, sua confissão deve ser pública e aberta.

A preparação para o jejum do discípulo

Objetivo: Libertar-se do vício, ou de um pecado crônico.

Declaração: Creio que não há tentação terrena que me possa escravizar, e que Deus têm um meio de escape para mim (1 Co 10.13). Creio no poder do sangue de Cristo e na força do nome de Cristo (veja Atos 3.16; 16.18). Por isso, estou jejuando, porque quero que o Filho de Deus me liberte verdadeiramente (Jo 8.36).

Voto: Tendo Deus como minha força, e a graça como meu apoio, comprometo-me com o Jejum do Discípulo descrito aqui.

Jejum: Alimento dos quais quero abster-me _____
_____

Início: Dia e hora em que vou começar o jejum _____

Término: Dia e hora em que vou cessar o jejum _____

Finalidade: Estou jejuando para _____

Base bíblica: *"Para soltar as cordas da injustiça"* (Is 58.6).

Recursos necessários: _____

Assinatura _____ Data _____

Nota

[1] O esboço básico desta seção é dos livros de Neil Anderson: *Victory Over Darkness* (Ventura, Calif.: Regal Books, 1990); *The Bondage Breaker* (Eugene, Oreg.:, Harvest House, 1988); e *Setting Your Church Free* (Ventura, Calif.: Regal Books, 1994). Veja o Apêndice 3.

3

O jejum de Esdras

Certa vez, eu e minha esposa nos descobrimos na posse de duas casas. Tínhamos nos mudado de Lynchburg, Virgínia, porque Deus me conduziu a ajudar a fundar a Liberty University ali. Compramos uma casa em Lynchburg e pusemos a anterior à venda nas mãos do Senhor. Dois anos depois, a casa ainda não havia sido vendida. Jejuamos juntos para resolver o problema. Jamais duvidei da liderança de Deus, e orava diariamente pela venda da casa. Eu e minha esposa entramos em acordo (veja Mateus 18.18) e jejuamos, mas mesmo assim não conseguimos vender a casa. Não desistimos. Por isso, depois de termos jejuado pela terceira vez, Deus vendeu nossa casa.

"A vida é como o futebol", diz Sam Rutigliano, ex-técnico dos Cleveland Browns. "E aquele que comete menos faltas […] vence". Não acho que eu e minha mulher tenhamos errado ao comprar a casa em Lynchburg, mas nossa decisão levantou um problema não previsto.

Todos têm problemas e dificuldades. Jó, no livro mais antigo da Bíblia, disse: *"O homem, nascido de mulher vive pouco tempo e passa por muitas dificuldades "* (Jó 14.1). De acordo com as leis naturais, tudo o que existe se transformará. Todas as pessoas acabarão ficando velhas e fracas. Todo negócio fracassará se não cuidar. As casas têm de ser pintadas, os carros têm de ser consertados, os campos têm de ser replantados todas as primaveras e todo mundo deve enfrentar problemas que precisam ser resolvidos. Novamente, Jó compreendia isto": *No entanto o homem nasce para as dificuldades, tão certamente como as fagulhas voam para cima"* (Jó 5.7).

A maioria das pessoas, contudo, se surpreende quando têm problemas. Recentemente, eu estava voltando da igreja para casa. Eu estava apressado para chegar a tempo de receber um telefonema importante. Enquanto dirigia velozmente pela Thomas Road, meu pneu dianteiro direito furou. Exclamei, dando uma pancada no volante, o que sempre digo quando ocorre algum problema.

A frustração urbana

Por que eu?
Por que agora?
Por que isto?

Eu esperava um mundo perfeito, por isso ficava surpreso quando tinha problemas. Contudo a leitura das Escrituras me convenceria de que há problemas: graves – que põem a vida em risco – difíceis de resolver.

Se você for como eu, as expectativas de uma vida perfeita resultam em três atitudes erradas em relação aos problemas. Quando os problemas vêm pensamos:

Três atitudes erradas em relação aos problemas

Sou incomum
Não sou espiritual
Deus me abandonou

Uma secretária do meu escritório estava reclamando por causa de um cheque devolvido. Ela tinha absoluta certeza de que o marido, ou o banco, tinha cometido algum erro. Ouvi-a falando no telefone com o banco, depois de uma longa pausa...

"Oh..., eu me esqueci de anotar o valor desse cheque no canhoto!"

Todos nós cometemos erros que nos causam problemas. Todos nós nos esquecemos de algo, e nosso esquecimento nos causa mais estresse. Somos todos humanos, e isso significa que não conseguimos pensar em tudo.

Três atitudes que impulsionam nosso pensamento quando nos preparamos para resolver problemas.

Três atitudes de resolução de problemas
Não podemos fugir dos problemas
Não podemos impedir que os problemas aconteçam
Conseguiremos resolver nossos problemas

Esdras enfrentava um problema

O livro de Esdras nos conta a história da volta dos judeus do cativeiro da Pérsia. Em 538 a.C., o rei Ciro, da Pérsia, lhes dera permissão para retornar e reconstruir o templo de Jerusalém. Primeiro, Zorobabel deixou o povo para trás para começar a trabalhar no templo. As nações vizinhas causavam problemas, por isso as obras caminhavam lentamente, chegando até a parar por alguns meses. O templo foi finalmente terminado em 515 a.C.

Depois, Esdras, o sacerdote, tentou conduzir um segundo grupo de pessoas de volta para Jerusalém. Ele os reuniu nas margens do riacho Ava, mas depois descobriu que tinha um grande problema.

Uma situação difícil

Esdras necessitava de proteção, pois liderava uma multidão de pessoas indefesas pelo deserto na volta à terra prometida. As "terras ruins" eram povoadas por quadrilhas de ladrões que assaltavam as caravanas. Esdras disse: *"Tive vergonha de pedir soldados e cavaleiros ao rei para nos protegerem dos inimigos na estrada"* (Ed 8.22).

Acontecia o mesmo com os pioneiros americanos que viajavam para o Oeste, e que necessitavam de ajuda da cavalaria americana quando atravessavam os territórios dos índios. O problema de Esdras, entretanto, era diferente. Ele se viu numa situação embaraçosa, pois havia dito ao rei: *"A mão bondosa de nosso Deus está sobre todos os que o buscam, mas o seu poder e a sua ira são contra todos os que o abandonam"* (v. 22)

O risco de assalto

Os judeus não apenas estavam retornando para sua terra, mas também traziam consigo todos seus bens domésticos e suas riquezas. Não pense no povo de Israel como prisioneiros libertos da cadeia. Eles não eram como os judeus refugiados do holocausto na Segunda Guerra Mundias. Muitos judeus tinham-se estabelecido na Babilônia, construído casa e instituído negócios. Os arqueólogos descobriram que os judeus – que anteriormente eram uma nação constituída de agricultores – tornaram-se prósperos comerciantes na Babilônia.

Muitos judeus tinham ficado ricos no cativeiro. Os que permaneceram no exílio enviaram tesouros com Esdras para reconstruir o templo. Estes não queriam voltar a morar nas condições primitivas da terra prometida. Não desejavam passar por privações para reconstruir a nação. Queriam usufruir o luxo da Babilônia. Esses judeus foram requisitados a enviarem ouro e prata para a reconstrução do templo. Esdras estava transportando o dinheiro e muitos riquezas dele. Toda essa riqueza é constatada nas palavras de Esdras: *"Pesei e entreguei-lhes vinte e dois mil e setecentos e cinquenta quilos de prata, três toneladas e meia de utensílios de prata, três toneladas e meia de ouro"* (v. 26). Esdras temia que esses tesouros pudessem ser roubados.

Jejuar pelo problema

Diante desse importante problema, Esdras convocou um jejum: *"Por isso jejuamos e suplicamos essa bênção ao nosso Deus, e ele nos atendeu"* (v. 23).

Observe que o problema ia além de uma questão individual, implicava todo o povo de Deus que estava atravessando o deserto, mais os milhares que permaneceram na Babilônia, os quais lhe tinham entregado ouro e outros tesouros. O problema de Esdras também era o problema desse povo. Era um problema de proporções nacionais. Como levar de volta as pessoas, o ouro e a prata para a terra prometida? Ele convocaria o povo para o que estamos chamando aqui de o jejum de Esdras.

Recomendações para o jejum de Esdras

Um problema particular requer um jejum particular. Um problema de grupo requer que o grupo jejue conjuntamente. Quando a esfera de preocupação passa a ser nacional, a esfera de jejum deve ser diretamente proporcional.

Passo 1: Escolha os que se comprometerão

Minha igreja enfrentou um problema financeiro no final dos anos 1970, por isso convoquei toda a congregação para jejuar. Pedimos a todos que jejuassem de acordo com as instruções dadas a Israel para o dia da expiação. *"Sábado de descanso solene vos será; então, afligireis a vossa alma; aos nove do mês, de uma tarde a outra tarde"* (Lv 23.32 – ARA). A congregação foi solicitada a jejuar por um dia – de um poente ao seguinte.

Meu pastor pediu que todos se preparassem para jejuar da noite de domingo até a noite de segunda-feira. Quando a congregação chegou à igreja no domingo de manhã, foi lembrada de jejuar a partir daquela noite. A ideia estava fresca na mente da congregação, por isso todos participaram do jejum. Além disso, todos os membros tiveram orientação de como jejuar: comer um lanche leve antes do culto de domingo à noite, em seguida, depois do culto, só beberiam líquidos até a noite de segunda-feira. Depois do pôr-do-sol da segunda-feira, poderiam quebrar o jejum. Depois que as pessoas foram informadas do problema e adquiriram conhecimento dos motivos e dos procedimentos para o jejum, o pastor pediu que se comprometessem.

"Quero que todos aqueles que vão jejuar conosco nesta noite fiquem de pé".

A igreja inteira ficou de pé diante do pastor. A congregação se reuniu naquela noite de domingo com grande espírito de esperança. Acreditávamos que Deus iria realizar um grande milagre financeiro para nós. Perguntei à esposa do pastor se ele acreditava realmente que Deus iria responder às nossas orações.

"Ele acredita piamente que Deus responderá", foi a resposta.

Evidentemente, nós jejuamos por uma resposta específica, mas a resposta veio também da oração. Havia turnos de orações individuais, e as pessoas também se reuniam na igreja para orar. Em grupos separados, as mulheres, os pastores e os jovens se reuniram para orar.

Os resultados? As pessoas confiaram em Deus por mais de um milhão de dólares, e a obra de Deus se realizou.

Passo 2: Compartilhe o problema

As pessoas não apenas devem ser convidadas a jejuar, mas também têm de se envolver no problema. Esdras disse: *"Proclamei jejum para que nos humilhássemos diante do nosso Deus e lhe pedíssemos uma viagem segura"* (Ed 8.21). As pessoas que acompanhavam Esdras jejuaram porque estavam amedrontadas. Queriam segurança para si e seus filhos. Quanto maior o problema, maior a probabilidade de que as pessoas jejuem com intensidade e orem com sinceridade.

Passo 3: Jejue com seriedade

Para que o jejum seja significativo, as pessoas devem não apenas se abster de alimento, mas também precisam afligir-se em oração. Jejuar é mais que ajustamento da dieta, implica agonia espiritual e intercessão. O jejum de Esdras era *"para que nos humilhássemos diante do nosso Deus"* (v. 21). Inicialmente, quando as pessoas enfrentavam uma situação de risco de vida, ficavam atemorizadas ou angustiadas demais e perdiam a vontade de comer. Eles adaptavam a dieta de acordo com a agonia e o conflito profundo de sua alma.

A *causa* era o problema; o *efeito* era a adaptação da dieta. Por fim, as pessoas começaram a perceber que necessitavam desse exercício espiritual profundo para orar adequadamente. Desse modo, reverteram o jejum como efeito de maneira que todos pudessem fazer uma viagem espiritual de intercessão como causa.

O jejum comunicava a todas as pessoas a seriedade de sua jornada. Para sair da Babilônia de volta à terra prometida, Esdras e seus companheiros israelitas tiveram de atravessar um terreno perigoso. Por isso Esdras comunicou a seriedade do risco de vida deles.

O jejum produz

Introspecção espiritual
Exame espiritual
Confissão espiritual
Intercessão espiritual

Passo 4: Jejuar antes de tentar uma solução

Quase sempre abordamos um problema com a tradicional estratégia de solução de problemas. Apresentamos uma série possíveis soluções baseadas na sabedoria humana, e escolhemos uma delas. Contudo Esdras fez algo mesmo antes de discutir os problemas com os anciãos: *"Eu os reuni junto ao canal que corre para Aava e acampamos ali por três dias"* (v. 15). Durante esse período, ele esperou até que os levitas se juntassem a eles (v. 15-20).

Observe o planejamento do jejum:

Ele não jejuou durante a viagem.
Não jejuou antes de todos estarem reunidos.
Não procurou resolver o problema antes de jejuar.

É importante que reconheçamos a natureza espiritual do problema antes de procurarmos resolvê-lo. Na verdade, devemos viver em atitude de jejum porque precisamos ter uma vida de dependência de Deus. Quando enfrentamos um problema financeiro, normalmente procuramos cortar gastos, pedir dinheiro emprestado, cobrar das pessoas que nos devem e, quando tudo isso não dá certo, talvez oremos e até jejuemos. Esdras, contudo, reuniu o povo e jejuou em primeiro lugar. O período do jejum é tão importante quanto a sua dinâmica.

Passo 5: Jejuar num local com inspiração

Um novo movimento chamado "oração com caminhada" (prayerwalking) está ocorrendo em todos os Estados Unidos.[1] Não é nada mais que seguir o mandamento do Antigo Testamento de quando Deus disse a Abraão para andar pela terra que Ele ia lhe dar (veja Gênesis 13.17). Deus também instruiu Josué a caminhar em volta de Jericó antes da batalha (veja Josué 6.3-5). Em seguida, quando Josué ia conquistar a terra prometida, Deus lhe disse para andar pela fé pela terra que ia conquistar (1.3-9). Oração com caminhada é "orar num local com inspiração". Quando ficamos no local da necessidade, oramos com mais atenção.

Esdras pôs em prática a "oração com caminhada" no estilo antigo, levando o povo a ficar frente a frente com o problema – ele os levou às margens do rio antes de empreender uma viagem para o deserto. *"Junto ao canal de Aava, proclamei jejum"* (Ed 8.21).

Passo 6: Jejuar para ter orientação gradativamente

Durante o jejum, não antes, buscamos soluções para nossos problemas. Quase sempre os grandes problemas nos assustam, e não conseguimos pensar nos problemas com clareza nem de maneira produtiva. Necessitamos decompor os problemas grandes em partes. Se conseguirmos resolver os problemas menores um por um, poderemos solucionar os problemas maiores. Precisamos jejuar e orar não apenas para as soluções finais, mas também para as soluções gradativas dos problemas.

Havia mais de uma estrada por onde Esdras e o povo poderiam viajar para Jerusalém, e mais de uma solução para o problema deles. A questão era: "Qual é a estrada certa?" Ao que parece, algumas estradas tinham mais viajantes que as outras. Muitos desses viajantes eram soldados em jornada de missão diplomática ou negócios do governo. Consequentemente, as pessoas se sentiam protegidas pela presença deles. Além disso, algumas estradas tinham tantos transeuntes que os bandos de ladrões encontravam caminhos alternativos.

Esdras convocou um jejum a fim de que *"lhe pedíssemos jornada feliz"* (v. 21). A Bíblia diz que Deus dirige soberanamente nossos passos, mas devemos usar o bom senso no caminho. "Traçamos nossos caminhos, mas Deus nos dirige em cada passo da estrada" (Pv 16.9 – parafraseado).

Usemos nossa própria inteligência. Esdras jejuou para resolver seu problema, mas ele fez mais do que jejuar – usou a inteligência. Quando enfrentar um problema, não se limite a orar. Orar é maravilhoso, mas quando apenas oramos, não fazemos tudo. A Bíblia nos ensina a "ter fé e trabalhar". Oramos de joelhos como se tudo dependesse de Deus, mas nos levantamos e trabalhamos como se tudo dependesse de nós. Nossa parte da tarefa implica trabalho árduo, planejado, complicado, determinado e inteligente.

Por isso Esdras começou: *"Por isso jejuamos e suplicamos essa bênção ao nosso Deus"* (Ed 8.23). Em seguida, Esdras elaborou um plano para proteger a tremenda quantia de dinheiro que tinha recebido. Percebeu que parte de sua caravana podia se perder se fossem assaltados por um bando grande de ladrões, por isso ele dividiu o tesouro e o distribuiu entre os doze sacerdotes, de maneira que alguns fossem poupados mesmo que outros pudessem perder-se (v. 24, 25).

Dividindo o dinheiro, Esdras fez mais que protegê-lo dos ladrões que estavam à espreita. Porque o coração humano é pecaminoso, poderia ter sido fácil um dos sacerdotes ficar com uma parte do tesouro a ele confiado. Afinal, se uma família tivesse uma tonelada de prata, podia ser tentador guardar consigo alguns brincos. Por isso, Esdras tomou precauções especiais para evitar que isso ocorresse.

Só porque Esdras era um homem espiritual não significa que ele era ingênuo ou simplório. Ele compreendia a natureza humana. Todo o mundo que faz negócios sabe que as pessoas tendem a ser mais honestas quando têm de prestar contas.

Princípios a considerar

O jejum para a solução de problema de Esdras não é uma tentativa de fugir dos problemas, mas de convocar a ajuda do Espírito Santo para lidar com eles. Como se observou anteriormente, jamais ficaremos livres de problemas. Jejuar é um empreendimento sério, por isso jejuamos principalmente por problemas sérios.

Ao fazer isso, como indica o Passo 6, são requeridos passos práticos como jejuar e orar. A seguir, alguns princípios práticos para resolver problemas.

Três causas de problemas

Você pode lidar melhor com seu problema quando compreende a causa dele. Há três causas fundamentais de problemas.

Três causas de problemas

Mudança
Diferenças
Circunstâncias

Mudança causa problemas. O duque da Cantuária disse certa vez o que muita gente pensa: "Qualquer mudança por qualquer razão para qualquer finalidade deve ser lamentada".

Ninguém gosta de mudar. As mudanças no programa da igreja principalmente são um convite para problemas. Portanto, quando estiver diante de mudanças importantes como, por exemplo, mudança de localidade, de declaração doutrinária ou mesmo de equipe de assessores, chame os interessados na situação para jejuar.

A igreja de Atos jejuava quando enfrentava importantes mudanças de estratégia – os cristãos primitivos pretendiam enviar equipes missionárias para evangelizar os perdidos. A Bíblia menciona, antes de enviar Barnabé e Paulo na primeira viagem missionária, que a igreja jejuou duas vezes. *"Enquanto adoravam o Senhor e jejuavam, disse o Espírito Santo: 'Separem-me Barnabé e Saulo para a obra a que os tenho chamado'"* (At 13.2).

Essa nova estratégia da igreja foi resultado de jejum, mas referir-se a isso uma vez não é suficiente. Observe a segunda vez que a palavra é empregada: *"Assim, depois de jejuar e orar, impuseram-lhes as mãos e os enviaram"* (v. 3).

No mundo físico, todo movimento provoca atrito. O atrito do movimento nos relacionamentos humanos leva a colapso e mais problemas. Quando se passa por problemas importantes na vida, seja no casamento, seja num novo emprego, seja a ameaça de perda do emprego atual, ocorre atrito e estresse. Portanto, utilize o jejum de Esdras.

Diferenças causam problemas. Quando as pessoas de diferentes contextos étnicos, doutrinários ou familiares chegam à igreja, quase sempre querem mudanças. A solução é colocar todas as pessoas na mesma linha de partida com o jejum de Esdras. Jejue antes de qualquer mudança importante. Do mesmo modo que Esdras reuniu o povo na margem do rio para olhar para o deserto assustador, una todas as pessoas da igreja num jejum a fim de que, juntas, enxerguem o problema e juntas orem por uma resposta.

A questão não é se as diferenças entre as pessoas vão causar problemas em nossa igreja, mas o que faremos e como reagiremos aos problemas que *vão* surgir por causa das diferenças entre as pessoas. Embora não convidemos para o jejum de Esdras para dar senso de unidade à igreja, o senso de ação unificada com certeza é um dos subprodutos do jejum.

As circunstâncias causam problemas. Quer se trate de suas circunstâncias pessoais, quer das de seu grupo, as circunstâncias causam problemas. Esses problemas não são de natureza interpessoal nem espiritual. A igreja pode querer comprar um terreno, mudar de prédio, por causa do zoneamento urbano, ou instituir uma nova programação radicalmente diferente da programação vigente. Um negócio ou o banco pode fazê-lo perder dinheiro. Quando você enfrenta um problema em que não teve participação nenhuma para causá-lo, convide as pessoas para o jejum de Esdras.

Quando sua comunidade estiver enfrentando uma greve prolongada de trabalhadores ou uma grande taxa de desemprego num setor produtivo que afete sua igreja, convoque para o jejum de Esdras.

Se sua igreja não tem espaço suficiente para as pessoas que vêm ao culto de adoração, ou as instalações são velhas, ou está enfrentando um problema financeiro, convoque o jejum de Esdras.

Três perguntas a fazer

Quando você começa a fazer o jejum de Esdras, faça mais que simplesmente pedir a Deus que resolva o problema. Comece a aplicar a estratégia de solução de problema à questão que tem diante de você. Ao procurar resolver seu problema, primeiro precisa analisá-lo. É útil fazer três perguntas para determinar o tamanho da crise.

Três perguntas a fazer

Qual é a extensão do problema?
Quem está envolvido no problema?
O que o grupo maior pensa sobre o problema?

Qual é a extensão do problema? Os problemas quase sempre parecem maiores do que realmente são. Durante o jejum de Esdras, reserve tempo para pensar no problema e em suas ramificações. Às vezes, no jejum de Esdras o problema diminui porque você descobre que ele não é tão grande quanto parece. Aos poucos você passa a enxergá-lo objetivamente. Outras vezes no jejum de Esdras, um problema vai se mostrar maior que você pensava porque você passa a entender sua magnitude.

Quando você está jejuando, determine as questões básicas envolvidas no problema. Registre por escrito essas questões. Antes de orar pelo problema, primeiro temos de defini-lo. Lembre-se: Um problema bem esclarecido é um problema cinquenta por cento resolvido.

Quem está envolvido no problema? Quando esclarecer o problema, pergunte quem explicou o problema para você ou para o grupo. Em qualquer igreja, parece que certas pessoas sempre alertam o pastor para problemas pequenos. A maneira que as pessoas descrevem o problema dá a entender que ele é muito maior que realmente é. Tenha certeza de que está enxergando o problema com olhos objetivos, através dos olhos de Deus e em seguida através dos olhos da igreja. Jamais se limite aos olhos das pessoas que lhe trouxeram o problema.

Ore pelas motivações. Durante o jejum de Esdras, você precisa perguntar *por que* aconteceu esse problema. Às vezes o problema tem raízes nos motivos das pessoas envolvidas. Outras, se origina dos motivos das pessoas de fora da igreja. A maioria dos problemas é realmente conflito de atitudes entre pessoas em vez de conflito de circunstâncias ou de programação. Quando as pessoas acertam suas atitudes, a maioria dos problemas se resolve por si mesma.

Enquanto você ora no jejum de Esdras, determine o melhor tempo de tratar do problema. Com o tempo, muitos problemas vão-se resolver por si mesmos sem o seu envolvimento. Mesmo durante seu jejum, portanto, você pode estar dando tempo para que seu problema se resolva sozinho. O jejum de Esdras pode ser a moratória necessária para resolver o problema. Além disso, o tempo permite que as emoções se esfriem e as questões adquiram a perspectiva correta.

O que o grupo maior pensa do problema? Quando todos da igreja estiverem envolvidos no jejum de Esdras, a atenção de todos da igreja estará concentrada no problema.

Às vezes, necessitamos consultar as pessoas individualmente para colher dados. Outras vezes, um pastor reúne informações do conjunto, de uma comissão de averiguação ou até da congregação inteira. Às vezes, precisa entrevistar muita gente, mas temos de fazer isso individualmente para esclarecer fatos, descobrir atitudes e obter visão clara da natureza e/ou do tempo do problema. Quando consultamos os mais diretamente envolvidos no problema e estimulamos a contribuição deles, fortalecemos nossa capacidade de levar as pessoas à solução dos problemas.

Convocar para um jejum de Esdras atinge dois propósitos. Estamos convidando Deus para o problema e lhe pedindo solução, e estamos convidando todos os envolvidos a fazer parte da solução.

Um problema pode afetar diretamente apenas um segmento de pessoas, mas suas implicações podem afetar outras pessoas. Isso vale para uma família, uma congregação ou um ambiente de trabalho. Portanto, procure envolver o grupo maior no jejum de Esdras porque o grupo maior deve assumir a responsabilidade pelo problema, procurar uma solução e resolver o problema.

As pessoas pedem conselho àqueles a quem respeitam. Quando convidamos as pessoas para o jejum de Esdras, mostramos respeito e estima pela contribuição delas; assim, ganhamos o apoio delas. Não somente recebemos a sabedoria delas para resolver o problema, mas também conquistamos o respeito delas. Elas vão procurar nossa liderança espiritual.

Três atitudes em relação aos problemas

O cristão normalmente adota três atitudes quando aborda um problema. Ouvi pela primeira vez esta receita de um pregador sulista que estava descrevendo como a igreja devia reagir ao perigo.

Três atitudes em relação aos problemas

1. *Irrite-se* – pregue contra o pecado.
2. *Lute* – organize a igreja para resistir ao pecado.
3. *Morra* – combata o pecado até a morte.

Embora essas três atitudes comuns em relação aos problemas tenham uma ampla base, em última análise é melhor aplicar uma estratégia para resolver seu problema. O jejum de Esdras pode não resultar em solução total de nosso problema, mas jejuando podemos descobrir a seriedade do problema e desse modo descobrir uma estratégia para lidar com ele.

Os bons líderes escolhem as próprias batalhas. Tomemos cuidado para não deixar que outra pessoa escolha nossa batalha. Sempre haverá uma causa que motivará os cristãos ou nossa igreja a uma ação (por exemplo, aborto, violação dos direitos civis, a venda de bebida alcoólica ou pornografia, etc.). Mas não podemos passar toda a vida em batalhas. Embora a vida cristã seja ao mesmo tempo combater e edificar, a maior parte da vida deve ser passada edificando a igreja, edificando os santos e edificando a nós mesmos. Os que lutam contra todos os supostos dragões acabam perdendo a credibilidade. O dr. Adrian Rogers, ex-presidente da Convenção Batista do Sul, aconselhou: "Não vale a pena lutar por certas causas".

Três olhos para resolver problemas

O maior benefício do jejum de Esdras é que Deus nos dá "olhos" para enxergarmos o problema. Quando jejuamos para Deus, enxergamos o problema através dos olhos dele. Contudo também devemos ver o problema através dos olhos de nossa família/congregação. É importante enxergar o problema através dos olhos daqueles que criaram o problema, como, por exemplo, nosso adversário.

Três olhos para resolver problemas

Olhos para enxergar o lado positivo
Olhos para enxergar as pessoas.
Olhos para enxergar os fatos.

Olhos para enxergar o lado positivo. Quando convocamos o jejum de Esdras, primeiro temos de orar pela vitória. Temos de saber o que queremos que aconteça e pedir que Deus nos dê esse resultado. Não comecemos o jejum "centrados no problema", porque isso nos deixará pessimistas e incapazes de orar com fé. Oremos como os discípulos oravam, pedindo ao Senhor: *"Aumenta a nossa fé"* (Lc 17.5). Continuemos olhando para Deus e Ele nos tornará positivistas.

"Livremo-nos de tudo o que nos atrapalha e do pecado que nos envolve, e corramos com perseverança a corrida que nos é proposta, tendo os olhos fitos em Jesus, autor e consumador da nossa fé" (Hb 12.1, 2).

Quando estamos cegos mental, emocional ou espiritualmente, não enxergamos corretamente.

Olhos cegos

Os olhos emocionais ficam cegos com lágrimas.
Os olhos temerosos ficam cegos com o terror.

O jejum de Esdras produz uma nova visão do que Deus pode realizar. Olhos cegos abre mão de seu valor, mas o jejum de Esdras nos ajuda a concentrar novamente nossas prioridades na Palavra de Deus. Olhos cegos culpam outras pessoas, mas durante o jejum de Esdras enxergamos a causa do problema. Olhos cegos nos fazem sentir culpados, mas durante o jejum de Esdras confessamos nossos pecados e permanecemos perdoados em Cristo.

Os problemas crescem quando perdemos a perspectiva. O jejum de Esdras pode construir uma perspectiva positiva tanto em relação ao problema quanto em relação ao plano de Deus para nossa vida. Não ceda a seu problema, nem às pessoas a sua volta. Acima de tudo, não desista de seus valores.

Olhos para enxergar as pessoas. Durante o jejum de Esdras, concentre-se não apenas no problema, mas também naqueles que estão jejuando com você. Aqueles que se esforçam com você geralmente não são o problema. Os que criticam o jejum, resistem a ele, ou fazem algo para miná-lo podem ser parte do problema – embora talvez não sejam seus estimuladores.

O jejum de Esdras pode nos dar uma oportunidade de orar com outras pessoas. *"Se dois de vocês concordarem na terra em qualquer assunto sobre o qual pedirem, isso lhes será feito por meu Pai que está nos céus"* (Mt 18.19). Portanto, durante o jejum de Esdras devemos reunir as pessoas para encontros de oração em conjunto. Solicite (1) pedidos do grupo, (2) testemunhos do grupo e (3) oração pelos membros do grupo.

Olhos para enxergar os fatos. Quando começamos o jejum de Esdras, podemos estar iniciando uma estratégia de controlar ou resolver nossos problemas. Comecemos procurando soluções bíblicas para o problema. Tomemos tempo para anotar os princípios bíblicos envolvidos no problema. Devemos perguntar: "Como as pessoas da Bíblia resolveram um problema semelhante?" Temos de indagar: "Como outras pessoas da igreja resolveram um problema semelhante a esse?" Para responder a essas perguntas seremos obrigados a ler a Bíblia e a compreender as passagens que falam do problema. Enquanto isso, estaremos tentando descobrir soluções bíblicas que possam se aplicar à nossa situação.

Durante o jejum de Esdras, enquanto analisamos nosso problema, esforcemo-nos para manter o equilíbrio entre o "conhecimento intelectual" da Palavra e a "expressão do coração" do Espírito. Muito Espírito sem a Palavra nos levará a uma *explosão* emocional. Muita Palavra sem o Espírito nos *esgotará*. O equilíbrio correto entre a Palavra e o Espírito nos levará ao *crescimento*.

Uma gradativa solução de problema

Quando as pessoas participam do jejum de Esdras, elas devem ter a certeza de que possuem uma estratégia gradativa para resolver problemas. Algumas pessoas acham que durante o jejum de Esdras elas devem apenas meditar e orar. Esperam que Deus lhes dê as respostas do nada. Embora Deus possa falar no escuro da noite, Ele normalmente não faz isso. Na verdade, seguir uma estratégia gradativamente para resolver um problema pode ser útil para aqueles que não estão em Cristo. Por requerer verdade, e toda verdade provir de Deus, a mesma estratégia pode ser empregada pelos que estão em Cristo. A solução de problemas não é uma chave escondida na Bíblia apenas para os redimidos. Todos enfrentam problemas, e Deus deu a todas as pessoas uma mente sadia. Portanto Ele espera que todos nós usemos todos os nossos recursos para resolver nossos problemas. A abordagem gradativa de resolver problemas é acessível a todos.

Resolver problemas

- Identifique os fatos.
- Estabeleça princípios bíblicos.

Avalie os fatos.
- Determine as várias soluções.
- Escolha uma solução.

Passo 1: Identifique os fatos

Você necessita mais do que uma Bíblia e uma concordância quando trata do jejum de Esdras. Embora essas ferramentas sejam essenciais, você também precisa incluir todos os fatos e informações que conseguir juntar. Isso implica arquivos, registros, mapas, lista e quaisquer informações pertinentes.

Se estiver planejando o jejum de Esdras fora de sua cidade, comece a arrumar as bagagens para a viagem com alguns dias de antecedência. Certifique-se de que todas as pastas de arquivo, discos e livros estejam numa pasta ou numa caixa. Assim que chegar ao local para o jejum de Esdras, vai desejar rever todos os fatos antes de formar uma opinião. Fazer uma seleção entre os relatórios, minutas e arquivos vai refrescar sua mente trazendo-lhe as informações à consciência. Você já está caminhando em direção à compreensão do problema.

Registre por escrito seu problema, depois anote qualquer subitem que possa haver. Isso pode implicar fazer uma lista das pessoas envolvidas em primeiro e em segundo lugar, bem como todos os fatos envolvidos nas consequências. Às vezes escrever o problema implica fazer uma lista dos momentos e dos fatos relacionados ao problema, dinheiro, bens e/ou questões. Quando você começar a escrever o problema, não fique satisfeito com uma declaração única. Um reexame dos arquivos pode-lhe dar uma perspectiva diferente. Depois você precisará reescrever o problema. Você necessitará tantas informações quanto possível para fazer uma boa decisão e decidir seu plano de ação.

A regra de Towns para a resolução de problemas

Tomamos boas decisões com base em boas informações.
Fazemos más decisões com base em más informações.
Sem nenhuma informação, tomamos decisões ao acaso.

Passo 2: Estabeleça princípios bíblicos

Depois de ter definido claramente o problema, pesquise a Palavra de Deus para determinar os princípios para a solução do problema. A Bíblia fala de todas as questões sem dar nome a todas. Do mesmo modo que um carro novo tem um "manual de instruções", também Deus nos deu a Bíblia como nosso manual que contém princípios pra toda a vida. Embora todos os problemas não sejam discutidos na Bíblia, os princípios básicos da vida ainda se aplicam a todos os problemas. Se for possível, tenha à mão livros cristãos e seculares que lidem com o assunto. (Consulte sua livraria cristã para conhecer obras sobre o assunto.) Procure também informações consultando concordâncias, enciclopédias e dicionários bíblicos, comentários e manuais atuais.

Passo 3: Avaliar os fatos

Durante o jejum de Esdras, você vai ter tempo para pensar em seu problema. Primeiro, escreva o problema do alto de sua cabeça. Depois quando orar, tente reescrever o problema do fundo de seu coração. Pode haver uma diferença entre o topo de sua cabeça e o fundo do seu coração, assim como há diferença entre sua análise objetiva e seu envolvimento emocional. Seu problema e as influências sufocantes dele podem estar em algum lugar entre os dois.

Durante o jejum de Esdras, passe tempo em oração e, quando Deus revelar uma nova percepção, redefina o problema. Toda vez que você passar tempo prolongado na presença de Deus, volte ao lápis e ao papel para definir o problema novamente. Costuma-se dizer que os passos para resolver um problema são dados nas etapas da definição do problema.

Passos para resolver um problema

Descubra o problema.
Defina o problema.
Esclareça o problema.
Redefine o problema.

Passo 4: Determine as várias soluções para o problema

Quase sempre os cristãos esperam uma resposta num ambiente de sublime contentamento. Acham que a solução do problema ocorre sem esforço. Esperam que Deus fale do vácuo, mas esse não é o seu jeito costumeiro de agir. Deus fala por meio das informações encontradas na Palavra e de outras fontes. Você pode ir a um lugar tranquilo para orar, todavia, há mais passos para resolver um problema que apenas oração e contemplação.

Siga os passos de resolução de problemas para encontrar uma solução. Quando começar o jejum de Esdras, toda vez que lhe vier à mente uma solução para o problema, anote-a. Com a disciplina de anotar até uma solução ridícula, a solução correta pode "pintar" na sua mente. Uma solução pode desencadear outra. Portanto não tente resolver seu problema até que tenha esgotado sua lista de soluções.

Mesmo assim, sua lista exaustiva de soluções pode não ser *a* lista completa. Fale de sua lista a outras pessoas, principalmente às que estão comprometidas no jejum de Esdras com você. Talvez elas tenham uma ideia de que você tenha deixado escapar, e vice-versa.

Em raras ocasiões, você pode querer pedir para todos participarem do jejum de Esdras para soluções. Cerca de 150 anos atrás, a Igreja Presbiteriana Independente de Savana, Geórgia, estava pensando na possibilidade de construir um santuário novo. O edifício ia ser construído nos fundos da propriedade, deixando uma grande área livre na frente. Todos votaram a favor do projeto, exceto uma senhora, que se absteve de votar. Diz-se que ela orou (não sabemos se jejuou), depois foi ao presidente da assembleia e contou-lhe sua ideia.

Ele sugeriu construir o novo santuário na frente da propriedade, para deixar espaço para um jardim entre o santuário e o prédio educacional nos fundos. O jardim poderia ser usado para casamentos e reuniões sociais. Seria um jardim para cultivar as belas camélias e azaleias da região.

Além do mais, belos vitrais em cada lado do púlpito poderiam ter vista do adorável jardim. Por não haver luz elétrica nessa época, os vitrais lançavam luz no púlpito. Quando essa ideia foi levada para a congregação votar, houve unanimidade – dessa vez para mudar o santuário para a frente e deixar lugar para o jardim. Uma pequena voz numa congregação pode oferecer uma solução para um problema que ninguém mais tenha enxergado.

Passo 5: Escolha a melhor solução

Enquanto estamos nesta vida, nada é perfeito, exceto o Filho de Deus e a Palavra de Deus. Nenhum ser humano é perfeito, como também nada feito pelos homens é perfeito. Portanto, jamais teremos uma solução "perfeita" para um problema. Podemos apenas ter a "melhor" solução.

E o que é a melhor solução para um problema? Aquela com que concordam todos que participaram do jejum de Esdras. A solução é a melhor quando produz a resolução do problema e resolve as tensões. É a melhor solução quando Deus é honrado e os cristãos crescem em graça.

Por fim, entregue seu problema a Deus. Na sua soberania, Deus pode ter-lhe dado esse problema para atraí-lo para mais perto dele. Normalmente as pessoas querem ficar livres de problemas. O problema do qual você quer se livrar, entretanto, pode na verdade ser a circunstância que lhe permite vir a ser aquilo por que você anseia ser.

Preparação para o jejum de Esdras

Objetivo: Resolver um problema através do jejum de Esdras.

Voto: Examinarei todos os fatos para entender o problema e vou pedir a Deus que me dê discernimento das causas e da solução. Depois de ter seguido todos os princípios que Deus me mostrou e de ter feito tudo que posso fazer para resolver o problema, vou aceitar os resultados da providência de Deus (veja Romanos 8.28).

Jejum: Alimentos dos quais vou-me abster _____
_____

Início: Dia e hora em que vou começar o jejum _____

Término: Dia e hora em que vou cessar o jejum _____

Finalidade: Estou jejuando para _____

Estratégia de resolução de problema

Declaração do problema: _____

Base bíblica: Jejum e petição a nosso Deus pelo problema, pedindo-lhe que responda à nossa oração (veja Esdras 8.23).

Recursos necessários: _____

Assinatura _____ Data _____

Nota

[1] Graham Kendrick e Steve Hawthorne. *Prayerwalking.* Altamonte Springs, Fla.: Creation House, 1993.

4

O jejum de Samuel

Um dos períodos mais notáveis da história de avivamento da igreja foi inspirado por um jejum.

No início do século XVIII, o grande evangelista Jonathan Edwards jejuou durante vinte e quatro horas antes de pregar o sermão que muitos alegam que lançou a centelha do avivamento na Nova Inglaterra e que se evoluiu para o Primeiro Grande Despertar. O sermão se intitulava "Pecadores nas Mãos de um Deus Irado".

Uma onda de avivamento de oração varreu os Estados Unidos em 1859, e alguns saíram do que podemos chamar de um tipo de jejum, porque as pessoas passaram sem alimento. O avivamento começou nas grandes cidades metropolitanas do leste dos Estados Unidos. Os cristãos saíam do trabalho ao meio-dia, caminhavam apressadamente para as igrejas mais próximas – não a igreja de que eram membros – e passavam a hora do almoço em oração.

Eles não deram o nome de jejum a esse tempo que passavam com Deus e os outros, mas como abriam mão de sua hora de almoço para se dedicar à oração, pode-se chamar de um tipo de jejum.

Raízes do avivamento

Os historiadores em geral atribuem o grande avivamento de 1859 a três fatores. Primeiro, a unidade interdenominacional, exemplificada pelo fato de os crentes orarem nas igrejas mais próximas. Pessoas de diferentes denominações uniam-se em intercessão. Segundo, o avivamento não veio de pregação, escrita ou em qualquer outro recurso, mas por meio da oração. Terceiro, o avivamento foi inspirado pelos leigos da igreja, não pelos clérigos.

Um grande avivamento também varreu todo o Israel antigo quando o povo estava sob o governo do grande juiz Samuel. Como esse avivamento também envolveu jejum, podemos tirar inspiração do jejum de Samuel para um avivamento em nossos dias.

O avivamento foi definido como "Deus se derramando sobre seu povo". Há avivamento conjunto, às vezes chamado de avivamento de atmosfera, quando as pessoas sentem a presença de Deus. Depois há o avivamento individual, em que os crentes são cheios do Espírito Santo. A igreja em geral tem definido avivamento com as palavras das Escrituras, como *"tempos de descanso da parte do Senhor"* (At 3.19). Observe três verdades sobre avivamento:

1. O avivamento não é uma experiência automática. É algo a ser desejado, e um motivo para orar.
2. Deus é a origem do avivamento. Este vem da presença divina.
3. Experimentam-se resultados renovadores quando vem o avivamento.

As Escrituras associam jejum e avivamento. Quando os crentes jejuam e oram, Deus envia avivamento a seu povo. Como vimos, Deus proclamou por intermédio do profeta Isaías: *"O jejum que desejo não é este [...] desatar as cordas do jugo, pôr em liberdade os oprimidos"* (Is 58.6). A palavra "oprimidos" também pode ser traduzida por "quebrantado". Embora não tenhamos opressão para contestar em nossa sociedade, como a escravidão, existem multidões de pessoas com o espírito quebrantado e preso ao pecado. Além disso, a injustiça por todo este mundo ainda tem como consequência pessoas oprimidas.

O jejum de Samuel pode ser uma ferramenta para libertar os oprimidos e curar os que estão quebrantados pelo pecado.

Contexto histórico do jejum de Samuel

O livro de Juízes relata que o povo de Deus o rejeitava constantemente e se voltava para os ídolos. Cada vez que isso acontecia, o Senhor punia Israel permitindo que as nações vizinhas os atacassem e o derrotassem. E toda vez que eram derrotados, os israelitas se voltavam para o Senhor e suplicavam a ajuda dele. Finalmente, como resposta às orações do povo, Deus enviou líderes especiais, chamados juízes, que restaurariam o povo à justiça, o que os capacitaria a vencer seus inimigos. Naturalmente, Israel seguiria ao Senhor enquanto o juiz regente vivesse. Mas, quando esse morria, novamente eles rejeitavam o Senhor, repetindo o ciclo. Cada juiz conduzia algumas tribos até seu melhor, entretanto, nenhum dos juízes reuniu toda a nação. Israel era uma confederação de tribos familiares com ligações fracas. Eles não tinham rei e *"cada um fazia o que lhe parecia certo"* (Jz 21.25).

Deus chamou Samuel ainda menino para dirigir a nação de Israel. Antes de Samuel chegar à maturidade, Israel pecou, usando a arca da aliança como "talismã de boa sorte" para conduzir o povo na batalha. Por essa afronta, Deus permitiu que os filisteus derrotassem Israel. O inimigo matou muitos soldados israelitas e levou a arca da aliança como troféu entre os despojos. Os filisteus usaram sua posição para oprimir o povo de Deus e todos os anos voltavam para cobrar impostos pesados dos derrotados israelitas.

Samuel foi profeta, sacerdote e o último juiz a liderar Israel antes da nação escolher um rei e se transformar numa monarquia. Samuel uniu a nação trazendo avivamento ao povo. Ele inspirou o exército de Israel a lutar contra os inimigos que invadiam a nação.

Ele deu início a um avivamento por toda a nação por meio do jejum, entre outras disciplinas espirituais. Portanto, o jejum de Samuel é retratado aqui como jejum para avivamento e evangelização. É descrito numa perspectiva tripla: preparação para o jejum, o jejum propriamente dito e os resultados do jejum.

Preparação para o jejum

Samuel não apresentou o jejum para o avivamento a Israel sem exigir preparação séria. Ele exigiu que o povo lançasse fora os deuses estrangeiros que tinham acumulado e se comprometessem totalmente com Deus. Do mesmo modo, atualmente o jejum de Samuel requer preparações específicas.

Reconheça o que o amarra

Antes de o avivamento chegar, precisamos reconhecer a origem de nossa ligação com o pecado que impede o avivamento. Algumas pessoas estão presas a hábitos pecaminosos e pecados específicos. Outras estão sob influência demoníaca, enquanto algumas estão presas às próprias recordações e ao passado. Seja qual for a necessidade de avivamento, precisamos primeiro reconhecer o que nos amarra e as influências debilitantes que esses laços têm em nossa vida.

Digo aos meus alunos que estão se preparando para o ministério: "Você não pode conseguir que as pessoas se salvem antes de fazê-las se sentir perdidas". Se a pessoa não souber (1) que é pecadora, (2) que o pecado a lançará no inferno, (3) e que não há salvação em nenhum outro a não ser Cristo (veja Atos 4.12) e (4) que ser salva é sua maior necessidade, essa pessoa não pode se motivar a ser salva.

Como diz o ditado: "Pode-se levar um cavalo até a água, mas não se pode obrigá-lo a beber". Contudo, se fizer que o cavalo fique com sede, pondo-lhe sal na língua, quando o levar até a água, ele beberá.

A solução de qualquer problema começa com o reconhecimento da necessidade. Em 1978, distribuí alimentos durante a fome no Haiti, onde vi crianças magérrimas, que estavam tão fracas que não conseguiam comer. O que me deixou perplexo foi constatar que muitas crianças que estavam morrendo de fome não tinham vontade de comer. Achavam-se à beira da morte. As mesmas condições físicas que as estavam matando também mascaravam suas necessidades. Enquanto as pessoas não souberem que precisam de alimento, elas não vão comer para se fortalecer. Do mesmo modo, enquanto as pessoas não souberem que necessitam de avivamento, não procurarão o Senhor da seara, que vai "derramar-se sobre seu povo".

Felizmente, quando Samuel convocou Israel para o avivamento, o povo reconheceu o que os aprisionava. Eles choraram e pediram: *"Não pares de clamar por nós ao Senhor, o nosso Deus, para que nos salve das mãos dos filisteus"* (1 Sm 7.8). O povo chegou a um estado de tamanha frustração que clamou por livramento.

Ore pela presença de Deus entre seu povo

Quando oramos por avivamento, temos de convidar o próprio Deus para habitar no meio de seu povo. Lembre-se, a igreja é mais que um edifício e mais que pessoas. A igreja é a presença do Senhor no meio de seu povo. Isto é, a igreja é a presença espiritual de Jesus Cristo no meio de seu povo. O apóstolo Paulo referiu-se à igreja como o corpo de Cristo (Ef 1.22, 23).

Para preparar-se para o avivamento, a igreja precisa:

1. *Reconhecer sua necessidade da presença de Deus no meio de seu povo.* Observe o que deu início ao avivamento quando Samuel liderava o povo. *"Os homens de Quiriate-Jearim vieram para levar a arca do Senhor"* (1 Sm

7.1). A arca da aliança era o lugar simbólico da habitação de Deus no meio de seu povo, por isso, quando as pessoas procuravam a arca do Senhor, na verdade, estavam buscando a habitação de Deus entre elas.

Anos antes, a arca tinha partido, simbolizando a ausência de Deus entre o seu povo. Os filisteus tinham derrotado os israelitas e levaram a arca como troféu de batalha. Quando a mulher de Fineias (um dos sacerdotes responsáveis pela catástrofe) deu à luz, chamou o menino de Icabode, que quer dizer *"'A glória se foi de Israel', porque a arca foi tomada"* (4.21)

Quando iniciamos o jejum de Samuel buscando avivamento em nossa vida, precisamos confessar: "Icabode". Precisamos confessar: "Perdi a presença do Senhor em minha vida".

Perder a presença de Deus não é o que alguns chamam de perder a salvação. Embora você possa ter certeza de sua salvação, seu caminhar diário com o Senhor talvez tenha minguado porque você não buscou diariamente a presença dele. Portanto, assim como Israel tinha de procurar a arca da aliança, o jejum de Samuel é uma oportunidade de procurar novamente a glória da presença de Deus em sua vida.

2. *Reunir o povo no lugar de Deus.* Ao longo da história, Deus sempre teve um lugar para se encontrar com seu povo. Embora não seja sempre um ponto geográfico, esse lugar pode ser identificado por reunião, comunhão e busca da presença de Deus. Samuel queria que o povo passasse pelo avivamento, por isso ordenou: "Reúnam todo o Israel em Mispá; e eu intercederei ao Senhor a favor de vós" (7.5)

Por que o povo foi chamado a Mispá? Essa era a cidade onde Deus se encontrava com Israel antes de a cidade de Jerusalém vir a ser a capital. Mispá tinha se transformado no lugar usual a que o povo ia quando queria experimentar a presença do Senhor (veja Juízes 10.17; 11.11; 20.3; 21.5).

Hoje não precisamos visitar um ponto geográfico determinado para encontrar a Deus. Ele habita no meio de seu povo, a igreja. Não se trata de um prédio, nem de denominação, nem de nomes como, Batista, Presbiteriana ou Assembleia de Deus. Igreja é uma assembleia de pessoas entre as quais Jesus Cristo habita. *"Pois onde se reunirem dois ou três em meu nome, ali eu estou no meio deles"* (Mt 18.20). Portanto, quando buscamos avivamento – "Deus derramando-se sobre seu povo" – precisamos nos reunir com o povo que o busca.

Verifique se os líderes de Deus estão preparados

Todos são iguais perante Deus e, aos pés da cruz, todos estão ao nível do chão. Entretanto, os líderes da congregação – seus pastores – têm um papel especial no jejum de Samuel. Eles devem liderar o rebanho como exemplos para alimentar e proteger as ovelhas (veja Atos 20.28-31).

A Bíblia enfatiza a necessidade de líderes. Pessoas comuns, pessoas dotadas e pessoas da realeza todas foram líderes eficientes entre o povo de Deus. O Senhor não ignora as pessoas médias, porque quando o espírito de Deus se derrama sobre elas, passam a ser pessoas "acima da média"; tornam-se líderes de outras pessoas. Toda história da Bíblia passa por líderes – o nascimento deles, a vida, as obras, o chamado, o êxito, o fracasso, o que fizeram, o que pensaram e, por fim, a morte deles.

Quando Deus quis dar origem a uma nação, ele escolheu um líder para dar início a essa nação – Abraão. No período da fome no Egito, José tornou-se o governador que salvou o mundo de morrer de fome. Quando Deus quis um libertador para seu povo do Egito, Moisés foi seu líder. Moisés morreu, e Deus levantou Josué. Ao longo do período dos juízes, Deus levantou líderes como Débora, Gideão, Jeú e Sansão, por exemplo. Depois dos juízes, Deus levantou um jovem pastor de ovelhas para ser seu rei – Davi. Deus chamou o destemido profeta Elias para transmitir sua mensagem a uma nação que se afastara do Senhor. Toda as vezes em que a nação de Israel deslizava e caía em pecado e em profunda necessidade espiritual, Deus levantava um líder.

O avivamento exigia um líder sacerdote, por isso o povo consagrou Eleazar, filho de Abinadabe, para guardar a arca do Senhor (1 Sm 7.1). Em seguida, outro líder, o porta-voz de Deus, surgiu: *"E Samuel disse a toda a nação de Israel"* (7.3).

Iniciamos o jejum de Samuel para orar por avivamento e evangelismo. Quando oramos para que Deus "derrame seu Espírito sobre seu povo", temos de ser um "líder consciente". Isso significa que devemos estar dispostos a ser líder, a orar para que Deus levante líderes e para que Deus use os líderes que já existem.

Dirigir o jejum de Samuel

Passo 1: Convoque o corpo para reunir-se

Os resultados do jejum individual e em grupo são diferentes um do outro. O jejum individual torna uma pessoa responsável individualmente para com Deus. O jejum em grupo faz uma pessoa responsável pelo que Deus faz ao corpo reunido. Há um tempo para sua igreja jejuar, ou para aqueles que fazem parte de seu estudo bíblico se reunirem com um voto espiritual e não comer até que Deus responda às orações do grupo.

Observe a ordem de Samuel: *"Reúnam todo o Israel"* (v. 5). Nessa época, Israel era apenas uma confederação dividida em doze tribos. Embora fosse unida na adoração e pela ancestralidade comum, a nação não tinha estrutura política interna, militar nem social.

Quando Samuel convocou a reunião do povo, estava fazendo mais que juntar as pessoas para adorar. Era mais que um encontro para um concerto de música sacra ou uma reunião evangelística na cidade. Samuel estava dizendo ao povo de Israel para reconhecer sua obrigação uns para com os outros e cumprir suas responsabilidades uns para com os outros. Samuel entendia que, para haver avivamento, era preciso unidade de mente, coração e perspectiva. Jejuar era um meio de fazer com que o povo se juntasse para a unidade – e ainda hoje serve para essa finalidade.

Passo 2: Demonstrar arrependimento verdadeiro

Se uma reunião pública do povo de Deus fosse o único critério para o avivamento, então teríamos avivamento todos os domingos. Mas isso não acontece. Quando utilizamos o jejum de Samuel para que o avivamento ocorra, devemos seguir o exemplo de Israel: *"E todo o povo de Israel buscava o Senhor com súplicas"* (v. 2). Todos estavam verdadeiramente contritos por causa de seus pecados. Alguns podem questionar a sinceridade do arrependimento deles, achando que foi somente uma "tristeza com medo da punição". Eles dizem isso porque os impostos opressivos dos filisteus e os ataques bélicos de sua terra trouxe sofrimento físico e guerras políticas.

Às vezes quando uma mãe pune o filho por desobediência, ela não tem certeza se ele fica triste por causa do castigo ou porque desobedeceu a suas ordens. Apesar disso, a maior parte das mães acredita que um espírito pesaroso pode edificar o caráter. Quer o filho fique triste pelo primeiro motivo, quer pelo segundo, ele aprende a não cometer aquele erro novamente.

Quando Israel se lamentou para o Senhor, Samuel testou o povo para verificar se seu arrependimento era verdadeiro. Disse: *"Se vocês querem voltar-se para o Senhor de todo o coração, livrem-se então dos deuses estrangeiros e das imagens de Astarote"* (v. 3). Quando começamos o jejum de Samuel,

Deus pode convencer-nos de um pecado enquanto estivermos orando. A evidência de nossa sinceridade é vista quando deixamos de pecar.

Deus mostra as condições para o avivamento em 2 Crônicas 7.14. Esse versículo começa com uma condição "se". *Se* o povo de Deus preencher as condições, Ele enviará avivamento. *"Se o meu povo, que se chama pelo meu nome, se humilhar, e orar, buscar a minha face, e se afastar dos seus maus caminhos, dos céus o ouvirei, e perdoarei o seu pecado, e curarei a sua terra"* (2 Cr 7.14).

No jejum de Samuel, a abstenção de alimento é uma demonstração exterior da sinceridade interior. Por esse motivo, jejuar é algo que as Escrituras chamam de "aflição". Quando suas orações não foram ouvidas, Davi disse: *"Humilhei-me [afligia-me] com o jejum"* (Sl 35.13). As pessoas se sentem fracas e, às vezes, têm tontura sem o alimento. Quase sempre o apetite implora por alimento. Mas a demonstração de tristeza pelos pecados cometidos se evidencia com a continuação do jejum até o fim.

Passo 3: Afastar-se do pecado secreto

O povo de Deus precisa procurar o pecado escondido no seu meio e afastar-se dele – a negação temporária da carne no jejum de Samuel em favor do espírito pode trazer à luz esses pecados.

Algumas pessoas são convencidas de pecados quando estão em oração na igreja ou ouvindo um sermão. Em consequência, podem ir até à frente na chamada ao altar para confessar seus pecados. Outras podem permanecer no banco, confessando os pecados. Entretanto, a confissão desses "pecados de lembrança" não traz avivamento (Deus não se derrama sobre seu povo). Por quê? Talvez porque outros pecados na vida dessas pessoas ainda não vieram à luz. Esses se chamam "pecados secretos". Portanto devemos orar com o salmista: *"Sonda-me, ó Deus, e conhece o meu coração; prova-me, e conhece as minhas inquietações. Vê se em minha conduta algo te ofende"* (Sl 139.23,24).

a. *Os desviados estão cegos para o pecado na vida deles.* A própria presença de pecado em nossa mente nos cega para esse pecado. Por ser o pecado de preferir desviar-se de Deus, ou ignorá-lo de maneira que nos desviemos dele, ficando deliberadamente ignorantes de nossa obrigação para com o Senhor. Por isso, Paulo orava pelos santos de Éfeso a fim de que *"os olhos do coração de vocês sejam iluminados"* (Ef 1.18).

b. *Os desviados são descuidados quanto ao pecado na vida deles.* Os crentes desviados ignoram o aviso de Hebreus: *"Por isso é preciso que prestemos maior atenção ao que temos ouvido"* (Hb 2.1). Quando uma pessoa peca deliberadamente, transforma-se num desviado, quer dê um ou cem passos para longe de Deus. O fato de uma pessoa ter-se evidentemente afastado com o primeiro passo em direção oposta a Deus e "escapado" do castigo, dá-lhe a falsa confiança para dar mais passos na direção contrária a Deus.
c. *Durante o jejum, Deus pode mostrar pecado escondido ao crente – o pecado que está impedindo a bênção de Deus.* O filho pródigo exigiu sua herança, depois saiu de casa para gastar todo o dinheiro numa vida dissoluta. Ele é o clássico exemplo do desviado que abandona as riquezas da casa de seu pai. *"Caindo em si, ele disse: 'Quantos empregados de meu pai têm comida de sobra, e eu aqui, morrendo de fome!"* (Lc 15. 17). Quando estava com fome, lembrou-se das coisas boas que tinha recebido na casa do pai. Por isso quando jejuamos, levamos nosso corpo físico a um lugar de fome; e então podemos sentir a fome de nossa alma. Durante o jejum de Samuel, Deus nos mostra nossos pecados escondidos. O salmista ressaltou: *"Conheces as nossas iniquidades, não escapam os nossos pecados secretos à luz da tua presença"* (Sl 90. 8).
d. *Mais pecados são revelados aos poucos à medida que prosseguimos com o jejum de Samuel.* Jejuar deve ser um processo contínuo, isto é, temos de jejuar por mais de um dia. Às vezes, jejuamos por dois ou mais dias independentes, isolados por um período de alimentação parcial. Embora um jejum de dois dias seguidos possa produzir uma intensa análise de pecado, há vantagens em dois dias isolados de jejum. O tempo que passamos entre nossos jejuns nos dá oportunidade de pensar nas ramificações de nossas necessidades, e nossos pecados podem ficar mais claros para nós. Independentemente da forma que acontece, o jejum deve ser mais que um acontecimento do passado. Deve ser uma ação que empregamos por toda a nossa vida.

Passo 4. Fazer confissão de pecado em grupo

Embora alguns não acreditem em pecado coletivo, argumentando que apenas indivíduos pecam, a Bíblia dá exemplos de indivíduos que confessaram pecado pelo grupo todo. Daniel confessava em privacidade o pecado coletivo de Israel: *"Nós temos cometido pecado e somos culpados. Temos sido ímpios e rebeldes, e nos afastamos dos teus mandamentos e das tuas leis"* (Dn 9. 5). Embora cada pessoa deva confessar em segredo o pecado individual (veja 1 João 1.8-10), cada um deve também confessar o pecado do grupo. Observe que no jejum original de Samuel houve uma confissão de pecado em conjunto. As pessoas confessaram: *"Temos pecado contra o Senhor"* (1 Sm 7.6).

Quando confessamos em particular: "Pecamos", evidentemente nos incluímos nesse pecado. Quando o grupo ora conjuntamente: "Pecamos", cada indivíduo deve incluir-se a si próprio e o seu pecado na oração.

Por exemplo, talvez a escola dominical de sua igreja esteja morta. Não importa quanto se ensine bem a Bíblia, parece que nada ocorre. A liderança é apática, e os alunos parecem pouco se importar que a Bíblia esteja sendo ensinada. Em algum ponto a liderança tomou decisões ruins e que causaram a apatia. As decisões erradas influenciaram a atitude dos alunos. Para trazer avivamento à escola dominical nessas condições, a liderança deve orar: "Pecamos". Embora não tenham tomado as decisões, nesse momento os líderes representam a instituição quando foram tomadas as decisões erradas. A liderança atual não pode orar: "Eles pecaram". Isso é fugir do problema, tirar o corpo fora. A liderança atual representa a instituição onde Deus não está operando e deve orar: "Nós pecamos".

Antes de Neemias reconstruir os muros da cidade de Jerusalém, ele também teve de participar da confissão coletiva. Observe como começou a oração dele: *"Ó Senhor, Deus dos céus, Deus grande e temível"* (Ne 1.5). Em seguida chegou a sua parte de intercessão:

> *Que os teus ouvidos estejam atentos e os teus olhos estejam abertos, para a oração que o teu servo está fazendo diante de ti, dia e noite, em favor dos teus servos, o povo de Israel. Confesso os pecados que nós, os israelitas, temos cometido contra ti. Sim, eu e o meu povo temos pecado. Agimos de forma corrupta e vergonhosa contra ti. Não temos obedecido aos mandamentos, aos decretos e às leis que deste ao teu servo Moisés* (v. 6, 7).

Se você tem criticado sua igreja ou a vida espiritual das pessoas onde está congregando, você está preso aos pecados deles (veja o jejum do discípulo). Quando entrar no jejum de Samuel, primeiro confesse seus pecados, em seguida os pecados de todos. Quando todas as pessoas confessam seus pecados, é que surge maior poder espiritual. Depois, Deus ouve do céu e ocorre o avivamento.

Passo 5: Reconhecer o poder da Palavra

Nenhum avivamento jamais ocorreu sem o envolvimento da Palavra de Deus como *"o poder de Deus para a salvação de todo aquele que crê"* (Rm 1.16).

Diz a Bíblia que *"naqueles dias [de Samuel] raramente o Senhor falava"* (1 Sm 3.1). Contudo, quando Samuel foi levantado para ministrar para Israel, ele trouxe a Palavra de Deus para o povo. Samuel era juiz e profeta, e uma das obrigações do profeta era interpretar a vontade de Deus para o povo e transmitir-lhes a Palavra de Deus. Samuel foi um profeta fiel a seu chamado, quando ministrou para Israel. Em consequência, Deus mandou avivamento.

Quando começar o jejum de Samuel, passe tempo estudando os grandes avivamentos das Escrituras, que mostram claramente o poder da Palavra de Deus.

a. *Sob liderança de Jacó.* No retorno a Betel, Jacó ordenou que toda a sua casa (família e criados) jogassem fora os deuses falsos trocassem e lavassem suas roupas. Eles fizeram isso quando Jacó construiu um altar ao Deus verdadeiro. Os falsos deuses foram enterrados debaixo de um carvalho em Siquém (veja Gênesis 35.1-4).
b. *Sob a liderança de Samuel.* Em resposta à exortação de Samuel, com base na Palavra de Deus, o povo lançou fora seus falsos deuses e preparou o coração para servir ao único Deus verdadeiro (veja 1 Samuel 7.3-6).
c. *Sob a liderança de Moisés.* O avivamento ocorreu quando o queixoso Israel viu a poderosa mão de Deus na divisão do Mar Vermelho. Do lado seguro (oriental) do mar, Moisés regeu o povo numa canção de louvor, enquanto Miriã e as mulheres acompanhavam com música especial (veja Êxodo 14.31 – 15.21).
d. *Sob a liderança de Davi.* (a) Quando a arca da aliança foi trazida para Jerusalém (veja 1 Crônicas 15.25-28; 16.1-43; 29.10-25). (b) Na dedicação dos materiais que seriam usados na construção do futuro templo (veja 1 Crônicas 29).
e. *Sob a liderança de Salomão.* Isso ocorreu na efetiva dedicação do templo (veja 1 Reis 6-8).
f. *Sob a liderança de Asa.* O rei Asa tirou da terra os sodomitas e todos os ídolos falsos. Depôs até a própria avó por causa de idolatria (veja 1 Reis 15.11-15).

g. *Sob a liderança de Josafá.* O rei liderou um avivamento quando ordenou a purificação do templo e a consagração dos sacerdotes levíticos – tudo com base na Palavra de Deus (veja 2 Crônicas 19).
h. *Sob a liderança de Elias.* Isso ocorreu depois da disputa com os profetas de Baal no monte Carmelo (veja 1 Reis 18.21-40).
i. *Sob a liderança de Jeú.* Ele exterminou todos os adoradores de Baal e os seus templos (veja 2 Reis 10.15-28).
j. *Sob a liderança de Joaiada.* Esse piedoso sumo sacerdote liderou o povo num pacto em que eles abandonariam seus ídolos e passariam a adorar a Deus (veja 2 Reis 11.17-20).
k. *Sob a liderança de Ezequias.* Como Josafá, o rei Ezequias e o povo de Deus viveram um avivamento quando ele purificou o templo de Deus (veja 2 Crônicas 29-31).
l. *Sob a liderança de Manassés.* Quando o perverso rei Manassés se converteu, liderou seu povo num avivamento, ordenando a destruição de todos os ídolos (veja 2 Crônicas 33.11-20).
m. *Sob a liderança de Josias.* Esse avivamento começou quando o Livro da Lei foi descoberto acidentalmente durante a limpeza geral do templo. A leitura pública da Palavra de Deus teve efeito profundo sobre o rei Josias e seu povo (veja 2 Reis 22-23).
n. *Sob a liderança de Esdras.* Por meio da pregação de Esdras, Deus queria que seu povo se afastasse de seus vizinhos pagãos. Assim, os judeus remanescentes encerraram as alianças de casamento com os gentios da terra (veja Esdras 9-10).
o. *Sob a liderança de Neemias.* Depois que Neemias reconstruiu os muros de Jerusalém, Esdras se pôs à porta e leu e ensinou publicamente a Palavra de Deus, o que causou um grande avivamento (veja Neemias 13).
p. *Sob a liderança de Jonas.* Os ninivitas, pela pregação da Palavra de Deus por Jonas, arrependeram-se e detiveram a mão arrasadora de Deus (veja Jn 3).
q. *Sob a liderança de Ester.* Esse período de arrependimento e de regozijo acompanhou a salvação dos judeus da trama do perverso Hamã (veja Ester 9.17-22).
r. *Sob a liderança de João Batista.* João pregou a chegada iminente do Messias de Israel, avisando as pessoas para se arrependerem e se submeter ao batismo (veja Lucas 3.2-18).
s. *Sob a liderança de Jesus.* A conversão de uma mulher samaritana pecadora estimulou o avivamento em Samaria (veja João 4.28-42).

t. *Sob a liderança de Filipe.* A pregação vigorosa do evangelista Filipe relativa ao reino de Deus produziu grande avivamento em Samaria (veja Atos 8.5-12).
u. *Sob a liderança de Pedro.* (a) No Pentecostes, depois de seu poderoso sermão (veja Atos 2). (b) Em Lídia, depois de ter curado Eneias (veja Atos 9).
v. *Sob a liderança de Paulo.* Um dos maiores avivamentos ocorreu em Éfeso na terceira viagem missionária de Paulo. Leia o relato atenciosamente em Atos 19.11 – 20.1

Passo 6: Entre em contato com o simbólico

Deus se comunica com seu povo por meio de acontecimentos simbólicos (milagres), dias (Páscoa), mobília (tabernáculo) e cerimônias (batismo e Ceia do Senhor). O tabernáculo era uma tenda que comunicava simbolicamente a presença e a santidade de Deus. Do mesmo modo, o sábado era um símbolo, bem como a circuncisão.

O jejum de Samuel nos será mais valioso se estiver consciente de sua importância simbólica. Ele é um símbolo externo de um desejo interno da presença de Deus na nossa vida. Quando começamos a fazer o jejum de Samuel, estamos fazendo uma declaração a Deus, aos outros e a nós mesmos. Quais os símbolos do jejum de Samuel trarão a renovação de Deus para nossa vida?

a. *Deixar de comer.* Quando Israel chegou a Mispá, *"naquele dia jejuaram e ali disseram: 'Temos pecado contra o Senhor'"* (1 Sm 6.7). O sincero arrependimento dos israelitas era evidente porque eles se afligiram com o jejum. Nós também precisamos demonstrar a Deus nossa atitude de coração.
Entretanto é preciso dar aqui uma palavra de alerta. O jejum pode transformar-se num ato legalista. Algumas pessoas começam o jejum achando que suas "boas obras" se transformam na base para a resposta da oração. Quando não obtêm resposta, culpam com toda a hipocrisia o sistema estabelecido por Deus. As pessoas não são salvas por boas obras, e o poder do jejum de aproximar as pessoas de Deus está no Senhor, não na "obra" do jejum. A ação exterior do jejum reflete o desejo interior do coração, mas não é uma obra de empreendimento humano que obriga Deus a responder (veja Isaías 58.1-5). Em sua soberania, Deus vê o coração e responde.

b. *Sacrificar-se para Deus*. Desde a primeira vez que o homem ofendeu ao Senhor com o pecado, foi-lhe exigido apresentar um sacrifício a Deus para demonstrar seu pesar pelo pecado e seu pedido de perdão. Os primeiros filhos, Caim e Abel, tiveram de apresentar um sacrifício a Deus:

> *Caim trouxe do fruto da terra uma oferta ao Senhor. Abel, por sua vez, trouxe as partes gordas das primeiras crias do seu rebanho. O Senhor aceitou com agrado Abel e sua oferta, mas não aceitou Caim e sua oferta* (Gn 4.3-5).

É evidente que o sacrifício de Abel foi aceito porque o sangue de um animal foi derramado por seu pecado. Abel devia ter morrido, mas o animal morreu no lugar dele. O sacrifício de sangue vicário de Abel o tornou aceitável para Deus. Por não haver sangue no sacrifício de frutos de Caim, a oferta foi rejeitada.

No primeiro jejum de Samuel, foram feitas duas ofertas pelo profeta e por Israel. A oferta importante foi o sacrifício de sangue. *"Samuel pegou um cordeiro ainda não desmamado e o ofereceu inteiro como holocausto ao Senhor. Ele clamou ao Senhor em favor de Israel, e o Senhor lhe respondeu"* (1 Sm 7.9). É claro que o sangue do cordeiro foi um substituto, expiatório, da vida do povo pecaminoso.

Houve também outro sacrifício. *"Tiraram [o povo] água e a derramaram perante o Senhor"* (v. 6). A água era sempre escassa na terra da Palestina. Derramar água para Deus era um símbolo da devoção do povo a Ele. Em outras épocas, derramar água simbolizou purificação, satisfação e a própria vida. Todos esses símbolos talvez estivessem presentes na expressão de sacrifício do povo ao Senhor.

Acontecimentos posteriores ao jejum

Assaltos pós-jejum

Quando começamos o jejum de Samuel, nosso jejum não é um fato isolado. Todas as forças do céu estão tranquilas e serenas porque Deus sabe que entramos no lugar secreto para orar e jejuar. Contudo, nosso inimigo espiritual também sabe e detesta que tenhamos começado um jejum para orar por avivamento e salvação de almas. *"Quando os filisteus souberam que os israelitas estavam reunidos em Mispá, os governantes dos filisteus saíram para atacá-los"* (v. 7).

Mesmo quando começamos o jejum de Samuel, Satanás pode nos tentar a desistir de nosso objetivo. Ele detesta avivamentos porque não quer que Deus se derrame sobre seu povo. Portanto, Satanás vai tentar (1) fazer com que fiquemos famintos, (2) colocar outros pensamentos em nossa mente, (3) fazer-nos abandonar o jejum, (4) interromper nossa programação, (5) desanimar-nos e (6) atacar generalizadamente o nosso jejum.

O jejum de Israel deve ter sido eficaz. Samuel começara a orar, e Israel começara a jejuar. Mas, pelo fato de Israel ter-se reunido em Mispá para jejuar, confessar os pecados e sacrificar ao Senhor, os filisteus se puseram prontos para atacar. Há outro princípio aqui. É possível que não obtenhamos vitória completa apenas por jejuar e orar. Em vez de ter início um período de paz e prosperidade, podemos nos defrontar com mais ataques do inimigo.

Jejum como um processo

Quase sempre as pessoas pensam que obtêm vitória completa sobre seus pecados indo à igreja e atendendo ao chamado ao altar. Acham que podem jejuar e orar por avivamento que Deus derramará seu Espírito entre seu povo. Todavia o avivamento espiritual não flui como a água quando se abre uma torneira nem tampouco a luz espiritual se acende como se uma lâmpada acionando-se um interruptor na parede.

O cristianismo é um relacionamento, assim como o avivamento, e os relacionamentos levam tempo para ser cultivados. Primeiro, precisamos ter relacionamento correto com Deus. Os relacionamentos são difíceis e complexos, por isso precisamos passar tempo jejuando para entender a Deus. Segundo, o cristianismo implica relacionamentos com os outros. Precisamos orar pelos outros e orar com eles. Não podemos invadir a sala do trono do Deus todo-poderoso e conseguir imediatamente seu apoio total e entusiasmado para nossos planos "como enriquecer espiritualmente rápido". A mostra comercial de uma empresa multinacional precisa de tempo para resultar num grande contrato de venda. Da mesma forma, para o jejum de Samuel produzir avivamento leva tempo.

Depois de Israel ter jejuado, o povo devia ficar seguro na presença de Deus, mas isso não aconteceu. Pelo contrário, *"quando os israelitas souberam disso [que os filisteus saíram para atacá-los], ficaram com medo"* (v. 7). Para alcançarmos o avivamento, precisamos desejá-lo completamente de todo o coração, buscá-lo com sinceridade e estar disposto a nos arrepender de todo pecado conhecido. Devemos estar dispostos a impedir toda e qualquer intromissão em nosso planejamento a fim de que o processo de relacionamento amadureça. Quando alcançarmos o avivamento, teremos posto Deus em primeiro lugar em nosso tempo, talentos, nosso dinheiro e nosso corpo.

Ação pós-jejum

Normalmente colocamos em movimento muitas forças espirituais quando começamos a jejuar. Embora possamos não ter consciência do que vai acontecer, vimos que o jejum ativa o poder de Deus e pode atiçar o poder de Satanás. Existem algumas coisas que podemos fazer depois do jejum de Samuel para estimular a obra de Deus e desanimar a atuação de Satanás.

Talvez tenhamos de pedir perdão a alguém, fazer restituição a alguém ou começar uma nova atividade cristã. Ou provavelmente tenhamos de entregar o dízimo, falar do evangelho ou passar tempos prolongados na igreja, onde a presença de Deus está se manifestando. Ao começar o jejum de Samuel, precisamos estar preparados para a obra de Deus. Não podemos colocar Deus numa caixa chamada santuário e dizer-lhe quando Ele pode começar a manifestar-se, nem tampouco podemos detê-lo quando achamos que Ele já operou o bastante.

Procurar sinais de vitória

Enquanto Samuel orava por Israel, o povo saiu para atacar os filisteus. Mas Deus viu o coração dos israelitas e começou a responder mesmo enquanto eles se preparavam para a batalha. *"Naquele dia, porém, o Senhor trovejou com fortíssimo estrondo contra os filisteus, e os colocou em pânico, e foram derrotados por Israel"* (v. 10).

Israel talvez não esperasse a vitória dessa maneira. Enquanto o exército se alinhava na frente de batalha, e os soldados amarravam as correias dos capacetes ou verificavam o equipamento, Deus planejou a vitória de outro jeito. *A Bíblia Viva* descreve assim a cena: "No momento em que Samuel oferecia o sacrifício queimado, os filisteus chegaram para guerrear, mas o Senhor falou com uma poderosa voz de trovão que vinha do céu; eles ficaram numa tremenda confusão e medo, e com isso os israelitas os derrotaram" (v. 10 – *A Bíblia Viva*).

A vitória como processo

O trovão do céu foi apenas o começo da batalha. O que Israel viveu na batalha de Mispá foi semelhante à primeira vitória britânica sobre os alemães em Alemein durante a Segunda Guerra Mundial. Depois da batalha, Winston Churcill discursou no Parlamento com prudente otimismo: "Isso não é o fim. Não é o começo do fim. É o fim do começo".

O som trovejante da vitória sobre os filisteus não era a vitória final. Quando os filisteus fugiram, *"os soldados de Israel, saíram de Mispá e perseguiram os filisteus até um lugar abaixo de Bete-Car, matando-os pelo caminho"* (v. 11).

Quando Deus deu a vitória a Israel, a nação deve ter pensado que a paz finalmente chegara, mas o sonho de paz de Israel foi apenas parcialmente concretizado. *"Assim os filisteus foram dominados, e não voltaram a invadir o território israelita. A mão do Senhor esteve contra os filisteus durante toda a vida de Samuel"* (v. 13). Os filisteus tiveram uma derrota fragorosa, e isso ocorreu muito tempo antes de serem atacados novamente. Mas *houve* outro ataque e outra batalha. Você terá batalhas com o pecado e ataques do maligno enquanto viver, por isso, continue aplicando esses princípios à sua vida. A vitória que conquistar em consequência do jejum de Samuel "é o fim do começo".

Quando começamos o jejum de Samuel, pedimos avivamento – para Deus derramar-se sobre seu povo. Isso pode ocorrer uma vez. Por exemplo, num culto de domingo de manhã em que Deus opera na igreja. Não é garantia, entretanto, de que Deus fará a mesma obra na semana seguinte. Os filisteus foram problema para Israel a vida inteira: *"Não voltaram [os filisteus] a invadir o território israelita. A mão do Senhor esteve contra os filisteus durante toda a vida de Samuel"* (v. 13). A vitória não acontece de uma só vez, mas é um processo contínuo; o jejum de Samuel é algo que teremos de fazer pelo resto da vida.

Comemore com símbolos de vitória

Da mesma forma que os símbolos foram importantes durante o jejum de Samuel, podemos utilizá-los para comemorar a vitória. Depois da grande batalha de Mispá, *"Samuel pegou uma pedra, e a ergueu entre Mispá e Sem; e deu-lhe o nome de Ebenézer [que quer dizer "pedra de ajuda"], dizendo: 'Até aqui o Senhor nos ajudou'"* (v. 12). Anos mais tarde, quando os filhos desses soldados passassem por Mispá, poderiam ver uma pedra que lhes traria à memória uma vitória passada.

a. *Sua pedra de vitória deve voltar-se para o passado.* Colocamos placas nas paredes e lembranças em nosso escritório para nos recordar dos tempos em que ganhamos um torneio de atletismo. Ganhamos um livro com dedicatória por ter atingido as quotas de vendas. Essas "pedras de vitória" nos ajudam a recordar as realizações passadas, construindo desse modo nossas expectativas de realizações futuras. Quando recordamos Ebenézer, lembramo-nos de que "o Senhor nos ajudou".

b. *Sua pedra de vitória deve considerar o presente.* Da próxima vez que entrar no salão da igreja, observe a pedra fundamental do edifício. É muito provável que informe a data do início da construção ou a data de consagração do prédio. Embora ela o faça recordar-se de um acontecimento passado, você sente a alegria presente nesse templo toda semana. Essa pedra fundamental é um "Ebenézer" – uma pedra de ajuda.

c. *Sua pedra de vitória deve ter olhos para o futuro.* Quando entro no ginásio de esportes da faculdade em que leciono, olho para os caibros e vejo as bandeiras que indicam os lugares em que nossas várias equipes venceram o Grande Encontro do Sul. Olhar para essas bandeiras motiva nossa equipe a conquistar outra vitória. A expressão "até aqui o Senhor nos ajudou" pressupõe a necessidade da ajuda de Deus no futuro.

Princípios para lembrar

A necessidade de liderança para garantir a bênção de Deus. Quando entrar no jejum de Samuel, lembre-se de que o povo de Deus são ovelhas, e sua necessidade básica é um pastor. O jejum de Samuel às vezes exige que não se ore por avivamento, mas pelo *instrumento* do avivamento de Deus – um líder piedoso, por intermédio do qual Deus opere.

Israel esteve oprimido durante anos antes de Samuel entrar em cena. O antigo juiz Eli era gordo, preguiçoso e ineficiente. Antes dele o juiz Sansão tinha quebrado o voto de nazireu e era viciado em sexo. Nenhum dos dois foram capazes de dar à nação a liderança necessária. Então Deus preparou um jovem chamado Samuel, que lhe fora dedicado desde o nascimento. Esse era o jovem por meio de quem Deus traria avivamento e vitória.

A necessidade de unidade entre o povo de Deus. Quando você começa o jejum de Samuel, precisa orar não apenas por avivamento, mas também pela unidade entre o povo de Deus. Você nunca se sentirá mais unido às pessoas de sua igreja do que quando jejua e sacrifica, recebe a resposta de Deus e se alegra junto com elas.

A necessidade de fé e obras. Há dois extremos na vida cristã, e é fácil girar em torno de um dos dois. Alguns vão ao extremo de pensar que programas, reuniões e outras atividades humanas produzem avivamento. Embora Deus opere por meio de organizações, esse não é o meio de conseguirmos realizar a obra de Deus com eficiência. É imprescindível para isso poder espiritual, que é liberado somente pela fé, não por obras.

Outros vão ao outro extremo de apenas orar pelo avivamento. Lembre-se do princípio:

Não se pode produzir avivamento apenas com oração.
Não se pode produzir avivamento sem oração.

Precisamos equilíbrio entre fé e obras. Deus e o homem devem trabalhar em conjunto. *"Somos cooperadores de Deus"* (1 Co 3.9).

O papel dos símbolos na obra de Deus. Vale a pena mencionar esse princípio novamente. Embora não haja nenhum poder nos símbolos, um símbolo pode representar grande poder. Algumas pessoas acham que usar uma cruz pendurada no pescoço ou colocar uma cruz num edifício traz a bênção de Deus. Não é verdade. O oposto, sim, é verdadeiro. Quando temos a bênção de Deus em nossa vida, queremos mostrá-la exibindo a cruz. O poder está no Deus da cruz. Isso se aplica aos edifícios. Oramos para que Deus opere em nossos edifícios, em seguida colocamos cruzes nos edifícios para dizer ao mundo que é ali que Deus habita e onde opera.

O jejum de Samuel exemplifica o jejum como símbolo não de nosso próprio poder para fazer Deus agir abstendo-nos de alimento, mas de nossa fé em seu poder de produzir avivamento.

Preparação para o jejum de Samuel

Objetivo: O jejum de Samuel para avivamento e salvação de almas.

Declaração: Creio no poder de Deus para avivar indivíduos e um povo (veja Salmo 85.6). Creio que Deus vai se derramar sobre seu povo (veja Atos 2.17) e enviar tempos de renovação de sua presença (veja Atos 3.19). Creio que quando o povo se humilha, ora, busca a renovação de Deus e abandona seus hábitos pecaminosos, Deus responde (veja 2 Crônicas 7.14). Portanto vou jejuar e orar por avivamento e salvação de almas.

Voto: Com a força e a graça de Deus, comprometo-me com o jejum de Samuel para a glória de Deus.

Jejum: Do que me absterei _____

_____

Início: Dia e hora em que vou começar _____

Término: Dia e hora em que vou parar_____

Finalidade: Estou jejuando para _____

Base bíblica: 1 Samuel 7.2-11.

Promessa bíblica: *"Se o meu povo, que se chama pelo meu nome, se humilhar, e orar, buscar a minha face, e se afastar dos seus maus caminhos, dos céus o ouvirei, perdoarei o seu pecado, e curarei a sua terra"* (2 Cr 7.14).

Recursos necessários: _____

Parceiros de oração: _____

Passos após o jejum: _____

Assinatura _____ Data _____

Nota

[1] H. L. Willmington, *Willmington's Guide to the Bible*. Wheaton, Ill.: Tyndale House Publishers, 1987, p. 292-294.

5

O jejum de Elias

A ÚNICA VEZ QUE SE REQUERIA jejum regular nas Escrituras era no Dia da Expiação, nos tempos do Antigo Testamento (veja "Jejum, requerido" no Glossário). O jejum não era exigido no Novo Testamento, mas é permitido como ferramenta que provê respostas à oração quando corretamente empregado. Jesus não ordenou que jejuássemos, mas Ele reconheceu que usaríamos esse recurso. *"Ao jejuar [...] para que não pareça aos homens que você está jejuando, mas apenas a seu Pai"* (Mt 6.17, 18).

O jejum de Elias tem base em Isaías 58.6: *"O jejum que desejo não é este: [...] desatar as cordas do jugo [...]?"* É um jejum para ajudar a romper os hábitos emocionais negativos.

O hábito emocional negativo de Elias

Elias era o corajoso profeta que ficou sozinho no monte Carmelo para desafiar 450 profetas de Baal. Muitos israelitas tinham começado a prestar culto ao falso deus Baal, mas Elias desafiou: *"Até quando vocês vão oscilar para um lado e para outro? Se o Senhor é Deus, sigam-no; mas se Baal é Deus, sigam-no"* (1 Rs 18.21).

Elias não só foi corajoso diante de seus adversários, mas também desafiou a Deus. Para provar a realidade de Deus contra a falsidade de Baal, Elias desafiou os profetas de Baal a fazer que o deus deles acendesse o fogo do altar de sacrifício. Quando não conseguiram, Elias encheu seu próprio altar com água, e depois desafiou a Deus:

> *Senhor, Deus de Abraão, de Isaque, e de Israel, que hoje fique conhecido que tu és Deus em Israel, e que eu sou o teu servo e que fiz todas estas coisas por ordem tua* (v. 36).

Deus honrou o desafio de Elias, e o fogo desceu do céu, acendendo o altar do Senhor. Foi uma demonstração tão poderosa de poder que o povo se levantou ao comando de Elias e matou os falsos profetas.

A rainha Jezebel patrocinava os adoradores de Baal em Israel por meio de seu marido, o rei Acabe. Ela ficou tão irada com isso que jurou matar Elias. *"Elias teve medo e fugiu para salvar a vida"* (19.3). Fugindo para o deserto, Elias caiu em depressão e talvez tenha até ficado paranóico.

Os que tinham visto a demonstração pública de coragem de Elias jamais imaginariam que ele pudesse ter problemas emocionais ou mentais, mas ali no deserto os hábitos negativos do profeta vieram à tona.

O problema de Elias não era Jezabel. Ele era o tipo extrovertido, centro das atenções numa reunião de negócios – aqueles que devem ter total controle – sobre reuniões, sobre os outros e sobre si próprios. Nos tempos de solidão, porém, sofrem de abatimento e depressão. O problema de Elias era ele mesmo.

A ameaça de Jezebel revelou a Elias que ele certamente não estava sob controle. Por isso, ele não somente fugiu dela, mas também se isolou de seu povo, a nação de Israel. Viajando para o sul, deixou seu servo em Judá e seguiu para uma jornada de um dia para o deserto (veja o verso 4), escolhendo deliberadamente ir para um lugar onde não havia alimento. Ali Elias orou para que Deus lhe tirasse a vida. Elias estava com problema emocional. Como muitos hoje, sua incapacidade de permanecer controlado e saber que seu futuro seria seguro fez com que ele se sentisse abandonado e profundamente deprimido. Muitas pessoas em condições semelhantes tiraram a própria vida. Como Elias, essas pessoas eram vítimas dos próprios hábitos emocionais negativos.

Hábitos do coração

Todos têm certos hábitos de pensamento e sentimentos; alguns bons, outros ruins. Um bom hábito é dizer "obrigado" quando alguém nos faz alguma gentileza. Um membro da família pode ter o bom hábito de limpar o lavatório quando o utiliza.

Algumas pessoas têm hábitos supersticiosos. Por exemplo, um atleta ou jogador que usa um boné para dar sorte. Para outros, esse hábito é não pisar em rachaduras na calçada. Outros hábitos instintivos podem ser gaguejar ou coçar uma suposta ferida depois de estar totalmente curada. Alguns desses hábitos e reações comportamentais são relativamente inofensivos; outros, entretanto, podem ser graves.

Não nascemos com esses hábitos mentais e emocionais. Eles são adquiridos à medida que crescemos. Minha neta se recusa a dizer "obrigada" quando lhe dou algum presente, por isso, a mãe dela segura o presente até que ela agradeça. Gratidão é um hábito adquirido. Os nenês nascem com punhos cerrados e devem ser ensinados a ter gratidão.

Define-se hábito como um padrão de comportamento adquirido por repetição frequente que se manifesta na execução regular e aumentada. A palavra "hábito" vem de uma raiz que significa "roupa usada constantemente" – como o hábito das freiras. Os hábitos expressam-se em simples traços exteriores, ou em reações emocionais complexas e atitudes usuais em relação à vida – em hábitos do coração.

Deus promete que o jejum pode acabar com os hábitos autodestrutivos. *"O jejum que desejo não é este [...] romper todo jugo?" (Is 58.6).* O jejum de Elias é útil principalmente para romper atitudes negativas e maus hábitos emocionais.

O jejum de Elias não é uma ferramenta comum de correção para ser usada para libertar-nos de hábitos pequenos. Destina-se a casos de graves reações mentais ou emocionais negativas. Quase sempre funciona porque é uma disciplina que constrói autodisciplina e autoestima. Mas, mais importante que a estima psicológica, o jejum de Elias convida Deus para resolver o problema. Depois, com a força de Deus, é possível a vitória.

Os hábitos se manifestam de maneiras diferentes. Pelo fato de a vida ser feita de escolhas, conclui-se que as pessoas que têm atitudes ruins escolheram ter essas atitudes. Elas se levantam mal-humoradas de manhã e preferem ficar irritadas com o marido (ou com a mulher), com os filhos e com os colegas de trabalho. Pela repetição frequente, escolheram um estado constante de irritação ou raiva. Escolheram ter personalidade negativa.

Essas pessoas não querem que ninguém lhes diga "Anime-se" ou "Alegre-se". Alguns hábitos tornam as pessoas prisioneiras – de prisões psicológicas, físicas ou sociais. As prisões escravizam as pessoas por intermédio de seus hábitos. Quando as pessoas passaram a vida toda deprimidas, não conseguem passar a ser otimistas ouvindo um sermão. Nem tampouco uma sessão de aconselhamento muda uma vida inteira de decisões ruins. O jejum de Elias implica resposta total que se estende por vários dias, ou um jejum de um dia só repetido ao longo de um período de tempo especificado.

Sintomas da necessidade desse jejum

As pessoas que sofrem de problemas mentais e hábitos emocionais semelhantes aos de Elias, em geral têm conflito com um problema de autoimagem.

Autoimagens destrutivas

- Autoimagem negativa.
- Autoimagem inferior.
- Autoimagem ameaçadora.
- Auto-rejeição.

Por causa de seus hábitos emocionais ou mentais, quando surgiam problemas que lhe ameaçavam o controle sobre as circunstâncias, ou sua autoimagem, Elias apresentava tendência de se retirar do meio das pessoas e fugir de seus problemas, cair em abatimento e/ou depressão (*"Já tive o bastante, ó Senhor. Tira a minha vida"* [1 Rs 19.4]) e ficava emocionalmente esgotado ou sofria com autopiedade.

Como Deus pode romper o ciclo do abatimento pessimista? Encontramos a resposta no exemplo de Elias.

Lições que aprendemos com as reações de Elias

O que se pode aprender com o estilo de Elias reagir às dificuldades?

Depois da vitória sempre vem a derrota

Não havia dúvida nenhuma de que "o poder do Senhor veio sobre Elias" (18.46). Ele fez cair fogo do céu com a oração. Ordenou a execução dos profetas de Baal e frustrou completamente o maligno rei Acabe. Apesar disso, quando a rainha Jezabel ameaçou matá-lo, ele fugiu e orou para que Deus lhe tirasse a vida.

A intrepidez de Elias na disputa com os profetas de Baal era somente uma capa para encobrir suas inseguranças e temores mais profundos ou o hábito pessimista de se isolar? Seu abatimento era um problema recorrente que surgiu apenas quando Jezabel o ameaçou, e não em outras ocasiões?

Outros homens de Deus tiveram derrotas semelhantes depois de grandes vitórias. Noé pregou contra a embriaguez de uma geração inteira, contudo seus filhos foram castigados por causa de seu pecado de embriaguez (veja Gênesis 9.24, 25). Abraão confiava em Deus pela fé, contudo mentiu a respeito de sua mulher (veja 12.12). Moisés era o homem mais manso na face da Terra (veja Número 12.3), entretanto não teve permissão para entrar na terra prometida porque bateu na rocha arrogantemente para fazer sair água. O discípulo Pedro alegou que jamais negaria o Senhor, mas apenas vinte e quatro horas depois dessa declaração, negou o Senhor com maldição (veja João 13.37, 38).

Tenha cuidado quando você tiver um grande sucesso para Deus. Você é o candidato principal aos ataques satânicos especiais. A Bíblia ensina: *"Assim, aquele que julga estar firme, cuide-se para que não caia"* (1 Co 10.12).

Deus conhece o coração e os seus hábitos

Elias era conhecido por sua coragem. Ele se orgulhava: *"Juro pelo nome do Senhor dos Exércitos, a quem eu sirvo, que hoje eu me apresentarei a Acabe"* (1 Rs 18.15). Evidentemente, foi isso que Elias quis dizer. Ele se pôs contra os profetas de Baal, chamando fogo do céu, e alcançou grande vitória sobre eles.

Estaria ele apenas fazendo discurso? Se não, por que sua ousadia desapareceu de repente quando a rainha Jezabel ameaçou fazer da vida dele *"o que fez com a deles"* (19.2)? Na crise do momento, Elias fugiu. Todavia, todo o tempo, Deus sabia o que havia no coração dele.

Podemos ficar deprimidos fazendo boas obras

É óbvio que Deus operou por meio de Elias. Ele era simplesmente o único que prevaleceu em nome de Deus quando os outros comprometeram a fé adorando Baal. Ele até se envaideceu: *"Sou o único que sobrou"* (v. 10). Ele estava errado. Deus lhe disse que havia sete mil em Israel que não haviam se curvado a Baal. O problema de Elias foi ter sido "autocentrado". Ele estava tão concentrado em si mesmo que não conseguia enxergar o que Deus estava fazendo na vida de outras pessoas. Não podia enxergar o quadro geral. Deus tinha de distanciar Elias do problema a fim de que este pudesse enxergar o quadro maior. O jejum de Elias pode capacitá-lo a enxergar o plano geral.

É possível que você esteja tão acorrentado a um hábito de pensamento ou a uma reação emocional e tão concentrado neles que não consegue ver o que Deus quer fazer por seu intermédio ou o que Ele fez pelos outros. Seu hábito o cegou para o poder de Deus.

A vitória passada pode não quebrar os maus hábitos

Ter sido grandemente usado por Deus no passado não quer dizer que no presente estejamos prontos para servir a Deus. Nos negócios ouve-se frequentemente: "O que você fez por mim ultimamente?" Isso também pode se dizer de sua vida espiritual. As vitórias de ontem não garantem os sucessos de amanhã. Depois da vitória de Elias sobre os 450 profetas de Baal, ele fugiu e se sentou debaixo de um chorão. Simbolicamente, o próprio Elias estava chorando embaixo da árvore, lamentando: *"E agora também estão procurando matar-me"* (v. 10).

Alguma reação de Elias a desafios difíceis da vida lhe parece familiar? Se sim, você pode ser um candidato a tomar o remédio a seguir.

Recomendação para o jejum de Elias

Passo 1: Preparar-se física e emocionalmente

Quando pensar em jejuar, não aja prematuramente nem fuja pela tangente. Muitas pessoas afligidas por reações emocionais negativas habituais também são impulsivas. Elas fazem coisas sem pensar em vez de ter um objetivo calculado cuidadosamente. Antes de jejuar, dê três passos calculados: (1) prometa a Deus que vai jejuar; (2) prepare-se para o jejum; em seguida (3) cumpra sua resolução.

Como Elias se preparou para seu jejum involuntário? Ele se deitou e caiu no sono! (veja o verso 5). Às vezes, as pessoas ficam abatidas ou vulneráveis a hábitos emocionais negativos porque estão fisicamente debilitadas.

Sem vigor físico para resistir à tendência de nosso eu interior, podemos cair em hábitos incontroláveis. Dormir deu a Elias pelo menos força física. Depois ele quebrou o jejum e comeu: *"Elias olhou ao redor e ali, junto à sua cabeça, havia um pão assado sobre brasas quentes, e um jarro de água. Ele comeu, bebeu e deitou-se de novo"* (v. 6). *"Fortalecido com aquela comida, viajou quarenta dias"* (v. 8).

É preciso esforço emocional e mental para preparar-se para o jejum, e estes são auxiliados pela preparação física. Observe a lista de verificação no fim deste capítulo a fim de preparar-se adequadamente para o jejum de Elias.

Passo 2: Reconhecer suas limitações

Elias sabia o que precisava fazer. Ele necessitava ir ao lugar em que Deus se revelara a seu povo – o Sinai – onde Deus apareceu para Moisés na sarça ardente. Mas Elias não estava pronto para a viagem – *"A sua viagem será muito longa"*, disse o anjo (v.7).

Os passos iniciais para aniquilar uma reação emocional negativa são: (a) reconhecer que você não consegue vencer seu hábito sozinho; e (b) deixe que outras pessoas o ajudem a derrotar seu hábito. Os Alcoólicos Anônimos ensinam que as pessoas presas nas garras do alcoolismo são "impotentes" para vencer o vício sozinhas. Elas precisam depender de um "poder superior", e de um "companheiro" que as auxiliem a enfrentar os momentos de dificuldade.

Passo 3: Ir aonde se possa encontrar com Deus

Algumas vezes é importante realizar o jejum de Elias longe de casa e dos amigos. Talvez você precise ir para uma casa no campo, um hotel fazenda ou a algum outro lugar retirado. Se houver um lugar onde Deus já se encontrou com você anteriormente – como no salão da igreja ou num *camping* – esse pode ser o lugar para jejuar e orar. Por quê? Porque do mesmo modo que você pode voltar fisicamente a um lugar geográfico, pode retornar espiritualmente a uma posição ungida por Deus.

Observe que Elias *"fortalecido com aquela comida, viajou quarenta dias e quarenta noites, até chegar a Horebe, o monte de Deus"* (v. 8).

Tecnicamente, Horebe é uma cadeia de montes, e o Sinai é um pico elevado dessa cadeia. O monte Sinai é o lugar onde Deus M mandamentos.

Visite de novo o local realmente. Às vezes podemos voltar ao local exato onde tivemos vitórias passadas. O mundo diz: "Não se pode mais voltar à casa dos pais". Talvez não para morar, ma, sim, para buscar alguma coisa que se perdeu durante a jornada. Da mesma forma que o ambiente reforça nossas emoções, também somos fortalecidos a confiar em Deus para vitórias futuras.

Visite o local novamente de forma simbólica. Às vezes você não tem condições de visitar de novo realmente o lugar geográfico, mas pode ir até ele na memória. Ali você pode renovar seu compromisso com o que

Deus realizou anteriormente nesse lugar. Revisite na mente os encontros e eventos em que Deus falou com você. A palavra "reviver" significa "voltar à vida". Isso pode ocorrer quando retornamos a nosso lugar de fortalecimento anterior. No avivamento, voltamos ao (a) cristianismo do Novo Testamento, quando Deus derramou-se sobre a igreja primitiva, ou (b) ao lugar de nossa conversão, onde Deus manifestou sua presença pela primeira vez a nós, e experimentamos o perdão dos pecados.

Há lugares em que tanto Deus quanto os demônios desejam se manifestar. Elias era do Reino do Norte de Israel. Ali ele obtivera sua maior vitória no Monte Carmelo. Sua terra natal, entretanto, era uma terra de ídolos. Era um lugar onde Satanás estava-se manifestando por meio dos falsos deuses. Elias procurava um novo toque do Deus verdadeiro, por isso retornou ao lugar onde Deus inicialmente se havia revelado a Moisés.

Passo 4: Jejuar para ouvir a Palavra do Senhor

Depois que Elias chegou ao monte Sinai, *"a palavra do Senhor veio a ele"* (v. 9). Deus tinha uma mensagem para Elias, e este tinha de obedecer ao Senhor para recebê-la. Teve de viajar para o Sinai para ouvir a mensagem.

a. *Estude para saber o que a Bíblia diz, não o que você acha que ela diz.* Muitas pessoas que têm hábitos físicos ou emocionais destrutivos convenceram-se de que não há esperança para elas. As pessoas deprimidas acreditam na credibilidade das próprias lembranças. Porque se lembram de algo, atribuem onisciência à sua intuição. As pessoas não são perfeitas, por isso, suas lembranças também não são perfeitas. As pessoas que estão trancadas em ciclos de pensamentos e emoções negativos precisam olhar para fora de si mesmas para enxergar o que Deus diz a respeito de seus padrões. Se Deus diz que um hábito pode ser quebrado, ele pode.
A pessoa deprimida precisa ouvir de Deus que:

Lembrem-se, porém disso – os maus desejos que penetram na vida de vocês não têm nada de novo nem de diferente. Muitos outros enfrentaram exatamente os mesmos problemas antes de vocês. E nenhuma tentação é irresistível. Vocês podem confiar que Deus impedirá que a tentação se torne tão forte que não a possam enfrentar, visto que Ele assim prometeu e cumprirá o que diz. Ele lhes mostrará como fugir do poder da tentação, para que vocês possam aguentá-la com paciência (1 Co 10.13 – A Bíblia Viva).

b. *As pessoas deprimidas precisam receber influência positiva de fora de seus próprios pensamentos.* Conhecer apenas suas limitações é acreditar nelas. O meio de quebrar esse ciclo de conhecimento e convicção negativos é introduzir fatos novos em seu pensamento. Estude com cuidado a Palavra de Deus. Medite em porções acerca da fé, da esperança, do poder e da vitória de Deus. Quando você compreender as promessas de Deus para vencer um hábito, você ganhará forças para acabar com esse hábito.

Passo 5: Deixe que a Palavra revele sua fraqueza

Quando Adão pecou, Deus lhe perguntou: *"Onde está você?"* (Gn 3.9). Deus sabia onde Adão estava; Ele fez a pergunta para fazer com que Adão refletisse sobre onde se encontrava. Quando lemos a Palavra de Deus, começamos a perguntar "onde estamos" espiritualmente. Reexaminamos nossos pressupostos. Somente quando questionamos nossos padrões de pensamentos habituais, os grilhões dos hábitos mentais podem começar a ser quebrados.

Quando Elias chegou ao monte Sinai, a Palavra de Deus veio a ele. *"O que você está fazendo aqui, Elias?"* (1 Rs 19.9). Observe como Deus utiliza as perguntas como um espelho para fazer que as pessoas se enxerguem do lado de fora de suas compulsões interiores. Durante o jejum de Elias, utilize as Escrituras como esse tipo de espelho para lhe mostrar sua fraqueza –"onde você está", emocional e espiritualmente.

Passo 6: Confesse sua fraqueza a Deus e concorde com Ele a respeito dela

Quando a Palavra de Deus veio a Elias no monte Sinai, Deu começou a penetrar-lhe a alma. Imediatamente, Elias ficou embaraçado. Na tentativa de justificar-se, o profeta respondeu: *"Tenho sido muito zeloso pelo Senhor, o Deus dos Exércitos. Os israelitas rejeitaram a tua aliança"* (v. 10).

Embora pareça uma autodefesa corajosa, essa declaração foi na verdade a confissão de fracasso de Elias. Quando estamos cheios de autojustificativas, não conseguimos confessar nossas necessidades.

Elias tinha encoberto suas necessidades com a alegação de estar defendendo Deus, não percebendo que o Senhor podia defender-se. Um sábio mestre da Bíblia disse certa vez que a Palavra de Deus é como um leão. Ninguém precisa defender o leão – simplesmente libere o leão que ele se defenderá sozinho. Do mesmo modo, às vezes somos zelosos pela honra de Deus, como devemos ser, mas quando procuramos defender a Deus, usamos nossas próprias belas ideias. Talvez nós apenas precisemos falar de Deus às pessoas e deixar que Deus mesmo se defenda.

Passo 7: Procure o significado interior tranquilo

Elias era um líder quebrantado, deprimido e isolado das pessoas. Deus não realizou nenhum milagre nem deu a Elias poder externo para corrigir suas concepções negativas. Deus nem sequer resolveu o problema de Elias. Em vez disso, pediu-lhe que olhasse para dentro de si e respondesse:

> O Senhor lhe disse: "Saia e fique no monte, na presença do Senhor, pois o Senhor vai passar". Então veio um vento fortíssimo que separou os montes e esmigalhou as rochas diante do Senhor, mas o Senhor não estava no vento. Depois do vento houve um terremoto, mas o Senhor não estava no terremoto. Depois do terremoto houve um fogo, mas o Senhor não estava nele. E depois do fogo houve o murmúrio de uma brisa suave. Quando Elias ouviu, puxou a capa para cobrir o rosto, saiu e ficou à entrada da caverna (v. 11-13).

Elias encontrou a resposta na voz calma do Senhor, não no poderoso vento, nem no terremoto nem no fogo. O poder estava na Palavra de Deus. Se essa voz foi audível não é o problema. Elias ouviu com os próprios ouvidos a voz do Senhor dizer-lhe o que ele tinha de fazer.

Algumas pessoas respondem ao chamado para irem ao altar na igreja e pedem: "Deus, tire de mim este hábito". Às vezes isso é um apelo para que Deus manifeste um poder externo para vencerem seus hábitos. As pessoas querem chutar a bola para a área de Deus, quando desde o início Deus quer lhes passar a bola para capacitá-las a ser mais responsáveis.

Não vencemos vícios ou hábitos com forças externas, mas com o poder interior. Eles precisam ser rompidos do mesmo modo que se formaram, uma ação de cada vez – submetendo-se à disciplina – decidindo repetidamente não se comportar de acordo com hábito ou vício. Do mesmo modo que o vício de comer excessivamente se estabeleceu em apenas uma refeição de cada vez, vencer esse vício requer submeter-se ao comer com disciplina em cada refeição.

Lembre-se de que um hábito ou vício é a "repetição frequente". Disciplinar-se em apenas uma refeição não é o suficiente. É preciso também haver repetição frequente da disciplina. Como o jogador de futebol que fortalece a musculatura das pernas com treinamento diário, assim também o cristão obtém força para vencer o mau hábito com disciplina diária para resistir a esse hábito. Nossa força vem de dentro, à medida que edificamos nosso caráter.

O jejum de Elias não deve começar pedindo a Deus que realize um milagre sobrenatural para tirar-lhe o vício ou o hábito. Claro que Deus pode fazer isso desse jeito. Em vez disso, comece olhando para dentro da Palavra de Deus e ouvindo com seus "ouvidos interiores" para escutar o que Deus está-lhe dizendo. Talvez Ele não queira usar o poder dele para vencer seu vício externamente. Talvez queira que você desenvolva sua força interior de modo a vencer seu vício. Seja flexível para descobrir a vontade de Deus nesse caso.

Passo 8: Procure os aspectos positivos através dos olhos de Deus

Quase sempre, começamos o jejum de Elias concentrando-nos no padrão emocional "negativo", colocando-nos desse modo na armadilha do problema. O problema de Elias era sua depressão e seu abatimento pessimista. Ele continuamente lembrava Deus: "Sou o único remanescente". Essa declaração era um modo de manipular a Deus e de gabar-se de sua fidelidade. Elias devia procurar enxergar seu problema do ponto de vista de Deus.

Deus veio a Elias para lhe dar uma mensagem positiva, e desviar os olhos do profeta de sua fraqueza humana e dirigi-los para a força de Deus. Deus disse a Elias: *"Fiz sobrar sete mil em Israel, todos aqueles cujos joelhos não se inclinaram diante de Baal e todos aqueles cujas bocas não o beijaram"* (v. 18).

Enquanto nos concentramos em nossos problemas, exercemos fé em nossos problemas. Estamos admitindo que nossos problemas são maiores que nós, e ainda maiores que Deus. O Senhor quer que nos concentremos no poder divino a fim de que tenhamos mais fé no seu poder que em nossos problemas.

Passo 9: Planeje ações positivas

Os hábitos ou os vícios se quebram assumindo-se ações positivas em vez de nos concentrarmos em traços negativos. Observe que Deus não disse a Elias para "deixar de ser deprimido" nem para "parar de se queixar".

O meio de vencer um mau hábito é adquirir um hábito positivo mais forte. Quando um menino de três anos de idade quer chupar o polegar, a mãe lhe dá um brinquedo. Substituindo o que ele gosta pelo brinquedo, ela consegue desfazer o hábito do menino de chupar o polegar.

Deus deu ao profeta deprimido algumas coisas positivas para fazer. Primeiro, disse-lhe: *"Unja Hazael como rei da Síria"* (v. 15). Em seguida: *"Unja também Jeú, filho de Ninsi, como rei de Israel"* (v. 16). E Deus ainda não havia terminado. Em seguida disse-lhe para ir comissionar Eliseu, o profeta já escolhido para seguir Elias (v. 16).

Muito do que fazemos na vida é reação ao modo que nos enxergamos a nós mesmos. Para romper um mau hábito ou um vício, portanto, precisamos nos enxergar realizando com sucesso um novo hábito. É bom desenvolver a capacidade de nos enxergar como realmente somos, mas, mais importante ainda, é desenvolver a capacidade de nos enxergar como queremos ser.

Não podemos conseguir o que não podemos conceber!

Passo 10: Enxergue os resultados potenciais

As pessoas vencem os maus hábitos ou os vícios quando têm metas mais fortes que a atração de seu hábito ou vício. Deus tinha um plano para Elias. Instruindo Elias a ungir Eliseu como seu sucessor, Deus deu ao profeta pessimista um novo olhar sobre o potencial profético de Israel. E quando Elias compreendeu sua importância no plano de Deus, deixou de lado a prostração.

Como os hábitos evoluem

"Os Estados Unidos são grandes porque são bons!" concluiu o escritor Alexis de Tocquevile em seu estudo das razões da grandeza dos Estados Unidos. O que ele não conseguiu encontrar nas instituições de negócios e políticas da nação, encontrou em suas igrejas. Tocqueville cunhou a expressão "hábitos do coração" para definir o caráter moral do povo norte-americano daquela época.

Entender como desenvolver o caráter moral em nossa vida, nos dá forças para vencer os maus hábitos. Nas palavras de um produtor rural: "O que está dentro do poço sobe com o balde". É isso aí; nossas convicções ou crenças interiores influenciam nossas expectativas ou nossa visão. Estas por sua vez influenciam nossas atitudes e nossos valores, que influenciam nossos atos, que influenciam nossos hábitos, que moldam nosso caráter.

A fé é a essência de ser cristão. *"Sem fé é impossível agradar a Deus"* (Hb 11.6). Uma das primeiras designações para os cristãos da igreja primitiva era a palavra "crentes" (At 5.14). O tipo de fé que impressiona a Deus e caracterizava aqueles cristãos pioneiros é a fé evidenciada no modo de vida do cristão. *"Assim como o corpo sem o espírito está morto, também a fé sem obras está morta"* (Tg 2.26). Nossa fé bíblica deve influenciar o nosso modo de viver. Nossa fé constrói bons hábitos e destrói maus hábitos.

Quando as pessoas veem que o evangelho faz diferença em nossa vida, elas são atraídas para nós de maneira que também possam experimentar transformação semelhante. Assim como as pétalas coloridas de uma flor atraem uma abelha para o doce néctar do seu interior, assim também o caráter cristão atrai outros para o Cristo que habita em nós e nos capacita a viver a vida cristã.

Existe uma correlação entre o que cremos (nosso credo ou o conteúdo de nossa fé), o processo pelo qual cremos (o fundamento da nossa fé), como vivemos (nossas ações e hábitos) e quem somos (nosso caráter).

O apóstolo Pedro (veja 2 Pedro 1.4-8) resume o processo de desenvolvimento do caráter bíblico. Compare os passos deste versículo, que aqui parafraseio, com o paradigma de desenvolvimento do caráter mencionado anteriormente.

> Deus nos deu promessas poderosas e preciosas nas Escrituras que quebram nossos velhos hábitos e nos transformam em pessoas de caráter. Empenhe-se para acrescentar a seu (1) conhecimento das Escrituras (2) a fé pela qual você vive, depois (3) acrescente a virtude da esperança. Em seguida (4) adicione a atitude de autodisciplina, como (5) hábito piedoso perseverante. Se seus (6) hábitos tiverem essas qualidades, você não será inoperante nem improdutivo (paráfrase do autor).

Analise mais detalhadamente cada passo do processo de desenvolvimento do caráter. Esse ciclo de sistema-fé é a base para o desenvolvimento do caráter em nossa vida, que demonstra como criar e eliminar hábitos.

Um pensamento transformado gera convicções transformadas

O desenvolvimento do caráter e dos hábitos começa no pensamento. Pense de maneira diferente acerca de seu hábito e desenvolverá uma forte convicção do que deve fazer. As Escrituras revelam que a fé não é apenas uma decisão, nem um desejo – é um compromisso. Dizer: "Creio que Deus vai me ajudar a vencer um vício ou um hábito" é o mesmo que dizer: "Sei que Deus pode aniquilar meu vício".

A fé, portanto, pode ser definida como a convicção de que algo é verdadeiro. As Escrituras empregam várias palavras para se referir a aspectos da fé que, quando examinados conjuntamente, esboçam os passos normais para desenvolver a fé bíblica.

Primeiro, a palavra "esperança" designa o nosso desejo. Podemos dizer: "Espero vencer esse hábito emocional negativo".

Baseados na esperança, fazemos planos que refletem o que esperamos. Podemos dizer: "Pretendo vencer esse vício". À medida que somos convencidos em nossa fé, expressamos nossa confiança. "Tenho confiança em que posso vencer esse hábito".

A expressão mais plena de nossa confiança é esta declaração: "Eu sei que posso vencer esse vício". Quando chegamos a esse ponto de crescimento de nossa fé, alcançamos a convicção bíblica.

Quatro passos para a fé bíblica

1. Espero.
2. Pretendo.
3. Tenho confiança.
4. Sei.

A fé é produzida pelas Escrituras, às quais denominamos *"a palavra de fé"* (Rm 10.8). *"Consequentemente, a fé vem por se ouvir a mensagem, e a mensagem é ouvida mediante a palavra de Cristo"* (v. 17). Isso significa que aqueles que querem desenvolver uma fé em Deus têm de começar aprendendo os fatos básicos das Escrituras. E, então, esse conhecimento das Escrituras deve transformar-se na base da vida cristã.

Convicções transformadas geram expectativas transformadas

O segundo passo no processo de formação do caráter requer mudança de convicções para efetuar uma mudança de expectativas. Nossas expectativas ou nossos sonhos devem vir da Palavra de Deus. *"Onde não há revelação divina, o povo se desvia; mas como é feliz quem obedece a lei!"* (Pv 29.18). Algumas pessoas jamais vencem os maus hábitos emocionais porque a fé delas em Deus não cria novas expectativas provenientes do Senhor.

Há pelo menos seis maneiras diferentes de as pessoas reagirem a uma determinada visão. Primeiro, algumas nunca percebem o que Deus quer que elas vejam. Têm problemas funcionais. Outras enxergam, mas não compreendem. Têm problemas mentais. Ainda outras enxergam, mas não se empenham em alcançá-la. Têm problemas de vontade. Um quarto grupo enxerga, mas não é sensível a ela. Têm problemas emocionais. Depois há os que enxergam, e, obedientemente, a conquistam. Finalmente, há alguns que enxergam e comunicam aos outros, demonstrando sua capacidade de liderança.

A expectativa bíblica nos motiva a vencer os padrões de maus pensamentos e hábitos ou vícios e a desenvolver novos comportamentos com base na Bíblia. Compreendemos a visão de Deus para nossa vida quando dados estes quatro passos: primeiro, olhar para o nosso *interior* para determinar o quanto Deus tem nos capacitado e nos dado talentos. Segundo, olhar para *trás* de nós para ver como Deus usou acontecimentos passados para nos moldar e nos preparar para algo mais grandioso. Terceiro, olhar *em volta* de nós para nos identificarmos com aqueles a quem admiramos. (Sempre digo às pessoas: "Diga-me quem é o seu herói e lhe direi onde você estará daqui a dez anos"). Quarto, olhar *para a frente* para determinarmos que tipo de vida queremos ter para Deus no futuro.

Expectativas transformadas geram atitudes transformadas

Uma boa atitude não é o suficiente para vencer um vício, e não podemos vencer um vício com uma atitude ruim. Onde se originam as boas atitudes? Das expectativas transformadas.

Nossa atitude é a tendência do foco de nossa vida. Pode ser definida como o hábito de nossa atenção. Quando somos vítimas de um mau hábito, nos encontramos num ciclo descendente que nos levará a um "endurecimento das atitudes". Ao contrário, ao criarmos hábitos emocionais positivos nos colocamos num ciclo ascendente.

Quando nos dedicamos à nossas atitudes com perseverança, desenvolvemos hábitos que formam nosso caráter. Quando nos cansarmos de estar sempre atrasados, talvez decidamos começar a chegar sempre na hora. À medida que essa atitude passa a ficar mais preeminente em nosso pensamento e a aplicamos com mais perseverança, começamos a desenvolver o hábito da pontualidade. Esse novo hábito nos ajuda a moldar nosso novo caráter.

Normalmente, o desenvolvimento de novas atitudes requer quatro passos. Primeiro, *identificar o problema que desejamos tratar*. No exemplo utilizado anteriormente, o problema era um atraso crônico. Segundo, *identificarmos o pensamento correto que levará à mudança de um hábito emocional*. Temos de decidir que queremos chegar na hora. O terceiro passo implica *relacionar-se com pessoas positivas*. Começamos a ficar parecido com as pessoas com que nos associamos. Se desejamos ser pontuais, devemos começar a andar com pessoas pontuais. Finalmente, *desenvolvamos um plano que estimule atitudes positivas* e ajude a desenvolver um novo hábito. Temos de começar a chegar na hora no nosso próximo compromisso, depois ao seguinte e assim por diante. Chegar na hora a um compromisso de cada vez acabará desenvolvendo o hábito de chegar sempre na hora, e passaremos a ser conhecidos como uma pessoa pontual.

Atitudes transformadas geram ações transformadas

Alguns dicionários definem "ação" como "resultado de uma atividade". As ações podem ser erradas, negligentes, positivas, bem-sucedidas, planejadas ou não-planejadas.

Nossas ações fazem nossa reputação e transmitem aos outros o tipo de pessoa que somos. *"Até a criança mostra o que é por suas ações; o seu procedimento revelará se ela é pura e justa"* (Pv 20.11). Jesus realçou esse princípio referindo-se à prática comum de identificar uma árvore pelos frutos que produz. *"Toda árvore é reconhecida por seus frutos. Ninguém colhe figos de espinheiros, nem uvas de ervas daninhas"* (Lc 6.44)a. Nossas ações são os frutos pelos quais os outros determinam que tipo de pessoa somos.

Ações transformadas geram hábitos transformados

Ações são coisas que praticamos. Quando as praticamos repetidamente, elas se transformam em hábitos. Um ato ou uma realização é o resultado completo e satisfatório de uma ação. Sempre empregamos a palavra "realização" com sentido positivo – por exemplo, quando dizemos que alguém é um "músico realizado". Na verdade, essa palavra significa "o resultado final independentemente de seu valor, quer bom, quer ruim". As Escrituras empregam a palavra no sentido de completar algo. O objetivo das Escrituras é *"que o homem de Deus seja apto, e plenamente preparado para toda boa obra"* (2 Tm 3.17).

Hábitos transformados geram a formação do caráter

Nosso caráter não representa um acontecimento isolado em nossa vida. Ele é o resultado do padrão de nossas atividades. Quando seguimos bons hábitos, desenvolvemos um bom caráter. Por outro lado, quando desenvolvemos maus hábitos, desenvolvemos um caráter danoso.

Conclusão: o caráter é um processo

Toda a nossa vida é um processo através do qual desenvolvemos nosso caráter. Primeiro, nós o formamos na mente. Em seguida, o conhecemos. Depois sonhamos com ele. Em seguida começamos a nos concentrar nele. Então agimos sobre ele. Nossa ação leva à sua realização. Finalmente, nós nos revestimos dele.

Princípios para lembrar

Quando sabemos o que forma os bons hábitos, conhecemos como quebrar os maus hábitos. Meditemos nos dados que explicam a formação do caráter.

Concentre-se nos princípios bíblicos de desenvolvimento de força, retirando-se para "um lugar deserto", como fez Elias, em jejum e oração. Quando vamos a um lugar tranquilo para jejuar e orar, Deus nos dá força interior. Ao iniciarmos o jejum de Elias, temos de nos afastar das forças externas que aumentam nossos problemas – televisão, jornais e as influências normais da vida. Você vai receber força em silêncio diante de Deus. Como se mencionou em capítulos anteriores, isso não é apenas uma meditação silenciosa.

Leve sua Bíblia e outras ferramentas de estudo, e também artigos que falem sobre quebra de cadeias e de hábitos compulsivos.

Jejue e ore para que Deus lhe dê uma autoimagem positiva que reflita o caráter bíblico. Você deseja ser uma boa testemunha de Deus. Quando você sabe o que é certo, seu caráter constantemente age apropriadamente, com as atitudes corretas para as finalidades certas.

Jejue e ore pelas ações positivas que Deus quer que você realize. Quando começar o jejum de Elias, faça uma lista dessas coisas. Algumas são disciplinas espirituais, outras implicam o mundo natural. Lembre-se, há mais de uma solução para um problema; da mesma maneira, há mais de um meio de vencer um vício ou um hábito. Às vezes, você tentou antes e não tenha conseguido. Você não experimentou todos os meios porque *há* um meio de "escape" (1 Co 10.13).

Defina por quanto tempo deve jejuar. O jejum de Elias é mais eficiente quando é praticado numa extensão de tempo contínua na presença de Deus e/ou praticado várias vezes para vencer principalmente os hábitos mentais enraizados. Quanto mais profundas as raízes de seu hábito, mais intensos devem ser seu jejum e sua oração. Quanto mais tempo você tiver esse hábito, mais vezes você necessitará jejuar. Lembre-se das palavras de Jesus: *"Esta espécie só sai pela oração e pelo jejum"* (Mt 17.21).

Preparação para o jejum de Elias

Objetivo: O jejum de Elias para a quebra de maus hábitos mentais e emocionais.

Declaração: Creio no poder de Deus sobre a pessoa total, espírito, alma e corpo (veja 1 Tessalonicenses 5.23). Creio que *"Deus não nos deu espírito de covardia, mas de poder, de amor e de equilíbrio"* (2 Tm 1.7).

Voto: Que Deus seja minha força, e a graça seja minha base. Comprometo-me para edificar um caráter piedoso, para a glória de Deus.

Jejum: Vou me abster de _____

Início: Dia e hora em que vou começar _____

Término: Dia e hora em que vou parar _____

Finalidade: Estou jejuando para vencer o hábito emocional/mental de _____

Base bíblica: 1 Reis 19

Promessa bíblica: "Nunca o deixarei, nunca o abandonarei. Podemos, pois, dizer com confiança: 'O Senhor é o meu ajudador, não temerei'" (Hb 13.5, 6).

Recursos necessários: _____

Parceiros de oração: _____

Passos depois do jejum: _____

Assinatura _____ Data _____

6

O jejum da viúva

Um pastor mexicano de Chiapas, México, acabou com o estoque de Bíblias, distribuindo-as de porta em porta. As pessoas estavam famintas pela Palavra de Deus, por isso começaram imediatamente a ler as Bíblias e a descobrir a mensagem de Deus para elas.

Para comprar mais Bíblias, o pastor gastou o seu salário, e privando-se de alimento. Três dias depois, algumas pessoas perceberam que ele não estava comprando alimento. Embora esse pastor não tenha entrado formalmente em jejum, no sentido tradicional, ele seguiu a prescrição do jejum de Elias. Como veremos, as pessoas que aderiram ao jejum da Viúva compartilharam uma situação comum com esse pastor, situação em que passar sem alimento parecia a melhor alternativa.

Sarepta era apenas mais um vilarejo quente e seco na Fenícia (atual Líbano). Uma viúva saiu da cidade para colher galhos secos que caíam dos arbustos ressecados. Sarepta estava sofrendo uma grande seca. O céu azul e brilhante afastava qualquer esperança de chuva. Mesmo se chovesse, talvez fosse tarde demais para aquela viúva e seu filho.

Naquele vilarejo não chovia havia dois anos. Antes, ninguém se alegrava com a prolongada umidade que penetrava até aos ossos durante semanas de constantes chuvas na primavera. Entretanto, agora isso seria bem-vindo. As pastagens tinham ficado marrons, e as árvores deixavam cair prematuramente as folhas. O sacerdote local foi convocado para fazer o que fosse necessário para aplacar o deus da cidade a fim de as chuvas trouxessem a vida de volta à Terra. Realizaram-se vários rituais, mas os deuses da Fenícia continuaram retendo as chuvas doadoras de vida.

Todo o Oriente Médio estava sofrendo por causa da seca. Para castigar o povo de Israel (vizinhos da Fenícia), Deus fechou os céus. Elias, o profeta, *"orou fervorosamente para que não chovesse, e não choveu sobre a terra durante três anos e meio"* (Tg 5.17).

Acabe, rei de Israel, havia se casado com uma moça da região próxima da cidade natal da viúva. Essa jovem era Jezabel, conhecida por sua fiel adoração aos deuses da *Fenícia*. "Acabe, filho de Onri, fez o que o Senhor reprova, mais do que qualquer outro antes dele" (1 Rs 16.30). *"Ele não apenas achou que não tinha importância cometer os pecados de Jeroboão, filho de Nebate, mas também se casou com Jezabel [...] e passou a prestar culto a Baal, e a adorá-lo"* (v. 31). Jezabel pessoalmente garantia o sustento dos 450 profetas de Baal (v. 18.19).

Muito pouco se sabe sobre a viúva fenícia, a não ser que era uma das várias viúvas da terra. Ela saiu para colher galhos secos para fazer a refeição da noite. Quando seu marido era vivo, a situação era difícil, mas controlável. Havia ocasiões boas e ruins. Uma das melhores tinha sido o nascimento do filho. Ele recordava o olhar orgulhoso do marido quando lhe apresentou o menino.

Os tempos foram de mal a pior quando o marido morreu inesperadamente. Ela mal conseguia dinheiro para as despesas essenciais antes da seca, e agora era praticamente impossível suprir as necessidades básicas da vida.

O sol era abrasador. Mas seu problema principal era que os mantimentos davam apenas para a última minguada refeição. Ela havia se resignado com seu destino. Pegaria os galhos secos que juntou e acenderia o fogo para cozinhar pela última vez. Ela ainda devia ter farinha e óleo suficientes para alimentar a si e ao filho, mas era tudo. Utilizaria seus últimos recursos para preparar a derradeira refeição. Depois, como seus antecessores, os dois procurariam um lugar tranquilo para esperar a morte por inanição.

"Pode me trazer um pouco d'água numa jarra para eu beber?" um homem pediu-lhe, com a voz (17.10). A voz estava tão fraca que ela se sentiu constrangida a ajudar esse estrangeiro que aparecera em sua cidade. Quando a mulher se aproximou do poço para retirar água, ouviu-o chamar mais uma vez: *"Traga também um pedaço de pão"* (v. 11).

Anos antes, ela teria sido muito solícita, assim como eram as pessoas daquela aldeia. Eles cuidavam dos estrangeiros que necessitavam de alimento e água. Mas agora não havia alimento. O que ela possuía não era suficiente para manter vivos ela e o filho. Como poderia dar esse pouco ao estranho?

Ele se virou para explicar ao estrangeiro que não havia pão em sua casa. Tudo o que tinha era um pouco de farinha numa vasilha e um restinho de óleo num jarro. Quando o estranho lhe pediu água, ela estava voltando para casa para preparar a última refeição para ela e o filho. Enquanto explicava a situação ao estrangeiro que lhe chamara, sentiu que precisava fazer alguma coisa. A aparência do homem comprovou sua consciência de que ele precisava do alimento mais do que ela. A viúva não podia imaginar naquele momento que esse estrangeiro tinha morado num uádi – um leito de ribeiro seco – nos últimos meses, sobrevivendo com os restos de carniça deixados pelos corvos.

"Não tenha medo", o estrangeiro animou-a. *"Vá para casa e faça o que disse. Mas primeiro faça um pequeno bolo com o que você tem e traga para mim; e depois faça algo para você e para o seu filho"* (v. 13). Ele garantiu à mulher que o Deus dele cuidaria da família dela se ela seguisse suas instruções.

A viúva era especial. Deus a havia preparado para esse momento e essa tarefa. O Senhor dissera a Elias: *"Vá para Sarepta [...] Ordenei a uma viúva daquele lugar que lhe forneça comida"* (b. 9). Quando chegou a Sarepta, o profeta estava com a aparência tão descuidada e tão faminto e sedento que era quase engraçado ouvi-lo anunciar a promessa de Deus: *"A farinha da vasilha não se acabará, e o azeite na botija não se secará, até o dia em que o Senhor fizer chover sobre a terra"* (v. 14). Ela teria rido se a própria fome fosse menos dolorosa. Mesmo assim, ela se decidiu facilmente. Ia morrer com ou sem a refeição, então, por que não dividir o que tinha com alguém necessitado, e que ainda não perdera completamente a esperança?

Quando caminhava com dificuldade de volta para casa com o profeta Elias, a viúva não tinha a mínima ideia de que seu hóspede era um profeta que anteriormente tinha posto fim à seca num poderoso encontro com os profetas de Baal. Ela sabia apenas que alguém precisava de algo que ela tinha um pouquinho mais que ele. Perder uma refeição para dar-lhe o que necessitava era o mínimo que podia fazer.

O jejum da viúva tem esse nome por causa dessa pobre mulher de Sarepta, porque ela se dispôs a ficar sem alimento para satisfazer uma necessidade humanitária na vida de outra pessoa.

O jejum da viúva não foi longo. Assim como Elias prometera, Deus interveio nas circunstâncias dela. A viúva pôde continuar alimentando o filho e o hóspede durante o resto do período de fome. A promessa do profeta se cumpriu, e a farinha e o óleo não se acabaram. Ao expressar a disposição de abnegar-se para satisfazer as necessidades de Elias, a viúva de Sarepta deu um exemplo de uma prática singular da disciplina do jejum.

O jejum da viúva na Bíblia

As Escrituras revelam forte ênfase em relação à preocupação do povo de Deus com as próprias necessidades físicas. Não é de surpreender que prover para os necessitados passaria a ser um aspecto importante da disciplina do jejum. Israel necessitava de uma reforma. Isso fez com que o Senhor os questionasse:

> *O jejum que desejo não é este [...] partilhar sua comida com o faminto, abrigar o pobre desamparado, vestir o nu que você encontrou, e não recusar ajuda ao próximo?* (Is 58.6, 7)

O jejum da viúva nos capacita a ver que Deus supre as necessidades dos outros, principalmente as físicas, como alimento e roupa. Finalmente esse jejum foi praticado muito além da pequena vila de Sarepta.

O Novo Testamento nos apresenta a outras viúvas que jejuavam. Ana é descrita como uma profetisa que *"nunca deixava o templo, adorava a Deus jejuando e orando dia e noite"* (Lc 2.37). O pouco que sabemos de Ana nos dá a entender que ela tinha um ministério de servir a Deus pelo jejum. Esse ministério, como o da viúva de Sarepta, implicava compartilhar seus recursos materiais com os outros?

Enquanto ensinava no templo, Jesus identificou outra viúva dedicada. Quando viu a pobre viúva depositar suas duas últimas moedinhas no gazofilácio do templo, cujas ofertas destinavam-se a cuidar dos pobres, Jesus disse:

> *Afirmo-lhes que esta viúva pobre colocou mais do que todos os outros. Todos esses deram do que lhes sobrava; mas ela, da sua pobreza, deu tudo o que possuía para viver* (Lc 21.3, 4).

Ela deu tudo o que tinha. Essa viúva estava disposta a sacrificar tudo, provavelmente até a próxima refeição. O jejum da viúva define essa viúva que abriu mão de suas necessidades para ajudar os outros.

As viúvas não são as únicas mencionadas no Novo Testamento que jejuaram a fim de prover para as necessidades físicas dos outros. O apóstolo André encontrou um jovem que se dispôs a abrir mão do próprio almoço, que consistia em cinco pãezinhos de cevada e dois peixinhos, para que cinco mil pessoas famintas pudessem se alimentar (veja João 6.9). E, quando Jesus alimentou quatro mil pessoas que estavam em jejum havia três dias, alguém mais deve ter feito um sacrifício semelhante (veja Marcos 8.1-9).

Há alguns indícios de que o espírito do jejum da viúva fazia parte da disciplina espiritual da igreja primitiva. Paulo usou o exemplo dos cristãos da Macedônia para incentivar os coríntios a dar sacrificialmente para satisfazer as necessidades físicas dos crentes de Jerusalém. Referindo-se aos cristãos macedônios, Paulo escreveu:

> *No meio da mais severa tribulação, a grande alegria e a extrema pobreza deles transbordaram em rica generosidade. Pois dou testemunho de que eles deram tudo quanto podiam, e até além do que podiam. Por iniciativa própria eles nos suplicaram insistentemente o privilégio de participar da assistência aos santos* (2 Co 8.2-4).

Embora a disciplina do jejum não seja aqui mencionada especificamente, o espírito da doação deles é coerente com o daqueles que fazem o jejum da viúva para dar em sacrifício para satisfazer as necessidades dos outros. Como a viúva que deu as duas moedinhas, os cristãos da Macedônia deram do que tinham para prover para as necessidades dos outros.

Uma duradoura e notável tradição

(Todas as citações desta seção são de escritores cristãos do período imediatamente seguinte à era neotestamentária.)

O jejum pode ou não estar implícito nesses exemplos anteriores de dar para satisfazer as necessidades humanas. Entretanto jejuar para suprir essas necessidades passou rapidamente a fazer parte da vida da igreja do período pós-apostólico. O jejum é mencionado frequentemente nos escritos dos "pais da igreja", e normalmente no contexto do que estamos chamando de jejum da viúva. No século II, o jejum era praticado pelos cristãos duas vezes por semana – às quartas-feiras e às sextas-feiras. A disciplina do jejum era considerada melhor que a oração (veja *2 Clemente 16.4*). O *Pastor de Hermas* fala da prática de comer somente pão e beber apenas água durante um jejum, e de destinar o dinheiro que seria gasto em alimento para fins de caridade.

A relação entre jejuar e dar para causas assistenciais continuou por algum tempo na igreja primitiva. Santo Leo definiu o jejum como uma "guarnição militar" – uma proteção para o espírito contra o domínio do corpo. Ele defendia o jejum para manter o corpo disciplinado. Disciplinar o corpo capacita o espírito a obedecer a uma ordem de Deus, como, por exemplo, um chamado para levar o evangelho aos povos não-alcançados daqueles dias.

Leo defendia a ideia que a disciplina de dar liberalmente para causas humanitária sempre acompanha o jejum. De acordo com a *Apologética de Aristides*, quando um cristão não tinha dinheiro suficiente para ajudar um companheiro crente pobre, o cristão costumava jejuar por dois ou três dias para levantar fundos para as necessidades necessárias.

Durante toda a Idade Média, uma forma modificada do jejum da viúva foi praticada pelos primeiros monges. Jejuar nos monastérios fazia parte do estilo de vida ascético. Evidências fortes dão a entender que a disciplina do jejum foi praticada pela primeira vez como parte de uma economia responsável por enviar missionários para o mundo não-alcançado.

No século VI desta era, São Columba e outros monges irlandeses foram enviados em missões evangelísticas para toda a Grã-Bretanha e o norte da Europa. Essas missões foram possíveis porque os recursos limitados do monastério foram doados para as missões em vez de prover grande quantidade de alimento e outros luxos. Da mesma forma, os pioneiros morávios e outros grupos pietistas adotaram um estilo de vida simples em comunidade que incluía a disciplina do jejum. Seu viver sacrifical os capacitava a liberar seus limitados recursos para suprir as necessidades e sustentar os ministérios de alcançar os perdidos.

O jejum da viúva também fazia parte da disciplina pessoal de muitos avivalistas e movimentos de avivamento. O exemplo dos morávios já foi mencionado. João Wesley e outros líderes metodistas do avivamento evangélico adotaram um estilo de vida simples que incluía períodos regulares de jejum. Eles incentivavam outros a fazer o mesmo. O dinheiro que poderia ter sido gasto em alimento para eles foi empregado numa série de projetos humanitários, entre eles o cuidado de viúvas e órfãos, a libertação dos escravos e a reforma do sistema prisional.

No capítulo 1 mencionamos que centenas de cristãos deixavam de almoçar durante a Oração de Avivamento dos Leigos, em 1859. Isso permitiu que muitos economizassem o dinheiro que teria sido gasto em refeições para dar assistência a outros que sofriam diretamente os efeitos do colapso bancário que ocorreu quando o avivamento estava no auge. Embora o propósito das reuniões de oração não fosse o jejum, o fato de as pessoas orarem na hora do almoço teve como consequência lógica o jejum.

Mesmo hoje, muitos cristãos da América do Norte praticam a disciplina do jejum para doação aos projetos humanitários. Muitos igreja e grupos comunitários patrocinaram o "Fome Trinta Horas" para levantar fundos para aliviar a fome. Outros realizaram almoços na igreja cujo cardápio constava de arroz e feijão que lembrava as pessoas das populações desprivilegiadas do mundo. Os cristãos norte-americanos frequentemente doam dinheiro para alimentar os famintos. O jejum da viúva também é praticado por cristãos de países emergentes do mundo.

Uma variação do jejum da viúva é praticada regularmente pelos cristãos do estado de Mizoram, na Índia. Esse é o estado mais pobre da Índia, mas os cristãos dessa região desenvolveram uma estratégia singular de levantar dinheiro para missões estrangeiras. Quando as mulheres de Mizoram preparam o arroz diário para sua família, separam uma xícara de arroz cru. Esse arroz é separado como oferta para missões. As mulheres doam esse arroz às igrejas a que pertencem, que depois o revendem aos membros da igreja. O dinheiro arrecadado com o arroz reciclado é empregado para enviar missionários a outras províncias da Índia e a países vizinhos.

A ênfase humanitária do jejum da viúva também apela àqueles que não se identificam como cristãos. Mahatma Gandhi acreditava que as pessoas deviam viver um "jejum compulsório e eterno" para suprir adequadamente as necessidades dos outros. Gandhi praticava o jejum pessoalmente e instava seus seguidores a fazer o mesmo. Seu estilo de vida simples era evidentemente motivado pela sua preocupação com os necessitados. Certamente os cristãos, que se caracterizam pelo amor ao próximo, devem preocupar-se com os que carecem de recursos para suprir as necessidades básicas (veja João 13.34, 35).

Como praticar o jejum da viúva

Antes de praticar a disciplina do jejum no contexto do jejum da viúva, reserve tempo para se preparar adequadamente. Embora seja possível privar-se de uma ou duas refeições para fazer uma contribuição financeira para projetos internacionais de assistência social, a experiência do jejum da viúva pode ser muito mais proveitosa, se nos prepararmos para ele. Permita que seu jejum o edifique espiritualmente enquanto você procura edificar aos outros.

Passo 1: Voltar-se para o próximo

Desenvolva uma sensibilidade aos problemas dos outros procurando saber das necessidades dos desprivilegiados que vivem perto de você. Uma das desvantagens de viver na "era da informação" é que ouvimos falar de tantas pessoas que sofrem que facilmente ficamos insensíveis às necessidades delas. Podemos superar essa tendência natural cultivando de maneira proativa empatia e sensibilidade pelas pessoas que estão passando por circunstâncias difíceis.

Passo 2: Reconhecer as próprias bênçãos

A maioria dos cristãos dos Estados Unidos está em situação muito melhor que os pobres deste mundo. Apesar disso, muitos cidadãos norte-americanos acham mais fácil se queixar do que se alegrar. Geralmente, só percebemos o não observamos quanto somos afortunados quando vemos outros com necessidades maiores. Um seminarista reclamava que tinha apenas pão e presunto para comer, até ficar sabendo de outro colega seminarista que tinha apenas biscoito. Em muitas partes do mundo, o mais pobre dos norte-americanos seria considerado extremamente rico. Em vez de nos queixarmos de não conseguir comprar uma sobremesa cara, devemos nos alegrar com a provisão de alimento que Deus nos concedeu. Muitas pessoas no mundo não podem contar com uma simples refeição constituída de uma tigela de feijão com arroz ou outro cereal cozido.

Passo 3: Utilizar uma parte de seu dinheiro da mercearia

O objetivo do jejum da viúva é ajudar a liberar nossa doação para suprir as necessidades dos outros, utilizando os recursos que normalmente consumiríamos. Como mordomo fiel dos recursos confiados por Deus, podemos jejuar para economizar em nosso próprio orçamento de alimentação. O dinheiro que poupamos permitirá que tenhamos mais para dividir com os que têm fome. Não é possível trazer as vítimas estrangeiras da fome para sua mesa de jantar toda semana, mas é possível para sua família jejuar durante o jantar a fim de que uma família de alguma região de fome possa alimentar-se.

Passo 4: Jejuar e orar para receber orientação de Deus

Uma pessoa apenas não pode atender às necessidades de todos os que sofrem. Portanto temos de pedir sabedoria a Deus para decidir até onde devemos nos envolver num projeto humanitário específico. Em vez de desistir frustrados porque não conseguimos alimentar todas as pessoas famintas do mundo, peçamos a Deus para nos encarregar de uma parcela razoável para solucionar o problema.

Talvez sua família possa prover alimento para uma família com fome, fazendo jejum um dia por semana. Outra família pode destinar o dinheiro economizado com o jejum da viúva para comprar presentes de Natal para crianças pobres. Outras famílias podem contribuir para um banco de alimento, uma casa de adolescentes gestantes ou um centro local de reabilitação de alcoólatras ou dependentes de outras drogas. Seu jejum vai assumir maior importância se você identificar formas específicos de participar da solução do problema maior.

Passo 5: Orar por aqueles a quem você ajuda

Depois de ter identificado a necessidade específica para o seu jejum da viúva, reserve momentos especiais – pode ser a hora da refeição – para orar pelos necessitados que vão se beneficiar diretamente de sua doação do jejum da viúva. Quando Jesus recebeu a oferta dos cinco pãezinhos de cevada e dos dois peixinhos de um menino, Ele deu graças antes de distribuir o alimento à multidão faminta.

Passo 6: Identificar-se com o sofrimento dos outros

Se você acha difícil passar a tarde sem um docinho, pense naqueles que têm de passar o dia ou a semana com uma tigelinha de arroz. Algumas famílias que jejuam juntas interrompem o jejum da viúva com uma refeição simples de arroz e feijão, a dieta básica de muitas pessoas em todo o mundo, ou um prato característico da região das pessoas por quem estão jejuando. As agências humanitárias sempre podem fornecer informações para ajudar a preparar esses pratos.

Passo 7: Pense num investimento a longo prazo

Quando você incorporar o jejum da viúva à sua disciplina pessoal de jejum, passará a pensar em expandir seu envolvimento no processo de aliviar o sofrimento humano. Pense em fazer significativas mudanças de estilo de vida que o capacitem a continuar contribuindo para os outros.

Muitos médicos incentivam seus pacientes que jejuam a desenvolver hábitos alimentares pós-jejum mais saudáveis. Eliminar o excesso de açúcar e o sal de sua dieta pode-se converter em economias para o sustento contínuo de pessoas necessitadas. Você pode escolher jejuar por uma refeição ou por um dia toda semana para estender seu ministério às pessoas necessitadas.

Princípios práticos para lembrar

O que segue são sugestões para aumentar o valor do jejum da viúva.

Aprenda a identificar as necessidades específicas dos outros. A viúva de Sarepta decidiu abster-se de comer para o benefício de Elias. Da mesma maneira, quando o menino decidiu jejuar e sacrificou seu almoço, viu-o sendo usado especificamente para alimentar a multidão faminta. O Jejum da Viúva pode sensibilizá-lo em relação às pessoas que você pode ajudar de outras formas específicas.

Informe-se do valor monetário do alimento que você consumiria num dia comum. Essa quantia pode ser determinada numa das duas maneiras. Você pode gastar um cardápio diário típico estimando o custo de cada refeição, inclusive os lanchinhos entre as refeições, o café da manhã e os pãezinhos de queijo.

Se sua família estiver observando o jejum da viúva por um dia, pode ser mais fácil dividir o orçamento familiar para o alimento por sete para calcular a economia realizada num dia típico de jejum. Se uma família gasta quatrocentos reais por semana em produtos de mercearia e outros alimentos, essa família vai economizar 57 reais em um dia de jejum da viúva. Desse modo, você não apenas ajuda a alimentar alguém com fome, mas também adquire melhor compreensão de seu orçamento para os alimentos.

Observe a importância de gastar o dinheiro para satisfazer a necessidade antes de começar a jejuar. A viúva de Sarepta deu seu alimento a Elias antes de alimentar a si e ao filho. A viúva que deu as duas moedinhas no templo e o menino que forneceu seu almoço para alimentar as cinco mil pessoas com fome também deram antes de concluir o jejum. Dar primeiro vai ajudá-lo a identificar a prioridade de seu jejum e a eliminar a tendência de quebrar o jejum gastando sua doação humanitária em alimento para você.

Estabeleça metas específicas. Estabeleça a que quantia que você gostaria de contribuir para um projeto humanitário específico. Em seguida decida por quanto tempo deve jejuar para economizar a quantia pretendida para doar a esse projeto. A maioria das pessoas acha mais fácil jejuar um dia por semana durante algumas semanas do que observar um jejum mais prolongado. Algumas talvez prefiram jejuar regularmente, adotando um novo projeto de mês em mês ou de dois em dois meses.

Aprenda a identificar-se com aqueles a quem você serve. Quando quebrar seu jejum, faça isso com uma refeição que o lembre das pessoas por quem você está jejuando. Uma tigela de grãos cozidos como, por exemplo, cevada, arroz ou outro cereal, não é diferente das refeições diárias de muitas pessoas no mundo. Se você está jejuando por pessoas de climas tropicais, talvez queira quebrar seu jejum com uma banana ou outra porção de frutas.

Procure meios específicos de reduzir seu custo de vida pessoal a fim de poder contribuir mais para suprir as necessidades dos outros. Muitos cristãos na América do Norte incorporaram de tal maneira itens não-essenciais a seu estilo de vida que agora eles são considerados essenciais. Nossos luxos transformaram-se em necessidades. Um jejum da viúva pode ajudar-nos a reconhecer os itens não-essenciais que podem ser eliminados a fim de produzir economias duradouras e importantes. Muitos cristãos optaram por um estilo de vida simples a fim de doarem mais a missões e para suprir as necessidades de outras pessoas.

Preparação para o jejum da viúva

Objetivo: O jejum da viúva para destinar fundos para suprir as necessidades de outros.

Voto: Senhor, prometo jejuar e orar de acordo com o esboço a seguir em favor das pessoas especificamente mencionadas. Durante o jejum comprometo-me a doar a ti os fundos que normalmente comprariam alimentos para mim. Farei isso por intermédio de uma agência ou diretamente aos necessitados.

Necessidade específica: Vou-me esforçar para suprir as necessidades de ____
_____

Quantia específica: Vou contribuir com um total de R$ _____ para essa causa, com base no que eu gastaria com minhas refeições.

Jejum: Vou abster-me de _____

Atividade: Vou orar nos horários das refeições especificamente por ____
_____

Depois do jejum: Para identificar-me com aqueles por quem jejuei, vou quebrar o jejum fazendo _____

Minhas próprias necessidades: A necessidade de minha vida que gostaria que Deus suprisse quando eu jejuar é _____

Início: Dia e hora em que vou começar _____

Término: Dia e hora em que vou parar _____

Base bíblica: 1 Reis 17.

Promessa bíblica: "A farinha na vasilha não se acabará e o azeite na botija não se secará até o dia em que o Senhor fizer chover sobre a terra" (1 Rs 17.14).

Recursos necessários: _____

Parceiros de oração: _____

Passos depois do jejum: _____

Assinatura _____ Data _____

7

O jejum de Paulo

U M SEMINARISTA JEJUOU PARA saber se deveria aceitar o cargo de pastor auxiliar numa igreja grande e destacada. Como o apóstolo Paulo na estrada de Damasco, ele necessitava da orientação de Deus. Durante o jejum, o Senhor retirou o desejo desse aluno de ocupar o cargo nessa igreja.

Um mês depois o pastor principal renunciou, consequentemente todos os membros da equipe pastoral também foram convidados a renunciar. Antes de seu jejum de Paulo, o aluno estava fascinado com a perspectiva de participar do ministério nessa preeminente igreja. Contudo, quando se retirou para um lugar tranquilo e jejuou para saber a vontade de Deus, a orientação que recebeu se mostrou extremamente oportuna.

Orar para ter luz no caminho

A vida apresenta a todos nós momentos de decisões importantes, por isso podemos nos beneficiar com o jejum de Paulo alguma vez. As decisões podem reorientar toda a nossa vida e nosso destino. A decisão acerca de com quem se casar, por exemplo, pode nos fazer felizes ou acabar conosco.

Se soubéssemos o futuro, seria mais fácil tomar decisões. Mas não o conhecemos, por isso Deus nos promete que o jejum que Ele deseja fará nossa *"luz irromper[á] como a alvorada"* (Is 58.8). Isso implica que se nos concentrarmos na vontade de Deus em vez de na nossa própria vontade quando enfrentarmos decisões importantes, Ele nos dará uma perceptiva mais clara e a visão que necessitamos para fazer decisões cruciais.

A origem do jejum de Paulo

No caminho para Damasco, o apóstolo Paulo (ex-Saulo – perseguidor de Cristo e de seus discípulos) ficou diante de uma decisão que lhe transformaria a vida, um jejum e uma revelação da luz de Deus. Depois de ser derrubado em terra pelo Senhor, Saulo ficou cego durante três dias, *"não comeu nem bebeu"* (At 9.9). Tendo-se dedicado a perseguir os cristãos, ele deve ter ficado confuso e "no escuro" acerca de Cristo e de seu futuro com Ele. Só depois que Saulo ficou sem comer e beber foi que ele "viu a luz". Deus enviou o cristão Ananias à casa em que Paulo estava hospedado. Ananias impôs as mãos sobre Saulo, o ex-perseguidor, e ele recebeu a visão para se transformar no apóstolo Paulo.

Como Deus fala conosco?

Se pudéssemos conversar com alguém que conhece os perigos, as recompensas e as angústias do futuro, as decisões seriam fáceis. Jesus Cristo é esse alguém.

Aqueles que conhecem a Jesus Cristo têm uma vantagem na hora de tomar decisões. O Senhor conhece o futuro porque Ele é o Alfa e o Ômega, o princípio e o fim. Jesus é Deus. Portanto, Ele é eterno e infinito. Jesus está do outro lado de nossas decisões e sabe o que nos vai acontecer. Desse modo, devemos pedir ao Senhor que nos ajude a fazer decisões. Deus fala conosco por intermédio de seu Filho, Jesus Cristo.

O Senhor pode não falar de maneira audível conosco, como alguns o ouviram nas Escrituras, mas Ele vai nos ajudar a tomar nossas decisões. Primeiro, o Senhor nos deu princípios para a vida na Palavra de Deus. Por exemplo, não precisamos orar para saber se devemos nos casar com uma pessoa não-salva (veja 2 Coríntios 6.14), nem se devemos praticar o sexo antes de nos casarmos (veja Êxodo 20.14).

A maior parte de nossas decisões não são entre o branco ou o preto. Geralmente ficamos na penumbra do crepúsculo, que não é nem preta nem branca. Do mesmo modo que dirigir no escuro, o crepúsculo dificulta que enxerguemos as pessoas à beira da estrada. Deixamos passar sinais de avisos importantes. Sempre há o perigo de nos extraviar do caminho ou perder nossa vida. As decisões transformadoras de vida podem nos fazer sentir como se estivéssemos dirigindo pela vida no crepúsculo.

Além da orientação que Deus fornece por meio de sua Palavra, Ele providenciou muitos outros recursos para uma tomada de decisões.

- Ele nos orienta por intermédio do conselho dos amigos (veja Provérbios 11.14).
- Ele orienta soberanamente (veja Romanos 8.28).
- Ele nos orienta no nosso íntimo (veja Atos 16.6 e Romanos 8.14).
- Ele nos orienta através das oportunidades (veja 1 Coríntios 16.9)
- Ele nos orienta quando temos espírito submisso (veja Romanos 12.1,2).
- Ele nos orienta por intermédio de nossos dons espirituais (veja 1 Coríntios 7.7).
- Ele nos orienta por meio de nosso bom senso (veja Provérbios 16.9).
- Ele nos orienta através da oração.
- Mais importante, Deus nos orienta por intermédio do jejum.

O jejum de Paulo implica concentrar-nos em nossas escolhas em vez de nosso alimento, e orar para que nossas decisões cheguem a boas conclusões.

As decisões podem ser tão assustadoras ou obscuras que analisamos todas as possibilidades e ainda assim não sabemos o que fazer. O que podemos fazer para nos ajudar a tomar as grandes decisões?

Podemos jejuar.

Quando jejuamos, Deus nos dá a luz que irrompe em nossa mente como o amanhecer de um novo dia. A luz é sua perfeita vontade para nossa vida.

O jejum de Paulo nos ajude a receber a sabedoria de Deus para tomar decisões. Contudo o propósito desse jejum não é ajudar a tomar decisões insignificantes para nós. Esse jejum não é para qualquer decisão pequena da vida, como, por exemplo, onde ir almoçar ou que comprinhas fazer. O jejum de Paulo oferece ajuda em decisões de peso, como por exemplo, escolher o futuro cônjuge, pedir demissão de um emprego e outras escolhas que transformam a vida.

John Maxwell fez umas excelentes observações a respeito de tomar decisões.

A regra de Maxwell para tomar decisões

1. A decisão errada no momento errado é um desastre.
2. A decisão errada no momento certo é um equívoco.
3. A decisão certa no momento errado é inaceitável.
4. A decisão certa no momento certo é bem-sucedida.

A vida gira em torno de tomada de decisões. Escolhemos a faculdade que vamos cursar, depois escolhemos uma especialização. Quando nos formamos, escolhemos um emprego e um apartamento. Escolhemos o carro que vamos comprar e escolhemos nossos amigos. Todas as manhãs, nos vemos diante da decisão do que vestir, do que comer e do que colocar em nossa lista de prioridades diárias. Escolhemos nossas atitudes. Quando nos aborrecemos com coisas pequenas, até escolhemos ficar mal-humorados.

A maior parte da vida são escolhas. As pessoas que chegaram ao auge têm uma história de boas decisões tomadas. Como um lutador de boxe peso-pesado que precisa vencer pelejas importantes para ser o campeão do mundo, aqueles que atingiram o sucesso na vida tiveram de fazer escolhas certas nas importantes decisões que enfrentaram.

Escolhas erradas

Escolhas erradas podem causar desastres. Jejuar não vai nos fazer tomar decisões melhores automaticamente. Embora nos ajude a concentrar-nos nos elementos da decisão que Deus quer que consideremos, devemos também usar nossa própria iniciativa para ter conhecimento dos fatores de nossa vida que, anteriormente, contribuíram para escolhas erradas.

Impressões emocionais erradas sempre levam a escolhas erradas. Escolhemos de acordo com o modo que percebemos as coisas. Achamos que alguém nos detesta quando na verdade não detesta, simplesmente nos ignora. As respostas que as pessoas deram a compromissos anteriores podem fazer com que façamos escolhas a favor ou contra elas. A tradição pode fazer com que façamos escolhas: "Nunca fizemos desse jeito antes". Como todo pai e toda mãe sabe, a pressão dos colegas quase sempre leva a escolhas ruins: "Todo o mundo faz isso" – e essa pressão pode levar os pais a fazer escolhas infelizes. O orgulho pode obrigar a escolhas erradas, fazendo com que tomemos decisões lamentáveis simplesmente para "salvar nossa imagem".

Como presidente de um seminário bíblico, precisei comprar uma van para nossa equipe viajar no verão. Como todas as faculdades teológicas com dificuldades, tínhamos pouco dinheiro, nem sequer o suficiente para pagar os salários. Quatro membros do quadro de pessoal queriam comprar uma van de fabricação alemã que era barata. Usando-a para fazer viagens de levantamento de fundos poderíamos ter condições de pagá-la, argumentaram. Eu não fiquei convencido de que conseguiríamos, mas diariamente era pressionado a fazer a compra. Por fim, chamei os quatro em meu gabinete. Todos nos ajoelhamos em torno de minha mesa e oramos para que Deus nos levasse à van correta. Quando terminamos de orar, eu disse:

"Vão em frente".

A van foi comprada de um grupo particular, não nova de uma concessionária. Pegou fogo a um quarteirão do local onde compramos e ficou praticamente destruída. Felizmente, tínhamos contratado previamente por telefone o seguro, por isso tínhamos cobertura. Mas não chegavam peças da Alemanha havia seis meses, por isso não usamos a van para levantar fundos. Pelo contrário, na verdade, perdemos o dinheiro que empregamos. Quando o mecânico estava terminando os consertos, apertou tanto um parafuso no para-brisa que acabou quebrando o vidro. Foram mais três meses de atraso até que conseguimos utilizar a van.

Eu fizera uma decisão ruim, mesmo depois de orar com quatro pessoas. Estávamos todos convencidos de que era a decisão certa. Poderíamos ter feito essa mesma decisão ruim se tivéssemos fazendo o jejum de Paulo, porque simplesmente não tínhamos boas informações a respeito da marca do veículo.

- Fazemos boas decisões com base em boas informações.
- Fazemos más decisões com base em más informações.
- Sem nenhuma informação, fazemos decisões ao acaso.

A preparação para o jejum de Paulo

Antes de começar o jejum de Paulo para uma decisão importante, precisamos ter uma estratégia de tomada de decisão. A estratégia seguinte será utilizada durante todo o jejum, e passará a ser a base do processo de tomada de decisão. Os cinco passos dessa estratégia não foram desenvolvidos especialmente para este livro, mas são passos geralmente aceitos que devem ser seguidos em qualquer processo de tomada de decisão. Não acredito que Deus nos envie uma resposta de repente. Ele é um ser racional que nos orienta por meio de nossa própria mente –primeiro a entendê-lo e depois a aplicar os princípios de sua Palavra a nossa vida. Jejuar pode nos ser útil para a aplicação de bons princípios de tomada de decisão.

Cinco passos para tomar decisões

1. *Encare sinceramente qualquer problema que obscureça sua decisão.* Comece seu jejum reconhecendo que tem um problema. Às vezes isso requer confissão de pecado. *"Nós temos cometido pecado e somos culpados"* (Dn 9.5), confessava Daniel, quando se via diante de decisões no cativeiro. É inútil jejuar apenas para fugir da responsabilidade de enfrentar um problema. Por exemplo, um homem pode saber que tem de tomar uma decisão acerca de um emprego, por isso diz a seus amigos: "Vamos orar por isso". Essa é outra maneira de reconhecer que ele não sabe o que fazer. E, enquanto oram, não seguem nenhuma estratégia de tomada de decisão.

O jejum de Paulo é um meio de reconhecer que você deve fazer algo em relação ao problema. Você decidiu abster-se de alimento para ajudar-se a encontrar uma solução. Uma grande vantagem desse jejum é saber que você está fazendo algo em relação a seu problema.

2. *Defina seu problema.* Quando estiver no jejum de Paulo, seja firme consigo mesmo. Comece a trabalhar duro. Não fique simplesmente meditando sobre os sintomas, mas registre por escrito seu problema. Enxergar o problema anotado no papel pode resultar numa ideia diferente a respeito da solução. Além disso, um problema bem esclarecido é um problema parcialmente resolvido. Quando tiver definido claramente o problema, pode dedicar todas as suas energias para encontrar a solução. Durante o jejum, escreva e reescreva o problema três ou quatro vezes. Cada vez que processamos informações sobre o problema, adquirimos um ponto de vista diferente. Reescreva o problema outra vez. Por fim, você vai entender com clareza o problema, e sua mente vai se concentrar numa solução.

3. *Juntar informações.* Isso implica relatórios, mapas, artigos – todo e qualquer material que se refira a seu problema. Talvez você precise usar seu diário ou outros documentos escritos que lhe forneçam "controle" sobre o problema.

Quando reunir informações, pergunte: "Por quê?". Esforce-se para procurar as causas. Por que as coisas estão como estão?

4. *Faça uma lista de todas as soluções possíveis.* Reunir informações o obrigará a pensar em todas as possíveis soluções para seu problema. Faça uma "chuva" de possíveis soluções! Anote todas as maneiras pelas quais o

problema pode ser solucionado. Anote as soluções óbvias bem como as tolas. Escreva tudo que lhe vier à mente. Uma resposta ineficiente pode desencadear a melhor resposta. Não tente resolver seu problema antes de ter esgotado a lista de possíveis soluções. Se você se agarrar rapidamente a uma solução, talvez ignore uma solução melhor. É importante anotar o maior número possível de soluções para seu problema. Desse modo, você vai ver que sua mente fará horas extras trabalhando em cada solução.

5. *Escolha a melhor decisão.* Tomar decisão não é sentar-se, orando por uma resposta "caída do céu". Nem é tentar chegar de repente à melhor resposta. É escolher a melhor solução entre muitas. A melhor solução se descobre examinando cuidadosamente todos os fatos disponíveis, e até assim, pode não ser a solução perfeita. Somente Deus e sua Palavra são perfeitos. Por isso, depois de ter examinado todos os dados e analisado todas as soluções, escolha a melhor para a sua situação.

Alguém já disse: "Tome uma decisão… ponha-a em prática". O primeiro passo para pôr em prática uma decisão é *comprometer-se* com ela. Por conhecer os fatos, você deve exercer sua vontade. Suas emoções vão seguir sua vontade. Toda sua personalidade se fortalece para a decisão – intelecto, vontade e emoções.

Um homem que queria perder peso estava analisando várias dietas. Descobriu que a quantidade de açúcar de seu café ultrapassava a quantidade de calorias que ingeria diariamente. Ele adorava tomar café com três colheres de chá de açúcar por xícara, e tomava cinco xícaras diariamente.

Alguém lhe disse que, se tomasse café preto sem açúcar por sete dias, nunca mais colocaria açúcar no café. Ele aceitou o desafio. Durante seis dias bebeu café preto sem açúcar, mas não gostou. No último dia, sua esposa sugeriu: "Ponha um pouquinho de chantili para tirar o gosto amargo".

Ele fez isso. Dez anos depois disso, ele toma cafezinho sem açúcar, com um pouquinho de chantili. Quando alguém lhe dá por engano café com açúcar, ele não consegue beber. Que tipo de decisão transformou radicalmente seu hábito de tomar café? Ele sabia pelo intelecto o que desejava (isto é, reduzir a ingestão de calorias). Seus sentimentos de prazer foram importantes. Ele convocou sua força de vontade. A personalidade total fez uma decisão – uma decisão permanente.

Recomendações para o jejum de Paulo

O jejum de Paulo começou no momento que o apóstolo precisou corrigir sua ideia terrivelmente equivocada acerca do cristianismo. O Novo Testamento apresenta Paulo como o jovem que tomou conta das capas dos que apedrejaram Estêvão até à morte. (Estêvão foi o primeiro mártir cristão de que se tem registro). Mais tarde, Paulo declarou que perseguia os cristãos para matá-los (veja Atos 22.4). Paulo tinha uma concepção errada acerca de Deus. Ele via o Senhor como um Deus estritamente judeu. Paulo não entendia o amor divino pelo mundo. Ele ia de porta em porta prendendo cristãos e lançando-os na cadeia. Acusados de quê? Eram seguidores do Caminho —Jesus Cristo, que disse: *"Eu sou o caminho"* (Jo 14.6). Paulo estava andando pelo caminho errado, fazendo a coisa errada, com uma atitude errada.

O que podia fazê-lo converter-se? Jesus Cristo, que lhe transformou radicalmente a vida, quando ele viajava pela estrada – mais conhecida como caminho de Damasco. Como ocorreu essa transformação? Durante três dias depois do encontro com Cristo, Paulo jejuou sem comer nem beber. Nesses três dias, reavaliou e revisou sua concepção de Deus e de Jesus Cristo. Durante o tempo que Deus lhe falou, deu a ele revelações e estabeleceu o fundamento embrionário de toda a teologia do Novo Testamento.

O jejum de Paulo destina-se a obter compreensão e sabedoria. Paulo obteve compreensão e sabedoria transformadoras de vida com esse jejum, que se tornou a base para a mudança de direção do cristianismo que Paulo fez. O jejum de Paulo passou a ser o jejum mais importante na igreja cristã. Os dez princípios a seguir extraídos do jejum original de Paulo podem orientar seu jejum.

Passo 1: Ter tempo para ouvir a voz de Jesus

Quando estava viajando pela estrada de Damasco, Paulo ouviu a voz de Jesus e caiu em terra (veja Atos 9.4). Paulo foi levado para uma casa da Rua Direita na cidade de Damasco. Lá ele teve tempo de meditar no que tinha ouvido. Nós também, quando ouvimos a voz de Jesus falando conosco, devemos saber que estamos ouvindo ao Único capaz de ajudar. Deus é amoroso demais para nos enganar e doce demais para ferir-nos. Comece seu jejum de Paulo ouvindo o que o Senhor lhe está dizendo. *"Parem de lutar! Saibam que eu sou Deus!"* (Sl 46.10).

Alguns oram durante um dia, ficando sem comer por vinte e quatro horas. (Veja o glossário para o jejum típico). Alguns se abstêm de líquidos. Outros oram um dia por semana durante três ou quatro semanas. Alguns jejuam durante três dias, como Paulo. Em qualquer período de tempo que escolhem, essas pessoas ouvem a Deus e se concentram nas decisões que estão à sua frente.

Passo 2: Faça perguntas a seu respeito e responda-as

O notável no jejum de Paulo é que podemos olhar no espelho do autoexame para nos enxergar. No início do jejum, ainda nos vemos como achamos que somos. O tempo passado na presença de Deus fará que nos vejamos como realmente somos.

Quando Paulo ficou de joelhos no caminho de Damasco, Deus perguntou: *"Saulo, Saulo, por que você me persegue?"* (At 9.4). Paulo achava sinceramente que estava servindo a Deus quando perseguia os cristãos. Às vezes pensamos que estamos do lado de Deus quando de fato não estamos. Achamos que estamos tomando uma decisão certa – de acordo com a vontade de Deus– mas não é. Quando Deus procura seu povo, sempre faz uma pergunta que nos faz perguntar a nós mesmos: "Onde estamos?" – exatamente como quando perguntou a Adão: *"Onde estás?"* (Gn 3.9).

Evidentemente, Deus sabia onde Adão se encontrava. Este estava se escondendo nu no meio dos arbustos. Deus fez a pergunta não para localizá-lo, mas para fazer Adão perceber o que estava fazendo.

Deus perguntou a Caim por que estava abatido (veja Gênesis 4.6). É claro que Deus sabia por que Caim estava irado, mas queria que Caim enfrentasse seus sentimentos. O meio de Deus nos ensinar o que precisamos fazer é quase sempre uma pergunta.

Quando jejuamos, Deus nos faz perguntas. Podemos fazer isso primeiro estudando o que as Escrituras dizem sobre as questões relativas à nossa decisão. Segundo, em tranquilidade, deixemos que Deus fale à nossa consciência. Depois que Deus fez uma pergunta a Paulo, o judeu confuso, por sua vez, fez uma pergunta a Deus: *"Quem és tu, Senhor?"* (At 9.5). Paulo não reconhecera o Filho de Deus transfigurado, que lhe impedira de entrar em Damasco com vingança no coração. Paulo fez uma pergunta correta. Antes de saber quem é Deus, não conseguimos saber o que fazer. Deus não nos mostrará a resposta antes de se apresentar a nós.

Passo 3: Reconheça a verdade objetiva

Quando nos vemos diante de uma decisão, podemos ficar confusos, desanimados ou, pelo menos, fechados em nossos próprios pensamentos. O jejum de Paulo transformará nossa introspecção. A resposta pode estar aguardando silenciosamente que a descubramos. A resposta não está dentro, e, sim, fora. Embora Paulo estivesse perplexo e confuso, ele reconheceu que a resposta se encontrava no Senhor (*"Quem és tu, Senhor?"* – At 9.5), não nele.

Algumas vezes Deus fala com flagrante autoridade. Outras, ele fala em voz baixa e tranquila. Temos de prestar atenção para escutá-lo. O silêncio de Deus pode parecer ameaçador, entretanto, nesses momentos quietos, dizemos a Deus com o nosso jejum que estamos buscando a Ele e à sua resposta.

A verdade está fora de nós, como a sentinela de guarda. Mas quase sempre ignoramos a verdade. Contudo, como a gravidade, a verdade está aí, quer concordemos ou não com ela. Quando jejuamos, indicamos nossa disposição de aceitar a verdade de Deus em vez de nossas próprias reflexões subjetivas.

Sempre procuramos nos justificar, a nós e a nossas decisões. Tentamos fazer que as coisas andem à nossa moda. Não examinamos todos os fatos e não compreendemos os fatos que de fato examinamos porque estamos cegos por nossos pressupostos. Nunca achamos que estamos errados. Dois problemas de suma importância na tomada de decisões são (1) nossas lembranças oniscientes (achamos que sempre estamos certos porque nos lembramos de ter acertado antes); e (2) nossas reflexões oniscientes (achamos que devemos estar certo porque meditamos nas respostas).

Quanto mais consideramos os fatos, lemos a Bíblia e olhamos pra o coração de Deus, mais percebemos que nossas respostas talvez não sejam o que inicialmente pensamos. Podemos mentir para nós mesmos a respeito da verdade, mas a verdade permanece verdade. A verdade é como um forno quente, sempre nos queima quando encostamos nela.

Qual é a melhor maneira de começar um jejum? Inicie como Paulo começou. A Bíblia diz que ele caiu no chão, *"tremendo e atônito"* (At 9.6 – ARC). Quando perguntou: *"Senhor, que queres que eu faça?"* (ARC), estava confessando, mesmo confuso, que Jesus é Senhor. Quando Paulo reconheceu Jesus, sua vida se transformou completamente. Paulo começou seu jejum simplesmente invocando o único que podia ajudá-lo.

Passo 4: Deixe de lado seu próprio esforço e renda-se a Deus

Há o tempo certo para a iniciativa e o autoempenho. Há tempo para nos levantarmos depois de orar ajoelhados, e para trabalhar, preparando-nos para a noite que se aproxima. A Bíblia diz: *"Tudo o que fizerem, façam de todo o coração"* (Cl 3.23). Precisamos trabalhar muito. Mas há momentos em que é preciso parar de trabalhar e aquietar-se diante de Deus.

Quando começar o jejum de Paulo, deixe de lado todos os seus esforços próprios. O período de jejum não é para trabalho, é um momento de espera. Não é tempo para suar, mas, sim, tempo de sacrificar. O período de jejum não é de labuta, é um tempo de mergulhar profundamente no coração de Deus em rendição total.

Passo 5: Preste atenção ao aspecto físico

O exterior afeta o interior. Às vezes, é importante sair para um lugar completamente diferente para jejuar. Ocasionalmente, é importante entrar em seu quarto ou num lugar isolado onde ninguém o incomode. Às vezes, é importante ajoelhar-se, outras, curvar-se humildemente diante de Deus e ainda outras vezes é importante ficar em pé diante de Deus com as mãos erguidas, estendidas para Deus, como Salomão fez na dedicação do templo (veja 1 Reis 8.2). Talvez seja adequado estender-se no chão diante de Deus, como fez o apóstolo Paulo em seu encontro com Cristo no caminho de Damasco. A postura externa deve refletir a atitude interna do coração.

Passo 6: Preste atenção ao aspecto espiritual

a. *Submeta seu espírito.* Quando Paulo disse "Senhor", isso foi o reconhecimento total de um judeu hostil de que Jesus era seu mestre. Quando Paulo chamou Jesus de "Senhor", estava reconhecendo que suas ações passadas eram erradas. Ele renunciou a seus preconceitos. Submeteu-se. Comece seu jejum reconhecendo os momentos em que estava errado. Você pode até fazer uma lista deles – não para mostrar aos outros, mas para enxergar-se como você realmente era. Depois, submeta todo autoempenho futuro a Deus. Por quê? Porque você sabe que estava errado no passado. Utilize o jejum de Paulo para sondar sua personalidade interior em busca de respostas e discernimento.

Quando Paulo começou seu jejum, acrescentou: *"Senhor, que queres que eu faça?"* (At 9.6 – ARC). Basicamente, Paulo começou uma busca da verdade em três dias pedindo ao Senhor que o ajudasse.

b. *Busque de todo o coração.* Deus prometeu: *"Vocês me procurarão e me acharão quando me procurarem de todo o coração"* (Jr 29.13). Às vezes pensamos que estamos buscando a Deus sinceramente, mas quanto mais ficamos na presença divina mais percebemos que o ego se assentou no trono de nosso coração. Quanto mais ficamos na presença de Deus, mais descobrimos motivos para nos desviar o coração. Podemos ficar diante de decisões relativas a dinheiro, glória ou mesmo ter motivos pecaminosos que se rebelam contra Deus. Durante o jejum de Paulo, procuramos respostas e as encontramos quando procuramos de todo o coração.

c. *Deixe que Deus o sonde.* O que significa deixar que Deus nos sonde? Ele mesmo disse: *"Eu sou o Senhor que sonda o coração"* (Jr 17.10). Deus já conhece nosso coração, mas, quando lhe pedimos que nos sonde, entregamos-lhe simbolicamente a lanterna e voluntariamente o deixamos não apenas olhar o interior de nosso coração, mas também lhe pedimos que nos mostre o que há ali. Ele já conhece o que está em nossa mente. Deus nos conhece melhor do que nós mesmos. Mas, com a lanterna na mão, Ele nos permite ver o que existe nela.

d. *Deixe que o Espírito Santo o ensine.* Quando você começa o jejum de Paulo, está pedindo que o Espírito Santo seja seu mestre. Do mesmo modo que um mestre terreno o forma e o esclarece, quando o Espírito Santo passa a ser seu mestre, Deus também lhe mostra o que fazer. *"O Conselheiro, o Espírito Santo [...] lhes ensinará todas as coisas e lhes fará lembrar tudo o que eu lhes disse"* (Jo 14.26).

Uma das grandes recompensas do jejum é ligar-se com o Espírito Santo. Isso não significa que o Espírito Santo vai nos ensinar cada detalhe a respeito do que devemos fazer. Por exemplo, não podemos jejuar em vez de estudar para o exame de Química. Não jejuamos em vez de trabalhar, alegando que Ele vai nos ensinar tudo. Esse não é o propósito do jejum, nem é o modo de Deus operar. Temos de estudar, memorizar, aplicar-nos, orar e, talvez, jejuar – depois fazemos a prova de Química.

Novamente, observe o que Jesus prometeu. Ele disse que o Espírito Santo nos ensinaria "todas as coisas" e nos faria lembrar "tudo o que" nos "disse" (14.26). O Espírito o ajudará a lembrar-se do que Jesus disse. Você terá entendimento da Palavra de Deus e conhecerá a pessoa de

Deus. Quando iniciar o jejum de Paulo, ore: *"Abre os meus olhos para que eu veja as maravilhas da tua lei"* (Sl 119.18).

e. *Estude com diligência.* Ao mesmo tempo em que esperamos que o Espírito Santo nos ensine, as Escrituras também nos dizem: *"Procura apresentar-se a Deus aprovado, como obreiro que não tem do que se envergonhar e que maneja corretamente a palavra da verdade"* (2 Tm 2.15). Temos de ser diligentes para aprender a Palavra de Deus. Quando estudamos melhor, Deus nos fala mais. Quando estudamos melhor, obtemos muito mais na meditação. Quando estudamos melhor, ficamos mais parecidos com Cristo. Logo, durante o jejum de Paulo, ande com a Bíblia, concordância, enciclopédia e dicionário bíblicos. Estude a Palavra de Deus para descobrir a vontade dele.

f. *Ore.* O que oramos quando estamos procurando respostas durante o jejum de Paulo? Nada melhor do que orar: *"Sonda-me, ó Deus, e conhece o meu coração; prova-me, e conhece as minhas inquietações. Vê se em minha conduta algo te ofende, e dirige-me pelo caminho eterno"* (Sl 139.23, 24).

Passo 7: Obedeça ao que você aprendeu

Paulo tinha sido lançado ao chão no caminho de Damasco pela revelação de Cristo. Mas tinha de fazer mais que apenas encontrar Cristo. O Senhor lhe disse: *"Levante-se, entre na cidade"* (At 9.6). Era uma ordem bem clara. O que Paulo fez? Levantou-se e deixou que seus companheiros o levassem até Damasco (v. 8). Saulo levantou-se do chão e começou a seguir a única coisa que sabia que o Senhor queria dele: ir até Damasco. Tempos depois, Paulo falou a respeito desse incidente com estas palavras: *"Não fui desobediente à visão celestial"* (26.19).

Assim como há dois propulsores iguais que fazem o barco a motor navegar em linha reta no lago, também há duas forças idênticas que mantêm a vida cristã firme e constante. Esses "propulsores" são *conhecimento* e *prática*. Algumas pessoas se desviam da rota estudando apenas para conhecer. Outras se apressam para realizar, sem ter conhecimento bíblico. A fé bíblica implica o equilíbrio entre o conhecimento e a prática. A própria Bíblia nos diz: *"Confie no Senhor de todo o seu coração e não se apoie em seu próprio entendimento; reconheça o Senhor em todos os seus caminhos, e ele endireitará as suas veredas"* (Pv 3.5, 6).

Enquanto prossegue com o jejum de Paulo, utilize lápis e papel para fazer uma lista de tudo o que vai fazer depois desse jejum. Qual será o resultado de sua decisão? Como informará aos outros a sua decisão? De que maneira vai prestar contas? Por que vai orar?

Passo 8: Disponha-se a ser paciente

Quando Saulo encontrou Jesus Cristo, Deus não lhe deu um cronograma completo de seu futuro. O apóstolo recebeu apenas ordem para sua próxima tarefa. Foi informado de que tinha de entrar na cidade. Lá receberia as próximas ordens. *"Levante-se, entre na cidade, alguém lhe dirá o que você deve fazer"* (At 9.6).

Em seu primeiro jejum de Paulo, você pode obter apenas as instruções preliminares. Pode ter de jejuar uma segunda ou terceira vez. Lembre-se, Paulo ficou três dias sem comer nem beber antes de Ananias chegar com mais instruções (v. 9).

Como Deus fala conosco? Às vezes a resposta vem gradativamente, como o alvorecer de um novo dia. Bem antes de o sol despontar no horizonte, um pouco de luz atravessa as janelas. Aos poucos, mais luz invade o quarto. De repente, o sol se mostra todo no horizonte. Mas ainda não é a plena luz do dia como será ao meio-dia.

Do mesmo modo, Deus pode nos dar apenas um pouco de luz em nosso primeiro jejum de Paulo. Enxergamos vagamente algumas coisas, como as silhuetas no quintal que começam a aparecer antes que o sol desponte no horizonte. Podemos ter de planejar mais um jejum para ter a plena visão do meio-dia. Algumas pessoas podem ter de jejuar várias vezes para obter as respostas que procuram.

Isso não significa que não haverá tempos em que Deus desponte em seu mundo com plena revelação na primeira vez que você jejuar. Lembre-se, Paulo era um judeu cego e preconceituoso a caminho de Damasco para prender cristãos. De repente, ficou cego por uma grande luz – Jesus Cristo. A única coisa que conseguiu dizer foi: "Senhor".

Assim como Paulo, você também pode ter um discernimento repentino com o jejum. Pode ter orado e jejuado durante algumas horas quando, de repente, Deus lhe mostra o que você deve fazer. O filósofo grego Arquimedes foi encarregado de calcular o volume total de uma escultura de ouro. Sem fundir a estátua, a tarefa era difícil. Arquimedes parou de pensar no problema para tomar um banho morno de banheira. No banho, observou que a água subia quando ele se afundava na banheira. De repente descobriu que poderia medir a quantidade de água que seu corpo deslocava para calcular o volume do corpo. Quando percebeu que podia fazer o mesmo com a estátua, saltou fora da banheira gritando: "Eureka!" (palavra grega para "achei"). Por causa dessa história, ainda usamos "Eureka!" quando temos um lampejo súbito.

Passo 9: Esteja aberto para as observações dos outros

É bem possível que você inicie o jejum de Paulo sozinho, como o próprio apóstolo fez. Mesmo na solidão, entenda que Deus pode dar uma resposta por intermédio de alguém. Embora Deus tenha dado informações limitadas a Paulo, deu-lhe mais revelações por intermédio de Ananias (veja At 9.10, 11). Semelhantemente, Deus pode usar outras pessoas para lhe dar instruções. Enquanto você jejua, Deus talvez esteja dando respostas a alguém. Mesmo que termine o jejum de Paulo sem a resposta, isso não quer dizer que não haja resposta. Significa apenas que você não tem a resposta nesse momento. Deus pode ter dado a resposta a outra pessoa, e é possível que você tenha de esperar essa pessoa surgir em sua vida.

Deus tinha preparado Ananias para orar pela condição física e espiritual de Paulo. *"Ananias foi, entrou na casa, pôs as mãos sobre Saulo e disse: 'Irmão Saulo, o Senhor Jesus [...] enviou-me para que você volte a ver e seja cheio do Espírito Santo'"* (v. 17). Poderíamos pensar que o apóstolo Paulo, por ter encontrado Jesus Cristo, podia ter orado sozinho. Mas não foi o que aconteceu. Deus usou Ananias para orar a fim de que Paulo recuperasse a visão e fosse cheio do Espírito Santo.

Durante o jejum de Paulo é possível que você descubra que não consegue se curar sozinho; não é capaz de encontrar a resposta sozinho; nem sequer sabe o que está errado. Deus pode trazer uma pessoa mais madura para sua vida a fim de lhe dar instruções depois de seu jejum. Então, qual foi a finalidade do jejum? Você preparou o coração para receber a mensagem por meio de outra pessoa. Por isso, quando sair do jejum de Paulo, não se surpreenda se Deus responder a suas orações através da vida de outra pessoa.

Passo 10: Prepare-se para ser mal compreendido

Paulo estava viajando de Jerusalém para Damasco acompanhado de vários homens. Alguns talvez fossem escravos, e outros, seus companheiros que investigariam as casas para encontrar cristãos e prendê-los. Note que Deus não falou aos homens que estavam com Paulo. *"Os homens que viajavam com Saulo pararam emudecidos; ouviam a voz, mas não viam ninguém"* (v. 7). Somente Paulo viu a Jesus Cristo.

- Os outros não viram a Jesus.
- Os outros não jejuaram.
- Os outros não receberam nenhuma resposta de Ananias.

Quando Deus nos leva a fazer o jejum de Paulo, Ele talvez não leve outros membros de nossa família a jejuar conosco, nem mesmo os que estão envolvidos em nossa decisão. Normalmente, o jejum de Paulo é um jejum solitário. Você fica sozinho diante de Deus, tem comunhão exclusiva com Ele. Não se surpreenda se os outros não entenderem.

Princípios práticos para lembrar

Há uma grande abundância de sugestões práticas para ajudar o jejum de Paulo a ser eficaz. A seguir, mencionamos apenas algumas para o início de sua jornada.

Quanto mais séria a sua decisão, você deve seguir o jejum de Paulo com mais frequência e mais duração. Como observamos, o jejum surgiu, talvez, porque as pessoas que passavam por profundo sofrimento e pressões de mudança de vida não queriam comer nem beber nada. Ficavam tão consumidas pelos problemas que a última coisa que lhes passava pela mente era alimentar-se. Se Paulo foi tomado pelo sofrimento de sua condição imediata (isto é, a cegueira), ou se jejuou verdadeiramente pela bênção de Deus, o texto não esclarece. Mas é verdade que, quanto mais gravemente o problema abala nosso equilíbrio, mais intenso deve ser nosso jejum.

Planeje uma leitura bíblica que não esteja diretamente relacionada com sua decisão. Enquanto você lê porções variadas das Escrituras, sua mente relaxa na presença de Deus. Depois, quem sabe, a resposta pode "pintar" em sua mente. Na quietude da paz, Deus pode falar-lhe sobre um tema que você não esteja estudando no momento.

No jejum de Paulo, você deve propor-se a ler todo o Novo Testamento em um dia. Se isso for muito, procure propor-se a ler livros selecionados da Bíblia.

Conheça e aplique os princípios de tomada de decisão. Escreva os cinco passos para tomada de decisão mencionados anteriormente. Enquanto jejua, reveja seus dados em aditamento a esses passos e siga-os sistematicamente.

Seguir esse esquema, como um piloto que revê a lista de controle antes da aeronave decolar, garante que não nenhum procedimento foi esquecido. Do mesmo modo, enquanto você passa pela estratégia de tomada de decisão, os passos se tornam sua "lista de controle" para resolver questões cruciais.

Durante o jejum de Paulo, escreva e reescreva a decisão que você precisa tomar. Não se satisfaça com apenas uma anotação do problema que enfrenta. Toda vez que você estuda os dados, suas ideias são esclarecidas. Cada vez que repassar sua estratégia de tomada de decisão, reescreva o problema ou a decisão que precisa tomar.

Registre por escrito os fatos que influenciam sua tomada de decisão e revise-os em oração. Ler todos os fatos registrados numa pasta vai ajudar, mas reescrevê-los numa folha de papel lhe dará melhor visão. Quando escreve os fatos, você representa concretamente a situação. Às vezes ajuda dividir a página no meio e relacionar de um lado as razões para o "sim" e do outro, as razões para o "não". Essa "escala" transfere o problema de sua mente para o papel que está diante de você para ser estudado objetivamente.

Registre por escrito todas as possíveis soluções antes de tentar tomar alguma decisão. A melhor decisão normalmente é aquela que apresenta várias decisões possíveis. Acrescente à lista até as decisões que tinha rejeitado anteriormente. Analise todas as possíveis decisões antes de tomar a decisão final.

Em seu momento mais difícil, espere a confiança interior. Pode não ser num sonho nem em visão, mas é em seu momento mais tenebroso que Deus lhe dará a confiança interior sobre o que você deve fazer. Talvez Ele a dê por meio de um telefonema, de uma carta ou pela abertura de uma porta de oportunidade. O servo do Senhor deve esperar como Eliézer, o servo de Abraão, que disse: *"Quanto a mim, o Senhor me conduziu na jornada"* (Gn 24.27). Se você se comprometer a ficar "no caminho", procurando verdadeiramente a vontade de Deus, Ele lhe proporcionará a confiança interior que o mundo jamais lhe dará. Você será *"guiado pelo Espírito de Deus"* (Rm 8.14).

Preparação para o jejum de Paulo

Finalidade: Meu jejum de Paulo é por sabedoria para tomar uma decisão.

Promessa: Vou regozijar-me no Senhor a fim de que meu desejo passe a ser o que Ele quer quanto a essa decisão (veja Salmo 37.4). Vou buscar primeiro o reino de Deus e a sua justiça em minha vida de modo que eu siga seus princípios quando analisar e tomar uma decisão (veja Mateus 6.33). Vou buscar o Senhor para obter a resposta divina a esse problema. Estou jejuando porque quero tomar a melhor decisão e ficar no centro da vontade de Deus (veja Romanos 12. 1, 2).

Base bíblica: "*Por três dias ele [Saulo] esteve cego, não comeu nem bebeu*" (At 9.9).

Promessa bíblica: "*Sua luz irromperá como a alvorada*" (Is 58.8).

Jejum: Vou abster-me de _____

Início: Dia e hora em que vou começar _____

Término: Dia e hora em que vou parar_____

Recursos necessários: _____

Com a força de Deus e a graça como base, comprometo-me ao jejum de Paulo para a glória de Deus.

Assinatura _____ Data _____

8

O jejum de Daniel

Em abril de 1985, o deão de alunos, Vernon Brewer, da Liberty University, recebeu o diagnóstico de que estava com câncer. Os médicos lhe deram pouco tempo de vida. Vernon Brewer era um deão muito estimado porque era justo no tratamento de problemas de disciplina. Sua vida engrandecia ao Senhor Jesus Cristo. A notícia desse câncer entristeceu todo o corpo de alunos.

Solicitou-se que os cinco mil alunos se juntassem em oração e jejum pela saúde do Deão Brewer. Eles tiveram alguns dias para se preparar para o jejum e para aprender o que o jejum realizaria. Depois, os alunos começaram uma vigília de vinte e quatro horas de oração na capela da faculdade. O salão da capela acomodava apenas duzentas pessoas sentadas, por isso os estudantes tiveram de se revezar em períodos de uma hora durante o dia e a noite. A capela estava sempre lotada. Por isso, as janelas ficavam abertas, para permitir que os alunos sentados na grama do jardim se juntassem em oração com os que estavam lá dentro.

O número dos que oravam nas horas escuras da madrugada era maior que o dos que oravam durante o dia, quando havia aulas. Os refeitórios e as lanchonetes da universidade foram fechados, exceto uma menor, que servia a cerca de cinquenta alunos diabéticos, que precisavam se alimentar e não podiam participar fisicamente do jejum. Mesmo assim, aqueles cujas condições exigiam que comessem, oraram tão atentamente quanto os que estavam jejuando.

Depois do jejum e da oração, realizaram-se três procedimentos médicos para salvar a vida do Deão Brewer. Primeiro, foi feita uma cirurgia que retirou uma massa cancerosa de 2,5 quilos do peito do deão. Em seguida, ele passou por radioterapia e quimioterapia. Agora, enquanto estou escrevendo essa história, dez anos depois, Vernon Brewer está vivo e tão saudável quanto estava antes de jejuarmos e orar. Ele dirige a Ajuda Mundial, uma organização missionária e humanitária. Toda vez que vejo Vernon Brewer, sei que Deus cura em resposta à oração e ao jejum.

Jejum, saúde e cura

Deu prometeu: *"O jejum que desejo não é este: [...] prontamente surgirá a sua cura"* (Is 58.6,8). Quando começamos a jejuar e a orar por saúde e cura física, temos de entender que é Deus quem cura. Seu nome Jeová Rafá significa: *"Eu sou o Senhor que os cura"* (Êx 15. 26 – grifo meu).

Começamos o jejum de Daniel por duas razões físicas: (1) como tratamento, quando estamos doentes e necessitamos de cura, ou (2) como prevenção, para não ficarmos doentes.

Cura preventiva

No contexto de Êxodo 15, o Senhor prometia cura preventiva. Ele prometeu sua divina proteção para impedir que seu povo ficasse doente, em vez de apenas uma cura "prescritiva" – remover uma doença deles. *"Se vocês derem atenção ao Senhor, o seu Deus, e fizerem o que ele aprova, se derem ouvidos aos seus mandamentos e obedecerem a todos os seus decretos não trarei sobre vocês nenhuma das doenças que eu trouxe sobre os egípcios"* (Êx 15.26).

A medicina preventiva é como a mãe que dá vitaminas aos filhos e os agasalha bem antes de mandá-los para a escola nos dias frios. A medicina curativa é como pôr os filhos de cama, para repousar, e dar-lhes remédio.

Um exemplo do poder de cura preventiva de Deus é a lei do Antigo Testamento que proíbe comer sangue e gordura animal (veja Levítico 3.17). Pesquisas médicas recentes mostram que doenças e bactérias residem principalmente no sangue e na gordura. Deus queria que seu povo usufruísse boa saúde.

Também sabemos que, apesar dos alimentos e das sobremesas cheias de açúcar e gordura darem prazer a nosso paladar, não são o melhor para nossa saúde. O jejum de Daniel exclui alimentos com muito açúcar e gorduras, como, por exemplo, salgadinhos e docinhos de festas e bufês e sobremesas.

Os que entram no jejum de Samuel comem apenas o necessário para (1) purificar o sistema digestivo, (2) o resto do corpo e (3) renovar o organismo.

Medida curativa

Deus prometeu que a cura prescritiva pode ser obtida com fé e oração: *"A oração feita com fé curará o doente; o Senhor o levantará"* (Tg 5.15). A fé e a oração devem andar juntas. A fé é um instrumento de cura quando se junta com a ferramenta da oração. Mesmo quando temos fé e oramos, ainda é Deus quem cura, ou mantém a saúde. O jejum de Daniel se apoia num alicerce de três plataformas: (1) fé, (2) oração e (3) jejum.

Kevin Romine, um aluno do Seminário Teológico Batista Liberty, inscreveu-se para meu curso "Fatores Espirituais do Crescimento da Igreja" no período de junho a setembro de 1994. Uma das tarefas é jejuar por um projeto e/ou um evento de fé. Kevin machucou as costas entregando pacotes no trabalho, emprego que tem para custear seu estudo no seminário. Não só ficou incapacitado, mas também com muita dor. Tinha de ficar sempre em pé durante minha aula por causa da dor nas costas.

Em fevereiro de 1995, Kevin montou uma barraca no quintal dos fundos de sua casa, no interior. Durante três dias ele jejuou, não ingerindo nem alimento nem água. Orou para libertar-se da dor e pela cura. Disse: "Abster-me de comida e líquidos não foi a parte mais difícil – mas estava muito frio na barraca!" No final do jejum de três dias, ele continuou com um jejum de vinte e um dias, tomando apenas líquidos e sucos de frutas.

"A dor sarou completamente!", contou-me três meses depois. "Mas eu não tentei levantar nenhuma caixa pesada, com medo de machucar de novo as costas". Esse aluno está ansioso por um trabalho cristão de período integral de evangelização.

Deus pode curar através do jejum

Deus criou em todo corpo físico a capacidade de auto curar-se. Teoricamente, os médicos, os procedimentos cirúrgicos ou os medicamentos não curam as pessoas. Estudando patologia, vemos que a doença e os micro-organismos causam enfermidade no corpo humano. Quando o médico, a cirurgia ou o medicamento remove a causa da doença, o próprio corpo se cura.

Deus deu a cada um de nós um corpo físico maravilhoso que Ele chama de "templo do Espírito Santo" (1 Co 6.19). Todo indivíduo normal nasce com mecanismos internos pelos quais o corpo se reproduz e se cura a si mesmo. Quando uma pessoa mantém uma dieta correta, no tempo correto, da maneira correta, essa pessoa terá um corpo saudável se não houver nenhum mal ou algum outro impedimento físico da saúde.

Uma dieta correta nos deixa mais saudáveis porque somos o que comemos. A Bíblia não é um livro de saúde nem de dieta, mas dá princípios que podem ajudar-nos a desfrutar boa saúde. Se comermos alimentos não-saudáveis ficaremos doente ou com mal-estar. Se tivermos uma alimentação correta, normalmente gozaremos de boa saúde.

Este livro não trata de dietas nem de nutrição correta, embora o jejum seja uma disciplina que melhora nossa saúde. Entre os benefícios do jejum estão eliminar as impurezas do organismo e dar descanso ao corpo físico a fim de que suas funções comecem a equilibrar-se sozinhas.

O jejum de Daniel pode ser preventivo (junto com o jejum de João Batista), protegendo-nos da doença. Ou pode ser curativo, pedindo a Deus que intervenha como o Médico dos médicos, se você já tiver uma doença. A promessa de Deus: *"Eu sou o SENHOR [Jeová Rafá] que os cura"* (Êx 15.26 – grifo meu), inclui tanto ações preventivas quanto curativas. Quando oramos por boa saúde, o jejum de Daniel permite que Deus restaure ou mantenha a saúde de nosso corpo.

Contexto histórico do jejum de Daniel

O hebreu Daniel foi levado ainda jovem para o cativeiro pelo exército babilônio e transportado para a cidade de Babilônia. Ele e seus três amigos de Judá estavam sendo formados para ser diplomatas e funcionários públicos a fim de servir ao governo da Babilônia. É possível que o plano do rei Nabucodonosor fosse que eles continuassem as políticas administrativas do reino babilônico para os judeus remanescentes.

O plano incluía dar aos quatro hebreus as mais finas iguarias e vinho da despensa do próprio rei (veja Daniel 15). Mas, por razões de que trataremos mais adiante, esse alimento não foi aceito pelos hebreus. Desse modo, Daniel propôs aos funcionários do rei que lhes fosse permitido "jejuar" (abster-se) da mesa suntuosa do rei e comer apenas vegetais e beber somente água (v. 12). Se, depois de dez dias, eles não estivessem com saúde melhor que os colegas babilônios, Daniel prometeu que poderiam ser tratados como os guardas babilônios quisessem. (O fato de terem recebido permissão para demonstrar a eficiência de sua dieta vegetariana indica o quanto eram importantes Daniel e seus três companheiros para o governo babilônio.)

No final do período de teste de dez dias, Daniel e seus colegas estavam mais saudáveis no corpo e na mente que os homens que receberam o alimento do palácio real (v. 19,20). Em consequência de sua fidelidade, Daniel viveu uma vida longa e útil. Capturado por Nabucodonosor ainda adolescente, ele viveu até o reinado do rei Círio da Pérsia, 73 anos depois. Ele tinha mais de noventa anos quando morreu.

Recomendações para o jejum de Daniel

A seguir alguns passos para jejuar por saúde preventiva e curativa extraídos do relato bíblico de Daniel.

Passo 1: Seja específico

Daniel não foi vago em sua objeção à dieta babilônica. Esclareceu o problema imediatamente e teve uma solução clara para sugerir aos servos do rei. Embora tenha sido um ato com implicações sociais e políticas que lhe podiam custar a vida, Daniel foi específico a respeito de seu plano.

Com tanta coisa em jogo, por que Daniel rejeitou as iguarias oferecidas pelo rei? Foram sugeridas três possibilidades: (1) a comida real era contrária às leis de dieta judaicas; (2) Daniel e seus três companheiros tinham feito voto de não ingerir álcool (vinho); e (3) a comida do rei era oferecida a ídolos (demônios) estrangeiros.

A razão precisa porque Daniel se recusou a comer o alimento do rei não é clara. Dois princípios, entretanto, são evidentes: (1) Daniel achou que seria uma prova religiosa de sua fé ("decidiu não se tornar impuro" [v.8]); (2) Daniel desejava ter um corpo físico forte para, com ele, servir ao Senhor.

Passo 2: Jejum como compromisso espiritual

O jejum de Daniel consiste em mais que apenas uma dieta de ajustamento ou de abstenção de alimento. As pessoas que têm problema de peso ou outros problemas físicos não vão conseguir êxito somente com uma solução física. O jejum de Daniel implica compromisso espiritual com Deus. *"Daniel, contudo, decidiu não se tornar impuro"* (Dn 1.8). Embora tenha feito acordo com seu supervisor, o processo todo começou com um compromisso espiritual com Deus. O jejum de Daniel requer uma equação espiritual, não simplesmente uma solução física.

Passo 3: Reflita o desejo interior na disciplina exterior

Muitas pessoas têm o desejo interior de ter melhor saúde, mas não conseguem disciplinar-se para evitar alimentos desnecessários e com excesso de açúcar e gordura, guloseimas e outros petiscos. Se você deseja ter um corpo forte, precisa fazer um compromisso sincero de disciplinar seu organismo. Deve dizer não a comidas inadequadas e sim aos alimentos saudáveis. Por causa de seu compromisso espiritual profundo, Daniel disse a seu supervisor: *"Peço-lhe que faça uma experiência com os seus servos durante dez dias: Não nos dê nada além de vegetais para comer e água para beber"* (Dn 1.12).

A saúde física que você procura em Deus pode ser mais que uma resposta à oração. Sua saúde física pode estar relacionada a algum dos fatores a seguir.

a. *Suas escolhas alimentares.* Quando você começa o jejum de Daniel, não apenas modifica sua dieta, mas também começa a orar pela sabedoria de Deus para fazer escolhas corretas de alimento em sua dieta, acrescentando alguns e excluindo outros. Depois de orar por sabedoria, comece a aprender sobre a dieta adequada lendo livros, ouvindo fitas e conversando com pessoas entendidas no assunto.

b. *O nível de seu compromisso espiritual refletido em constante oração durante o jejum.* Não basta passar sem alimento; é preciso orar durante seu jejum de Daniel para que Deus dê força a seu compromisso para permanecer nele.
Em caso de doença, você também deve orar para que Deus toque seu corpo com a cura e o livre da doença e que, fazendo uma alimentação adequada, você tenha condições de fortalecer seu corpo.

c. *Seu compromisso de tempo.* Garanta o cumprimento de seu jejum para a concretização de seu compromisso. Se fizer um compromisso de dez dias com Deus, tenha o cuidado de não desistir no nono dia. A título de exemplificação, suponha que você está com sinusite e que o médico lhe prescreva penicilina. Você começa a tomar o medicamento e em poucos dias começa a sentir-se melhor. É tentador parar de tomar o remédio nesse ponto, mas o médico lhe disse para continuar tomando a penicilina mesmo depois de começar a se sentir melhor porque a dose prescrita é necessária para debelar a infecção. Você não para de tomar o medicamento quando se sente melhor, mas quando a infecção é eliminada.

Isso também pode se dizer de uma dieta física. Imagine que você tenha feito um compromisso de dez dias com o jejum de Daniel e, depois de sete ou oito dias de uma dieta vegetariana, comece a se sentir melhor. Pensa: *Só um hambúrguer não vai fazer mal.* Mas há uma questão mais profunda aí: você fez um compromisso espiritual de dez dias com Deus, portanto, não viole seu jejum. Em todas as coisas: *"Nós somos cooperadores de Deus"* (1 Co 3.9). Quando você faz sua parte, mantendo-se firme no compromisso de jejuar, Deus faz a dele, dando força e saúde a seu corpo e sua alma.

d. *Seu compromisso de testemunho.* Seu jejum de Daniel é uma declaração de fé a Deus de que quer que Ele cure seu corpo. Também é uma declaração de fé para você mesmo e outras pessoas. O jejum de Daniel é uma declaração de um propósito específico. Jesus disse: *"Se vocês tiverem fé do tamanho de um grão de mostarda, poderão dizer a este monte [seu problema físico]: 'Vá daqui para lá'"* (Mt 17.20). Conservar sua fé é um testemunho para você mesmo e para os outros de que você confia em que Deus pode remover montanhas.

A fé é fundamental para o jejum de Daniel. Não menospreze o papel da fé na cura de seu corpo. Há um laço forte entre a saúde mental e a física. As pessoas que têm autoestima forte e se sentem bem consigo mesmas ajudam o corpo a aproveitar melhor o alimento, o que leva a uma saúde física melhor. A Bíblia reconhece esse laço entre a saúde mental e a saúde física quando diz: *"A alegria do coração transparece no rosto, mas o coração* angustiado oprime o espírito" (Pv 15.13). Tiago nos diz que *"a oração feita com fé curará o doente"* (Tg 5.15). E Deus nos diz para visitar o doente para incentivar a fé dele e seu crescimento espiritual. Portanto faça um compromisso duplo em seu jejum de Daniel por força física a fim de continuar o jejum até o fim de seu compromisso, e por fé e força e emocional para seu espírito.

Passo 4: Ore para compreender o papel do pecado na sua saúde debilitada

Quando meus filhos eram pequenos e ficavam gripados ou estavam com outra doença, minha esposa perguntava: "Por que eles estão doentes?" Eu lhe respondia brincando, mas com enormes implicações teológicas: "Pecado – o pecado os deixa doentes". Ela ria e dizia: "Não, não acho que seja isso". Claro que não achava. Ela queria saber a causa imediata para aplicar o remédio imediato. Contudo, do ponto de vista teológico, a doença entrou no mundo por causa do pecado de Adão e Eva contra Deus. Se nossos primeiros pais não tivessem pecado, nem eles nem nós teríamos os problemas físicos da doença, da dor e da morte.

O problema do pecado e da cura é tratado por Tiago em sua epístola. Embora nem sempre haja uma relação direta de causa e efeito entre o pecado e a doença, é muito provável que exista uma correlação. Não se fica doente imediatamente porque pecou, mas o oposto talvez seja verdadeiro: a vida piedosa constante normalmente produz saúde física constante. Claro que isso não é o principal motivo para o jejum de Daniel. Observe o que diz Tiago:

> *Entre vocês há alguém que está sofrendo? Que ele ore. Há alguém que se sente feliz? Que ele cante louvores. Entre vocês há alguém que está doente? Que ele mande chamar os presbíteros da igreja, para que estes orem sobre ele e o unjam com óleo, em nome do Senhor. A oração feita com fé curará o doente; o Senhor o levantará. E se houver cometido pecados, ele será perdoado. Portanto, confessem os seus pecados uns aos outros e orem uns pelos outros para serem curados. A oração de um justo é poderosa e eficaz* (Tg 5.13-16).

Observe as implicações reveladas nesta passagem:

- Às vezes o pecado tem relação com a causa da doença.
- A falta de saúde/cura pode ser consequência de rebeldia espiritual, isto é, adultério, mentira, blasfêmia, falta de perdão, amargura ou pecados semelhantes.
- A falta de saúde/cura pode ser a consequência do pecado de ingestão de coisas impróprias, como, por exemplo, álcool, drogas, cigarro ou outras substâncias destrutivas. Pode ser uma dieta errada, consistindo em alimentos gordurosos, tóxicos e não-saudáveis.
- O arrependimento está ligado à saúde na recomendação de Tiago de que os crentes devem chamar os presbíteros para tratar de seus pecados a fim de obter perdão e ser curados da causa da doença.
- Os presbíteros da igreja têm papel importante na cura tanto espiritual quanto física. Eles não somente têm fé para orar, mas também tratam dos pecados públicos da igreja. A doença com origem em pecado

pode ser evidenciada pela rebeldia espiritual pública, como adultério, mentira, blasfêmia ou outros pecados que podem causar tanto saúde precária quanto prejuízo para a reputação de todo o Corpo.
- Os doentes precisam querer melhorar. Por isso, a personalidade total deles – conhecimento, emoções e vontade – ficam envolvidas na cura. Eles estão exercendo fé, chamando os presbíteros e pedindo cura.
- A "unção com óleo" tem pelo menos três interpretações: (1) pode ser medicinal para a cura; (2) pode ser símbolo do Espírito Santo, que qualifica esse indivíduo para a cura; (3) pode ser óleo mesmo (como a água do batismo), que é apenas um símbolo externo do Espírito Santo de Deus que cura internamente.
- Orar sozinho talvez não cure o indivíduo. Na passagem de Tiago, vemos que a fé também concorre para a cura.
- Nem todas as doenças estão incluídas na declaração de Tiago. No versículo 15, a palavra "doente" deriva do grego *kamno*, que significa "estar esgotado, fraco, incapacitado ou ter um mal-estar generalizado". Tiago podia ter empregado a palavra *astheneo* (como fez no versículo 14), que quer dizer "doença, falta de força ou uma patologia". Ou podia ter empregado a palavra *sunecho*, traduzida por "afetado por doença, atormentado". Este versículo não se refere a patologias graves como, por exemplo, cegueira, paralisia nem nenhuma doença que tenha acometido um órgão ou membro.
- A atitude é importante para a cura. Tiago disse: *"Entre vocês há alguém que está sofrendo? Que ele ore. Há alguém que se sente feliz? Que ele cante louvores"* (v. 13). É evidente a associação que Tiago faz entre doença e disposição mental. Os que têm atitudes positivas com respeito à própria vida, ao próprio corpo e a Deus têm bases fortes para melhorar.

Passo 5: Jejue como uma declaração de fé aos outros

A maioria das pessoas define a fé nas palavras das Escrituras: *"Ora, a fé é a certeza daquilo que esperamos e a prova das coisas que não vemos"* (Hb 11.1). A fé também pode ser definida como "confirmar o que Deus diz em sua Palavra". Daniel estava fazendo uma declaração de fé quando pediu para comer apenas vegetais e beber apenas água e depois ousou pedir ao supervisor que comparasse a aparência dos quatro filhos de Israel com os jovens que comiam o alimento da corte (veja Daniel 1.13). A declaração de fé de

Daniel, portanto, não foi apenas um ato particular. Fé é agir com base na Palavra de Deus. Quando você modifica sua dieta por um objetivo bíblico para realizar a vontade de Deus, você está agindo com fé e expressando sua disposição para que isso seja um ato público.

Jesus reconheceu que alguns jejuns deviam ser particulares: *"Quando jejuarem, não mostrem uma aparência triste como os hipócritas, pois eles mudam a aparência do rosto a fim de que os outros vejam que eles estão jejuando"* (Mt 6.17). Há tempos em que você não diz a ninguém que está jejuando. Eventualmente eu era convidado para um almoço com outras pessoas quando estava fazendo jejum. Eram situações que eu não havia planejado e não podia cancelar. Por exemplo, recentemente o quadro pastoral de minha igreja foi convidado às 11:30h para um almoço naquele mesmo dia. Não fiz alarde de meu jejum, mas não disse nada. Quando o garçom me perguntou qual era meu pedido, simplesmente disse: "Quero apenas café". Por não ter chamado atenção para meu jejum, ninguém mais lhe deu importância. Meu jejum prosseguiu em segredo com Deus.

Há tempos em que jejuar é uma declaração de fé a outros cristãos e ao mundo. *"Tenho medo do rei, o meu senhor [...] E se ele os achar menos saudáveis?"* (Dn 1.10). Quando modificamos nossa dieta durante um longo período de tempo, os outros vão notar. É importante que tenhamos a atitude correta durante o jejum de Daniel e que não fiquemos hiper espiritual nem recluso.

Há algumas maneiras de envolver corretamente os outros no jejum de Daniel:

a. Mais de um podem concordar em jejuar juntos, o que propicia apoio e unidade.
b. Você pode anunciar a outros a finalidade do jejum.
c. No caso de pecado, você pode contá-lo aos envolvidos.
d. Você pode envolver líderes da igreja, como se orienta em Tiago 5.14.

Durante anos, eu não concordava imediatamente em jejuar quando as pessoas me pediam para jejuar com elas. Primeiro conversava com elas para verificar o grau de compromisso delas. Tenho medo de que algumas pessoas querem que me junte a elas no jejum porque confiam em minha "capacidade" de obter coisas de Deus, em vez da própria capacidade delas. Quero passar-lhes a bola. Depois que elas jejuam, quero perguntar-lhes o que aconteceu. Como oraram? O que Deus fez? Quando percebo o compromisso delas com a cura, então posso me juntar a elas.

Passo 6: Fique sabendo dos efeitos dos alimentos que você come

Durante o jejum de Daniel, você deve estudar a dieta e a nutrição corretas. Daniel tinha conhecimento do que devia comer para ser saudável, *"assim o encarregado tirou a comida especial e o vinho [...] e lhes dava vegetais"* (Dn 1.16).

A dieta adequada em geral permite que o indivíduo viva mais tempo. As pessoas que têm o organismo saudável normalmente são capazes de combater os micro-organismos e vencer a ameaça de doença. Contudo pessoas muito saudáveis contraem infecções por germes ou doenças apesar da boa dieta. Descubra o que esperar de uma boa nutrição com profissionais especializados.

Passo 7: Submeta todos os resultados a Deus

Quando Daniel jejuou, ele se submeteu às consequências de suas convicções. *"Trate os seus servos de acordo com o que você concluir"* (Dn 1.13). Veja abaixo um pequeno questionário:

a. Daniel disse: "Eu não vou comer, por isso você vai ter de me castigar/me matar"?
b. Daniel disse: "Se minha dieta não me deixar em condição melhor, eu vou comer a comida do rei"?
c. Daniel disse: "Minha dieta vai me deixar em condição melhor, por isso você vai decidir deixar-nos continuá-la"?

Na verdade, nenhuma das alternativas acima. A convicção de Daniel se baseava em sua fé e confiança em Deus. Por isso, submeteu-se a Deus e confiou a Ele as consequências.

Passo 8: Trabalhe com a hipótese de o jejum não dar certo

Você pode entrar no jejum de Daniel – por sua própria cura ou pela de outra pessoa – e você ou a outra pessoa não melhorar. Mesmo com oração, parece que a doença piora. Qual deve ser sua reação?

Primeiro, não termine seu jejum nem o encurte. Em geral, a febre piora antes de ceder, e a saúde voltar. Mantenha seu compromisso com Deus.

Segundo, entenda que algumas doenças estão tão avançadas que a cura não é possível.

Terceiro, lembre-se de que toda cura é sujeita à vontade de Deus. Ele pode ter em mente uma finalidade nessa doença que você não consegue enxergar. Não se esqueça de que Deus controla toda a nossa vida, ninguém morre prematuramente. Quando Deus de fato cura, é temporário, porque *"o homem está destinado a morrer"* (Hb 9. 27). Deus controla os ponteiros do relógio que determinam a morte de todas as pessoas. Algumas pessoas saudáveis morrem de acidente, enquanto algumas pessoas doentes sobrevivem durante anos.

O jejum de Daniel pode falhar por algumas razões:

a. A doença pôs em risco outros órgãos vitais/funções, e o corpo não consegue funcionar sem eles.
b. Você demorou demais para jejuar e orar por cura. Talvez você devesse ter jejuado mais cedo, mas não obedeceu a Deus. Por conseguinte, sua desobediência deixou que a doença progredisse a um ponto terminal, como o médico diz a um paciente: "Você devia ter-me consultado antes que seu câncer chegasse a esse estágio... agora é muito tarde". Devemos sempre estar prontamente disponíveis e obedientes a iniciar o jejum de Daniel quando Deus nos orientar.
c. Seu jejum e sua oração não foram sinceros. Deus não se comove com um arrependimento superficial nem com orações que não saem do fundo do coração. O arrependimento também é necessário. Quando oramos com pecado no coração, Deus não pode responder (veja Isaías 59.1). O pecado desconhecido em nossa vida prova que não temos passado tempo na presença de Deus para que Ele nos mostrasse nosso pecado. Consequentemente, nossas orações não fazem efeito.

Princípios práticos para lembrar

O jejum de Daniel leva à introspecção espiritual. Os resultados do jejum foram contínuos na vida de Daniel e de seus três companheiros. *"A esses quatro jovens, Deus deu sabedoria e inteligência"* (Dn 1.17). O conhecimento que Deus lhes deu foi evidentemente a recompensa do jejum deles. Abster-se de alimentos não nos deixa mais inteligentes. Deus dá sabedoria e conhecimento àqueles que têm autodisciplina para se abster de alimentos e passar tempo em oração, leitura de sua Palavra e buscando sua vontade.

Depois que Daniel e seus companheiros completaram o jejum, *"o rei conversou com eles, e não encontrou ninguém comparável a Daniel, Ananias, Misael e Azarias [os jovens que jejuaram]"* (v. 19). A esses homens cheios de autodeterminação, o rei *"fez perguntas sobre todos os assuntos que exigiam sabedoria e conhecimento, e descobriu que eram dez vezes mais sábios do que todos"* (v. 20).

O jejum de Daniel dura mais que um dia. Sua saúde debilitada/doença evoluiu durante um longo período, portanto, é provável que leve bastante tempo para sua dieta modificada produzir um estado de saúde renovado.

O jejum de Daniel inclui alimentos saudáveis. Devido ao fato de "o corpo curar-se a si próprio", você deve comer alimentos essenciais durante o jejum de Daniel para fortalecer o organismo de modo que se cure por si só.

O jejum de Daniel requer abstinência de "docinhos e salgadinhos de festas". Pode haver ocasiões para "curtir" umas guloseimas de festa, mas o jejum de Daniel é um retorno às necessidades nutricionais essenciais.

Preparação para o jejum de Daniel

Objetivo: O jejum de Daniel é para saúde e cura. Estou jejuando especificamente para _____

Voto: Creio que Deus me deu uma natureza física, mental e emocional para glorificá-lo com ela. Portanto renovo minha promessa de honrá-lo em todos os setores de minha vida (veja 1 Coríntios 10.31). Creio que a doença é consequência do pecado de nossos primeiros pais e renovo minha fé na purificação diária disponível no sangue de Cristo (veja 1 João 1.7). Creio em Jeová Rafá, e que seguir seus princípios me dará saúde e que Ele pode curar minha enfermidade. Portanto comprometo-me com a cura/saúde divina e vou jejuar e orar por isso.

Base bíblica: "O jejum que desejo não é este [...] prontamente surgirá a sua cura" (Is 58.6, 8).

Promessa bíblica: "A oração da fé salvará o doente, e o Senhor o levantará" (Tg 5.15).

Jejum: Vou abster-me de _____

Início: Dia e hora em que vou começar _____

Término: Dia e hora em que vou parar_____

Recursos necessários: _____

Sendo Deus a minha força, e a graça a minha base, comprometo-me com o jejum de Daniel para a glória de Deus.

Assinatura _____ Data _____

9

O jejum de João Batista

UMA MULHER QUE FREQUENTAVA UMA igreja cristã espalhou mentiras a respeito do ministério pastoral e da integridade da igreja. O conselho da igreja não cedeu às suas exigências, mas jejuou uma semana pelo testemunho da igreja e do pastor. Quando a mulher ameaçou processar a igreja pelos supostos danos, e a ameaça de processo foi publicada no jornal local, o conselho da igreja achou que seus piores temores se haviam concretizado e que Deus não honrara o jejum dos membros.

Depois o conselho recebeu cartas de duas outras igrejas dizendo que a mulher também havia "aprontado as mesmas besteiras" nessas igrejas. Infelizmente eles cederam a suas exigências e lhe pagaram. Os jornais publicaram as cartas, e o advogado que prometera processar a igreja mudou de ideia e se recusou a representar a mulher. Ele sugeriu que a igreja fizesse uma queixa legal contra ela, mas a igreja não podia se envolver. O conselho da igreja não a processou, mas jejuou e orou pela cura espiritual da mulher.

Estender nosso testemunho

Os cristãos receberam a ordem de testemunhar para os outros: *"Vocês são a luz do mundo"* (Mt 5.14). O jejum de João Batista é uma ferramenta para os crentes usarem para estender sua luz. Como no caso do conselho de igreja temente a Deus que acabei de mencionar, esse jejum é um meio importante de estender o testemunho fiel mesmo em circunstâncias ruins.

Os cristãos têm uma obrigação dupla: (1) viver de maneira piedosa e (2) estender ativamente sua influência aos outros para a glória de Deus. *"Assim brilhe a luz de vocês diante dos homens, para que vejam as suas boas obras e glorifiquem ao Pai de vocês, que está nos céus"* (v. 16).

Às vezes, entretanto, os incrédulos não são atraídos para nossa vida piedosa. Porque não participamos de seus pecados, eles nos criticam. Pior, nossa vida piedosa os convence de sua própria pecaminosidade, por isso nos atacam. Quando procuramos influenciá-los de maneira positiva, somos perseguidos para "o bem da justiça".

Pedro descreve tanto o problema quanto a solução: *"Contudo, façam isso com mansidão e respeito, conservando boa consciência, de forma que os que falam maldosamente contra o bom procedimento de vocês, porque estão em Cristo, fiquem envergonhados de suas calúnias"* (1 Pe 3.16).

Um exemplo relevante

Um professor de escola pública tentou viver para Cristo em sua sala de aula e entre o pessoal da escola. Entretanto foi criticado pelo diretor de pessoal por ser "muito certinho" porque não fazia concessões nem frequentava a *happy hour* com o resto dos colegas. O professor era extremamente consciencioso, investia tempo a mais com os alunos e caminhava a segunda milha na preparação das aulas. Finalmente, numa reunião do corpo docente em que houve um desacordo quanto ao programa de ação, o diretor de pessoal disse ao professor cristão:

"Vou demiti-lo... Não vou sossegar enquanto você não sair daqui".

Na sexta-feira daquela semana, o professor cristão jejuou e orou pelo diretor de pessoal. Não orou por vingança contra um "inimigo", pelo contrário, orou de acordo com as palavras de Jesus: *"Abençoem os que os amaldiçoam, orem por aqueles que os maltratam"* (Lc 6.28). Ele orou pela salvação do diretor de pessoal e por êxito nas relações no emprego e na família. O cristão jejuou para abençoar seu inimigo, não meramente para "amontoar brasas vivas sobre a cabeça dele" (veja Romanos 12.20).

Nessa mesma sexta-feira, o dia em que o professor cristão estava jejuando em oração, o diretor de pessoal foi pego violando as regras do distrito. Os seguranças o escoltaram para fora do prédio, e foram trocadas as fechaduras das portas. No fim, o cristão que jejuou foi nomeado "o Professor do Ano".

Estender a nossa "justiça"

O jejum de João Batista é para aqueles que querem ser boa influência, ou para os que não tiveram bom testemunho, mas querem ser influentes para Deus. Isaías garantiu que *"O jejum que desejo não é este [...] [que] a sua retidão irá adiante de você"* (Is 58.8).

Isso significa que a "justiça" (retidão) do crente, ou testemunho, se estenderá além de suas limitações físicas. O jejum de João Batista nos capacita a pedir que Deus alcance aqueles que nos conhecem a fim de que nossa "justiça" tenha maior influência.

Estender o que não temos

Cabe aqui uma explicação sobre nossa "justiça". Num sentido, não podemos falar de nossa própria justiça porque a Bíblia diz: *"Não há nenhum justo"* (Rm 3.10). Antes de sermos salvos, somos pecadores, *"pois todos pecaram e estão destituídos da glória de Deus"* (3.23). Isso não quer dizer que todos nós cometemos todos os pecados possíveis, ou os mesmos pecados, nem que ninguém faça boas obras. Significa que, mesmo que nossas obras sejam "boas" aos olhos dos outros, elas não são suficientemente boas para nos levar para o céu (veja Efésios 2.8,9). Isso porque *"ninguém será declarado justo diante dele [de Deus] baseando-se na obediência à Lei"* (Rm 3.20).

Ninguém pode saltar para uma ilha localizada a cento e onze quilômetros da costa. Uma criancinha pode conseguir saltar uns trinta centímetros, um campeão olímpico pode saltar 6,5 metros; mas nenhum deles tem condições de saltar sessenta quilômetros. Do mesmo modo, há pessoas "boas" aos olhos seus amigos. Elas contribuem para associações de caridade, treinam times de futebol e doam parte de seu tempo como voluntárias em hospitais da cidade. Esses indivíduos dão contribuições positivas para a sociedade. Não são ladrões, estupradores nem criminosos. Portanto a sociedade acha que são "bons" em comparação com os que não contribuem com nada. Mas comparadas com os padrões de Deus, *"não há nenhum justo, nem um sequer"* (Rm 3.10).

Recebemos a justiça de Deus

Quando chegamos a Jesus Cristo, recebemos uma bênção dupla. Primeiro, nossos pecados são perdoados; segundo, a justiça de Jesus Cristo nos é dada. *"O sangue de Jesus Cristo, seu Filho, nos purifica de todo pecado"* (1 Jo 1.7). Todos os nossos pecados são apagados do livro de Deus. Em vez disso, a justiça de Jesus Cristo entra em nossos registros, *"para que nele nos tornássemos justiça de Deus"* (2 Co 5.21).

Isso significa que tudo o que Cristo fez de certo entrou a nosso favor nos registros de Deus. Agora temos "justiça" não em nós mesmos, mas as ações "corretas" de Deus são acrescentadas em nossa conta. Somos salvos para obedecer a Jesus Cristo e para praticar boas obras. Essas obras são comparadas ao linho fino do vestido da noiva de Cristo, que *"são os atos justos dos santos"* (Ap 19.8).

Jejuar para vencer a crítica

Use o jejum de João Batista para vencer a crítica das pessoas que não entendem as boas coisas que você faz. Vou dar um exemplo. Suponha que você não vá beber com seus colegas depois do trabalho. Eles o criticam e fazem comentários que prejudicam o seu progresso no emprego. Ou você perde uma conta ou uma venda porque não ri mais das histórias sujas do potencial cliente. Ou quando você e seus colegas de trabalho são enviados a um seminário fora da cidade, você se recusa a assistir a filmes pornográficos e não é considerado "do grupo".

O jejum de João Batista pode anular as atitudes das pessoas cegas para a contribuição construtiva de seu viver puro e torná-lo mais influente.

Fatos para levar em conta sobre o jejum

Como os outros jejuns descritos neste livro, o jejum de João Batista deve ser praticado com uma atitude realista.

Jejuar é sacrifício

Durante o jejum você paga um preço, abrindo mão de necessidades da vida, bem como de iguarias. A alma do jejum é o sacrifício.

Nas Escrituras, o jejum é associado a "humilhar-se" (veja Isaías 58.5). Observamos anteriormente que a prática do jejum provém do abatimento ou de um desespero profundo. Era consequência de um abalo emocional. Em desespero e tristeza, um indivíduo clamava a Deus por uma resposta. Com o tempo, as pessoas inverteram a causa e o efeito. A causa original (tristeza profunda) levava as pessoas ao efeito (não comer). Mais tarde, quando as pessoas necessitavam de respostas de Deus, retornavam ao efeito (não comer) para afligir e humilhar a alma a ponto de orar de todo o coração (causa).

Nem sempre o jejum "funciona"

Algumas pessoas jejuam sem resultados aparentes ou imediatos. Deus sabia de antemão as questões que surgiriam disso: *"Por que jejuamos', dizem, "e não o viste? Por que nos humilhamos, e não reparaste?"* (Is 58.3). Nos dias de Isaías, as pessoas não se entristeciam com o pecado e a injustiça quando jejuavam, por isso seu jejum era ineficaz. A reação de Davi à oração não respondida foi humilhar-se (veja Salmo 35.13). Davi disse que quando orasse sem resultados, ele tinha de se humilhar com jejum para tornar suas orações eficazes.

Demonstrar um grande testemunho

Todo cristão deve procurar demonstrar um testemunho eficaz a seus amigos e parentes. Como vemos em 1 Pedro 3.16, temos a obrigação de dar bom testemunho. Queremos ter uma influência piedosa sobre os outros.

Ninguém deu testemunho mais eficaz que João Batista. Não na opinião do povo, mas na observação do Senhor Jesus Cristo.

A maior influência: Jesus disse: "Entre os nascidos de mulher não surgiu ninguém maior do que João Batista" (Mt 11.11). Não há registro de nenhum pecado de João Batista. Ao que parece, ele fazia a vontade de Deus continuamente. Ele testemunhou a sua geração de que Jesus era o Cristo (veja Jo 1.17). Nós também podemos ser grandes testemunhas seguindo o exemplo de João Batista de jejuar "com frequência" (veja Mt 9.14) e observando uma dieta especial (não beber *vinho nem bebida fermentada* – Lc 1.15).

Sua dieta de nazireu: Antes de João Batista nascer, seu pai, Zacarias, foi informado de que seu filho seguiria o voto de nazireado. "Pois será grande aos olhos do Senhor. Ele nunca tomará vinho nem bebida fermentada" (Lc 1.15). Esta era uma das exigências do voto de nazireado, que tem esse nome derivado da palavra hebraica que significa "devotado" ou "dedicado". Outro requisito era que o indivíduo não cortasse os cabelos. Logo, o voto de João deve tê-lo deixado diferente da maioria das pessoas que se viam pelas ruas. Quando o povo via seus longos cabelos, o identificava como um nazireu – um homem dedicado ou consagrado. Ele devia ser considerado influente diante de Deus e dos homens. *João Batista era cheio do Espírito*. João não apenas dava testemunho exterior, com os longos cabelos, mas também tinha um poder interior que tocava as pessoas. Foi prometido a Zacarias, pai de João, antes do nascimento do menino, que este seria "cheio do Espírito Santo desde antes do seu nascimento" (Lc 1.15).

As pessoas que começarem o Jejum de João Batista não ficaram cheias do Espírito Santo automaticamente fazendo o jejum. O "preenchimento do Espírito" significa que o Espírito Santo controla sua vida. Para ser cheio do Espírito, você deve seguir a instrução de Deus: "Não se embriaguem com vinho [...] mas deixem-se encher pelo Espírito" (Ef 5.18).

Como ficar cheio do espírito

- Esvazie-se do pecado em sua vida.
- Renda-se a Deus.
- Peça ao Espírito que entre em sua vida.
- Tenha fé que Ele virá.
- Obedeça à Palavra de Deus.
- Ande continuamente pelo Espírito.
- Deixo o Espírito capacitá-lo continuamente.

Os efeitos evangelísticos do testemunho de João. Zacarias foi informado de que seu filho seria diferente das outras crianças e que seria cheio do Espírito. Isso resultaria no êxito evangelístico de João e na sua poderosa influência sobre sua geração:

"Fará retornar muitos dentre o povo de Israel ao Senhor, o seu Deus. E irá adiante do Senhor, no espírito e no poder de Elias, para fazer voltar o coração dos pais a seus filhos e os desobedientes à sabedoria dos justos, para deixar um povo preparado para o Senhor" (Lc 1.16, 17).

Demonstre sua influência. Embora o testemunho de João Batista tenha sido o maior visto em sua época, sua influência não era para fins egoístas ou autopromocionais. Não devemos entrar no Jejum de João Batista por razões voltadas para nós mesmos. Devemos influenciar os outros, mas precisamos perceber nosso pecado, negligência e falhas. Quando reconhecemos nossa nulidade aos olhos de Deus, então Ele pode nos usar.

Entender que somos "os menores no reino" estabelece os fundamentos para sermos influência maior que a de João Batista: *"O menor no Reino dos céus é maior do que ele* [João Batista]" (Mt 11.11).

Jesus disse: *"Bem-aventurados os que têm fome e sede de justiça, pois serão satisfeitos"* (Mt 5.6). Ele não estava referindo-se ao jejum físico, mas à fome e à sede espirituais. Privarmo-nos de alimento e bebidas durante um tempo, entretanto, pode moldar nosso apetite espiritual, e nos levar mais perto de compreender a promessa de Jesus: "Pois serão satisfeitos".

Recomendações para o jejum de João Batista

Passo 1: Junte sua dieta/jejum a seu desejo de influenciar

Comece o Jejum de João Batista sabendo o tipo de influência que você quer ser. Lembre-se, não há somente influências positivas e negativas, mas também graus de influência. Numa escala de 1 a 10, Filipe pode ser 7, Carla, apenas 2. Muito da diferença entre as várias influências depende de vontade.

Foi predito acerca de João Batista: "será grande aos olhos do Senhor. Ele nunca tomará vinho nem bebida fermentada" (Lc 1.15). Embora o anjo tenha dito ao pai de João, Zacarias, que João tinha de aceitar o voto de nazireado, essa decisão tinha de ser desejada e confirmada por João Batista. Há poder nesse tipo de decisão – uma decisão que controla nossa vida. Deve-se tomar a decisão de servir a Deus, em seguida, pôr em prática diariamente essa decisão.

Também há poder numa vida separada. Alguns querem imitar os amigos no modo de vestir, nas músicas que ouvem e nos entretenimentos para evitar ser vistos como excêntricos ou "fanáticos espirituais". O mundo segue a onda de um modo de vida hedonista, desejando ócio, satisfação das concupiscências, homossexualismo e cultivando rebeldia contra Deus. Do mesmo modo que os hippies (a geração *flower power*) nos anos 1960 iniciaram o movimento de contracultura para transmitir seus valores e estilo de vida, também os cristãos de hoje terão de demonstrar uma contracultura piedosa.

Passo 2: Registre por escrito o testemunho que você deseja

Quando começar o Jejum de João Batista, anote especificamente o que você quer realizar. Determine (a) os setores em que quer influenciar os outros; (b) as pessoas que quer influenciar; (c) os acontecimentos que quer influenciar; (d) o lugar onde quer demonstrar seu testemunho.

João Batista teve uma missão singular na vida. "Surgiu um homem enviado por Deus, chamado João. Ele veio como testemunha, para testificar acerca da luz" (Jo 1.6, 7). A finalidade do testemunho de João era ser a luz para Jesus Cristo. Qual o propósito de sua vida? Deus tem um propósito singular para você realizar. Por que você veio a este mundo?

Passo 3: Decida ser uma "pessoa devotada"

João Batista foi dedicado nazireu desde o nascimento. A palavra "nazireu" deriva de *nadar*, "devotar". Portanto, nazireu era "uma pessoa devotada". É uma pessoa que decidiu servir a Deus e refletir sua decisão nos alimentos que ingere, nas roupas que usa e no comprimento dos cabelos.

O voto de nazireado podia ser tanto temporário (normalmente trinta dias) quanto permanente. Normalmente o voto se inicia por causa de estresse ou problemas. No caso de João Batista, a nação de Israel estava sob o domínio de Roma, cega pelo legalismo, e com problemas espirituais. Por causa desses problemas, Deus chamou João para um voto de nazireado vitalício para influenciar uma nação inteira.

Os nazireus não eram celibatários, nem viviam vida monástica (i.e., separados das pessoas). Viviam entre as pessoas, mas adotavam padrões diferentes:

> *Se um homem ou uma mulher fizer um voto especial, um voto de separação para o Senhor como nazireu, terá que se abster de vinho e de outras bebidas fermentadas e não poderá beber vinagre feito de vinho ou de outra bebida fermentada. Não poderá beber suco de uva nem comer uvas nem passas. Enquanto for nazireu, não poderá comer nada que venha da videira, nem mesmo as sementes ou as cascas. Durante todo o período de seu voto de separação, nenhuma lâmina será usada em sua cabeça [...] não poderá aproximar-se de um cadáver. Mesmo que o seu próprio pai ou mãe ou irmã ou irmão morra, ele não poderá tornar-se impuro por causa deles, pois traz sobre a cabeça o símbolo de sua separação para Deus. Durante todo o período de sua separação, estará consagrado ao Senhor* (Nm 6.2-8).

Do mesmo modo, quando nos submetemos ao jejum de João Batista, estabelecemos uma dieta diferente enquanto vivemos. "Fazemos um voto" a Deus, e demonstramos esse voto sendo diferente. Fazemos uma dieta diferente e vivemos diferentemente porque esperamos uma influência da nossa vida diferente da que as pessoas do mundo esperam da vida delas.

Passo 4: Submeta todo o seu modo de vida a Cristo

Para ser uma influência para Deus, submeta toda a sua vida à conformidade de Jesus Cristo. O êxito do jejum de João Batista começa com o arrependimento – abandono sincero do pecado. Lembre-se do problema de Israel: *"'Por que jejuamos', dizem, 'e não o viste? Por que nos humilhamos, e não reparaste?'"* (Is 58.3). A resposta é que o resultado do jejum é determinado por mais que a abstinência física de alimento. Deve haver uma reação do coração a Deus, e temos de comprometer toda a nossa vida para ser uma testemunha de Jesus Cristo.

Roupas. A forma com que nos vestimos deve dar honra a Jesus Cristo. *"As roupas de João eram feitas de pelos de camelo"* (Mt 3.4). Alguns acreditam que era *pele* de camelo, mas os camponeses usavam roupa tecida com pelos de camelo, e pode ser esse o tipo de roupa usada por João.

Não precisamos usar roupas de camponeses para ser eficazes hoje em dia. Durante o jejum de João Batista, nos vestimos como as demais pessoas, a menos que as roupas delas sejam imorais ou transmitam mensagens impróprias. Devemos desejar que o modo com que nos vestimos ostente um testemunho da semelhança de Cristo. Devemos usar roupas decentes para evitar transmitir mensagens erradas acerca de nosso corpo e nossos desejos. Os cristãos não devem chamar atenção indevida para si mesmos com as roupas que usam. Devem evitar modas de mau gosto. Quando minhas filhas estavam crescendo, surgiram questões sobre usar modas do mundo, como, por exemplo, o cumprimento das saias e o tipo de bijuterias ou joias. Desde cedo, ensinei a meus filhos um princípio que era sempre repetido em nossa casa.

> Não seja o primeiro a ser o "piloto de prova" do novo; não seja o último a abandonar o velho.

Nosso vestuário não deve ser tão fora de moda que chamemos atenção pela extravagância. Tampouco devemos usar a última moda antes de ela ser aceita pela sociedade.

Há dois fatores a considerar sobre a indumentária. (1) Não ofender nossa consciência pessoal. *"Quem sabe que deve fazer o bem e não o faz, comete pecado"* (Tg 4.17). (2) Não ofenda a "consciência do corpo" (isto é, a consciência da comunidade cristã ou da igreja local). Se pretendemos estender nosso testemunho cristão, devemos viver de acordo com o que a comunidade cristã espera de nós.

Alimentação. O voto de nazireu proibia beber bebidas fermentadas e do fruto da videira. A Bíblia informa o que João comia: *"O seu alimento era gafanhotos e mel silvestre"* (Mt 3.4). Alguns mestres alegaram que a palavra "locusta" (nome científico do gafanhoto, empregado na versão King James da Bíblia – *locust*) é uma alteração da expressão original *lotus plant*, o que significaria que João Batista era vegetariano. Mas não há nenhuma base bíblica que sustente essa interpretação. A locusta (gafanhoto) era simplesmente um inseto considerado alimento "puro" na lei dietética judaica, e era aprovado especificamente para comer (veja Levítico 11.22).

Numa das ilhas da Coreia do Sul, uma aldeia de idosos se orgulha de que algumas mulheres da comunidade vivem até os duzentos anos de idade comendo gafanhotos e mel. Eles moem os gafanhotos e misturam essa farinha com mel e vendem a misturas em garrafas para os turistas. A validade da alegação deles não foi verificada, mas há muitos idosos no local, e o que eles vendem é o mesmo que João Batista comia.

As pessoas que seguem o jejum de João Batista podem se abster de certos alimentos, habitualmente pelo resto da vida. Também conservam o estilo de vida diferenciado por toda a vida.

Nenhuma bebida fermentada. Quem participa do jejum de João Batista se afasta das bebidas fermentadas. O jejum de João Batista requer uma firme declaração de abstenção de álcool de qualquer tipo. Isso não diz nada a respeito dos efeitos nocivos do álcool no organismo, mas diz tudo sobre o testemunho do crente – principalmente aos filhos pequenos, ao seu cônjuge, à comunidade cristã e ao mundo.

Habitação. João não morava numa casa como as pessoas comuns. A Bíblia indica "o deserto" como o lugar em que a Palavra de Deus veio a João (veja Lucas 3.2). Não temos informação do tipo de casa em que ele morava, se uma caverna, um abrigo construído ou se era ao ar-livre. As Escrituras apenas informam que João não morava na cidade com as pessoas. Alguns nazireus moravam entre as pessoas, mas João Batista separou-se das pessoas. É possível ter uma vida normal e ir para o trabalho durante o jejum de João Batista. Entretanto, quando você orar, deve procurar um lugar tranquilo para passar um tempo a sós com Deus, como João Batista fazia.

Passo 5: Determine se seu jejum vai ser um único evento ou um processo

Alguns jejuns são feitos por causa de uma situação de crise (o jejum do discípulo) e outros são extensos (o jejum de Daniel), mas o jejum de João Batista pode ser os dois, porque nosso testemunho tem influência constante.

Jejum-evento. Embora João Batista tenha mantido sua dieta estrita durante toda a vida, havia tempos em que ele praticava um jejum eventual. Ele e seus discípulos jejuavam "frequentemente" (veja Mateus 9.14). Isso queria dizer que em certas ocasiões eles jejuavam por um propósito específico. Da mesma forma, devemos entrar no jejum de João Batista em certas ocasiões por causa de nosso testemunho/influência.

Dieta-processo. O jejum de João Batista pode requerer uma dieta de ajustamento pela vida inteira como um processo contínuo, o que resulta em testemunho mais forte para nós mesmos, Deus, os outros cristãos e o mundo. Do mesmo jeito que um nazireu podia alterar seu testemunho tanto por trinta dias quanto pela vida inteira, você também pode precisar alterar sua dieta como um processo permanente.

Passo 6: Ajuste a duração do jejum ao problema

O ato de separar-se com propósitos espirituais pode ser uma prática da vida inteira, dependendo da natureza do testemunho pelo qual se jejua. Os alcoólatras que procuram os Alcoólicos Anônimos fazem um compromisso pela vida inteira de jamais voltar a beber. Eles reconhecem que dentro de seu corpo espreita um alcoólatra que, se ingerir um gole, não vai parar mais de beber. Portanto fazem promessas para a vida toda de nunca mais ingerir bebida alcoólica.

Todos nós somos suscetíveis à ameaça do câncer do vício. Quando tomamos analgésicos, submetemo-nos à possibilidade de virar viciados nessa droga. Se tomarmos drogas sem conhecimento ou por ingenuidade, poderemos transformar-nos em escravos delas. A questão é que o jejum de João Batista deve alertar-nos para o risco constante de cair em hábitos que prejudicam nossa influência.

Antes de entrar no jejum de João Batista:

- Registre por escrito suas alterações de dieta.
- Determine a duração de seu jejum.
- Registre por escrito a finalidade (quanto mais preciso for seu objetivo, melhor você poderá enfrentar uma oração não-respondida).
- Faça um voto e assine-o. (Veja o formulário no final deste capítulo.)

Passo 7: Jejum de curto prazo por seu testemunho

Quando um problema relativo à nossa influência cristã nos perturba, devemos jejuar imediata e especificamente por esse problema. Às vezes ele não é claro e ficamos confusos, como quando um amigo de repente nos parece distante ou estranho. Essa é a razão principal para entrarmos no jejum de João Batista. Começamos a orar (1) por discernimento para entender o problema, (2) orar por uma estratégia para resolver o problema, (3) orar por força para lidar com a questão e (4) orar para que Deus opere providencialmente nos bastidores para restaurar nossa influência.

Esteja alerta para os quatro desejos essenciais do ego ou da personalidade. Embora esses desejos pareçam naturais, também podem partir de um coração egoísta que entroniza o ego. Esses desejos nos levam ao jejum de João Batista.

- *Proteger-me.* Sentimo-nos ameaçados de perder as necessidades básicas.
- *Exaltar-me.* Sentimo-nos perturbados ou achamos que os outros nos menosprezam.
- *Aceitar-me.* Ficamos alienados do grupo.
- *Respeitar-me.* Sentimo-nos ameaçados por causa das críticas ou dos ataques diretos.

Quando sentimos que o nosso equilíbrio emocional ou a nossa autoestima estão ameaçados, devemos entrar no jejum de João Batista para fortalecer nosso testemunho e nossa influência sobre os outros.

Passo 8: Conheça a natureza de um testemunho centrado em Cristo

Se você não está ciente de como ser uma boa testemunha cristã, leia obras cristãos e ouça fitas instrutivas que o ajudem a aprender durante seu jejum. Tenha em mente os seguintes fatores.

Reconheça suas limitações. Referindo-se a Jesus, João Batista confessou: *"Eu não o teria reconhecido, se aquele [Deus] que me enviou para batizar com água não me tivesse dito"* (Jo 1.33). Os discípulos de João lhe disseram: *"Todos estão se dirigindo a ele"* (Jo 3.26). Você quer ter um testemunho eficaz, mas além de sua influência lembre-se do princípio mais importante: *"É necessário que ele cresça e que eu diminua"* (Jo 3.30). Isso significa que você não está jejuando para proteger seu ego, mas para exaltar a Jesus Cristo.

Reconheça sua insignificância. João não deixava as pessoas exaltá-lo, nem mesmo a seus discípulos. Ele disse às autoridades religiosas de Jerusalém: *"Eu não sou digno"* (1.27).

Avalie seus desejos. Durante o jejum de João Batista, devemos procurar descobrir os desejos egoístas escondidos. João Batista disse que lhe bastava dar testemunho de Cristo – *"Esta é a minha alegria, que agora se completa"* (3.29). Isso acontece quando Cristo é exaltado.

Princípios práticos para lembrar

Determine limites de tempo para seu jejum/dieta de curto e de longo prazo. Quando estiver pronto para jejuar, faça desses limites a causa de sua oração e anote por escrito a duração antes de começar a dieta/jejum.

Determine as modificações de dieta antes de começar. Registre por escrito o que vai comer e o que vai deixar de comer antes de começar o jejum. Quando fizer isso, pergunte-se:

- Isso é saudável para mim?
- Isso vai me prejudicar?
- Seria testemunho se os outros soubessem o que eu estava fazendo?
- É mero legalismo? (Procurar agradar a Deus com obras da carne.)
- Por que estou me abstendo desse alimento/líquido?

Determine os objetivos de testemunho antes de começar. É bom escrever a finalidade de seu jejum antes de começar. A Bíblia nos diz: *"Não têm, porque não pedem"* (Tg 4.2). Em geral, quando escrevemos nossas petições, inesperadamente vemos nosso ego nos observando do papel. O processo de escrita de nossos objetivos esclarece nossa petição e seu motivo.

Determine a sinceridade da decisão de seu voto antes de começar. Testamos nossa sinceridade à luz dos padrões de Deus – a Palavra de Deus em Jesus Cristo. A sinceridade de João Batista era inquestionável, pois falou de Jesus como "aquele que vem depois de mim, e não sou digno de desamarrar as correias das suas sandálias" (Jo 1.27). Além disso, João estava disposto a pagar por seu testemunho com a vida, que lhe foi tirada pelo rei Herodes (veja 14.1-12). (Embora alguns possam achar que isso mostra que o jejum de João Batista não teve sucesso, a morte de João apenas ampliou o testemunho dele!).

A questão é que não podemos entrar no jejum de João Batista por razões egoístas e de autoproteção. Precisamos ter a certeza de que nossa única motivação para estender nossa influência para o bem é garantir que em todas as coisas Jesus Cristo seja honrado.

Lembre-se, temos o direito e a obrigação de comer. Paulo fez a seguinte pergunta retórica: *"Não temos nós o direito de comer e beber?"* (1 Co 9.4). Em seguida, ele responde: *"Assim, quer vocês comam, bebam ou façam qualquer outra coisa, façam tudo para a glória de Deus"* (10.31).

Preparação para o jejum de João Batista

Objetivo: Expandir e aumentar meu testemunho para Jesus Cristo com o jejum de João Batista pelo testemunho e a influência.

Voto: Vou me abster de álcool, cigarro, drogas e de qualquer influência que destrua meu testemunho, porque desejo que Cristo seja engrandecido em meu corpo (veja Filipenses 1.20,21). Vou ser sexualmente puro para o meu companheiro da vida inteira, porque quero que meu corpo seja o templo do Espírito Santo (veja 1 Coríntios 6.19). Vou manter meu corpo em sujeição para que minha vida comunique Cristo aos outros (veja 1 Coríntios 9.27).

Sacrifício: De que vou abster-me pelo resto da vida _____

_____

Jejum: O que vou deixar de comer e beber_____

Início: Dia e hora em que vou começar _____

Término: Dia e hora em que vou parar_____

Base bíblica: "Assim brilhe a luz de vocês diante dos homens, para que vejam as suas boas obras e glorifiquem ao Pai de vocês, que está nos céus" (Mt 5.16).

Recursos necessários:_____

Sendo Deus minha força, e a graça, minha base, comprometo-me com o jejum de João Batista para a glória de Deus.

Assinatura _____ Data _____

10

O jejum de Ester

MEU AMIGO JERRY FALWELL recebeu várias ameaças de morte dos que se opunham à sua liderança do movimento *Moral Majority* (Moralistas de direita).

Estive com Jerry em 1982, quando ele visitou a Austrália. Mais de mil oponentes do Moral Majority atacaram o edifício do congresso nacional, em Canberra, a capital. Os noticiários da noite relataram as ações dos manifestantes como uma "desgraça nacional". O parlamento nunca fora ameaçado.

No domingo seguinte à tarde, uma multidão apareceu no Centro Cívico de Sidney para protestar contra a presença de Falwell. Havia no local apenas alguns patrulheiros uniformizados para manter a multidão atrás das barricadas da polícia. Quando vi, umas mil pessoas atravessaram as barricadas e quebraram a porta da frente. Imaginei que seríamos mortos.

Depois dessa experiência, ergui a muralha defensiva do jejum de Ester quando orei pela segurança de Jerry Falwell e outros homens de Deus. Quem estava de fora podia supor que aqueles por quem jejuei tiveram "um golpe de sorte", mas nós que lutamos com o maligno sabemos o que aconteceu. Sabemos que o jejum de Ester é eficaz.

Através de muitos perigos

A vida cristã apresenta muitos perigos. Somos suscetíveis a ataques físicos, como no caso de Jerry Falwell e seus opositores na Austrália, e a ameaças espirituais de Satanás e seus demônios.

Defender uma causa por Cristo pode custar caro. Os inimigos podem tentar eliminá-lo, ou mentir a respeito de sua eficácia. Podem roubar-lhe os créditos por seus esforços ou assumi-los para eles. Sabe-se que alunos de primeiro grau e do ensino médio atacam fisicamente os colegas cristãos. Nos países muçulmanos, os cristãos têm sido martirizados por sua fé. O jejum de Ester pode liberar a proteção de Deus sobre seus filhos.

Embora os ataques espirituais sejam mais sutis, envolventes e maldosos, em alguns casos também apresentam ameaças físicas. Quer físicas, quer espirituais, essas ameaças têm uma única origem. Paulo nos diz: *"Pois a nossa luta não é contra seres humanos, mas contra os poderes e autoridades, contra os dominadores deste mundo de trevas, contra as forças espirituais do mal nas regiões celestiais"* (Ef 6.12).

A maioria dos norte-americanos, inclusive muitos cristãos, não acredita nas forças do mal ou em espíritos demoníacos. Pensam que os demônios existem apenas nos contos de fada e desprezam a importância deles na Bíblia.

Talvez seja porque os Estados Unidos têm vivido sob o guarda-chuva da proteção de Deus. Diferentemente das trevas da sociedade pagã, os Estados Unidos têm poucos exemplos de demonismo público ativo. Os ataques demoníacos são muito mais comuns no campo missionário que nos Estados Unidos. Além disso, as práticas de pajés demoníacos e feiticeiros não são realizadas abertamente nos Estados Unidos. Embora os Estados Unidos tenham estado muito longe de ser cristocêntricos em muitas de suas atividades, pelo menos o Congresso abre as sessões com oração "cristã", e o presidente tem uma Bíblia no seu gabinete. Os Dez Mandamentos têm sido ensinados nas escolas públicas, e as igrejas cristãs têm sido a influência predominante no país. Esse guarda-chuva cristão tem protegido os Estados Unidos dos dardos inflamados do satanismo e da destruição demoníaca que têm atormentado outras sociedades.

À medida que os Estados Unidos vão ficando mais secularizados e pluralistas, vemos mais evidências de ataques demoníacos à nação. Portanto os líderes cristãos devem entender a influência demoníaca potencial sobre seus ministérios e precisam saber como buscar a proteção contra o maligno.

Deus prometeu: *"O jejum que desejo não é este [...] a glória do Senhor estará na sua retaguarda"* (Is 58.6, 8). Como veremos, o jejum de Ester é planejado para ser esse tipo de proteção de retaguarda contra o perigo da influência demoníaca.

O que o jejum de Ester não é

Compreendemos melhor o propósito do jejum de Ester quando entendemos o que ele não é.

Não é exorcismo

Primeiro, a finalidade do jejum de Ester não é exorcizar os demônios de ninguém. O exorcismo é um processo muitíssimo diferente, e somente aqueles que estão plenamente preparados e treinados para o processo devem praticá-lo.

Segundo, o jejum de Ester não quebra as cadeias/vícios que alguém possa ter devido à influência demoníaca. Essas situações requerem o jejum do discípulo (consulte o capítulo 2).

Terceiro, o jejum de Ester não se destina a curar ninguém que sofra de patologias causadas por influência e/ou possessão demoníaca. Embora às vezes a presença de um demônio numa pessoa *possa* causar-lhe problemas psicológicos ou físicos, normalmente esses problemas não têm traços de influência demoníaca. Em ambos os casos, o jejum de Ester não é recomendado para tratar desse problema.

O jejum de Ester *pode* ser empregado como arma defensiva contra as influências demoníacas. Os problemas mencionados anteriormente são incomuns, e a vasta maioria dos cristãos não sofre com eles. Muitos crentes, entretanto, são tentados a pecar, seduzidos ou pela heresia (doutrina de demônios) ou pela imoralidade. Todas essas tentações podem ter origem em fontes demoníacas. Além disso, os cristãos podem ser afetados física, mental ou emocionalmente pelos ataques satânicos. Portanto necessitam de proteção. E proteção é uma das finalidades do jejum de Ester.

Os ataques satânicos têm prejudicado a obra de Deus e os cristãos de várias maneiras. Quando meu amigo aceitou o pastorado de uma igreja pequena do Mississipi, a frequência era de menos de 75 pessoas. Ele procurou o poder de Deus, que resultou numa unção que enchia a frente do púlpito na hora do apelo e fez com que a frequência saltasse para oitocentas pessoas.

Certo dia, quando esse pastor ia visitar uma igreja, um motorista bêbado cruzou a rodovia, atingindo o automóvel do pastor de frente. Ele morreu instantaneamente. Por mais desanimadora que tivesse sido sua morte para a igreja, as consequências foram ainda mais desastrosas. Os dois ou três pastores seguintes não eram capazes de pregar com o mesmo poder, nem de liderar com a mesma sabedoria e eficiência. A igreja declinou e decaiu até chegar à sua frequência atual de 150.

Sempre me perguntei se a morte de meu amigo foi simples consequência das circunstâncias ou se a vontade de Deus o levou por algum motivo. Não entendo. Essa morte pode ter sido de inspiração satânica? Sem informações suficientes para tirar conclusões, pessoalmente acredito que a última hipótese talvez seja correta.

Algumas vezes, senti que Deus me libertara do maligno. Por exemplo, dirigi um seminário da escola dominical, num feriado, em Hollywood, Califórnia, para uma pequena plateia de cinquenta a sessenta líderes de igreja. No final do seminário, perguntei se podia concluir dedicando os líderes e suas respectivas igrejas a Deus. Pedi que todos os presentes se ajoelhassem ou ficassem de pé diante de Deus, ou permanecessem sentados com a cabeça baixa, perto das cadeiras em frente deles como se fossem o altar.

Ajoelhei-me na fileira da frente e dediquei todos os delegados e as igrejas a Deus. Terminei minha oração como normalmente faço, pedindo a proteção de Deus para nossa viagem de volta. Usando as palavras da Oração do Senhor, orei: "Senhor, quando viajarmos, livra-nos do mal que nos pode tirar a vida". Depois de dizer amém, levantei-me fui para trás da tribuna.

Imediatamente depois que saí do meu lugar, uma pesada esquadria de janela caiu da parede bem no lugar de onde eu acabara de sair. Alguns presentes gritaram apavorados. As pessoas que saíam do salão, quase sem contestação, concordaram que Deus tinha acabado de responder à minha oração, e que minha saída de debaixo da pesada esquadria fora a proteção de Deus para mim. Concordei.

Em 1977, passei a véspera de Ano-Novo no Haiti. Haviam-me contado que a véspera do Ano-Novo era a Noite do Diabo e que ocorreriam atividades demoníacas naquela noite. Dormi na caminha estreita da lavanderia da casa de um missionário, Bob Turnbull, presidente da Missão Batista do Haiti. Fui para a cama aproximadamente às 10h da noite, sem me preocupar com nenhuma atividade de véspera de Ano-Novo.

Por volta das 11:50h, despertei com um tremor de frio. Comecei imediatamente a suplicar e a clamar em voz alta pelo "poder do sangue de Jesus Cristo". Eu sabia que os demônios e Satanás não podiam ficar na presença de Jesus Cristo e do poder de seu sangue. Quando estava chegando a meia-noite, ouvi os apitos e as sirenes saudando o Ano-Novo. Senti uma fria opressão demoníaca e continuei orando em nome de Jesus Cristo e pelo poder de seu sangue até que sua doce paz fluiu para o meu coração. Voltei a dormir, e em segurança.

Não é para proteção diária

O jejum de Ester é uma ferramenta para obter proteção em acontecimentos de proporções épicas, não para proteção das tentações e perigos que enfrentamos no dia a dia. Ensino meus alunos que o pedido final da Oração do Senhor – *"E não nos deixes cair em tentação, mas livra-nos do mal"* (Mt 6.13) – deve ser usada como um guarda-chuva de proteção diária. Mas o jejum de Ester é reservado para as situações críticas muito maiores que nossas necessidades diárias de proteção.

A proteção que Deus dá por meio do jejum de Ester é semelhante à proteção que Deus deu a Israel na fuga do Egito para o deserto do Sinai. *"Durante o dia o Senhor ia adiante deles numa coluna de nuvem, para guiá-los no caminho, e de noite, numa coluna de fogo, para iluminá-los"* (Êx 13.21). Quando os exércitos egípcios iam atacar Israel por trás, a *"coluna de nuvem também saiu da frente deles e se pôs atrás"* (14.19). O jejum de Ester é um apelo para Deus se transformar em "retaguarda" para nós ou para outros, protegendo-nos quando estamos mais vulneráveis.

Durante o jejum de Éster, é importante saber que Deus está ao nosso lado, mas é mais importante saber que estamos no lado de Deus. Devemos saber do lado de quem estamos antes de pensar em vencer. O jejum de Ester é uma declaração de que estamos do lado de Deus e esperamos sua proteção em nossa vida e em nosso ministério.

Paulo nos exortou para não ignorarmos as ciladas de Satanás (veja 2 Coríntios 2.11). O maligno está à nossa espreita para nos pegar. Ele *"anda ao redor como um leão, rugindo e procurando a quem possa devorar"* (1 Pe 5.8). Paulo disse aos cristãos de Corinto: "Àqueles que vocês perdoarem por ter pecado contra a igreja, eu também perdoo, porque Satanás os ataca se tiverem espírito não indulgente. Eu lhes perdoo porque estou em Cristo. Não ignoro as intenções de Satanás de me atacar" (2 Co 2.10, 11 – paráfrase do autor).

O problema que Ester enfrentou

Ester era uma donzela judia que morava no reino da Pérsia, para onde os israelitas tinham sido levados cativos no século VI a.C. Nessa época, a terra era governada por Nabucodonosor, rei de Babilônia. Ester era uma bela jovem, que fora criada pelo primo Mardoqueu depois da morte dos pais.

Quando a rainha Vasti, da Pérsia, desagradou ao rei Assuero (ou Xerxes), Ester estava entre as várias moças levadas para o palácio real como possíveis substitutas da rainha. Com toda certeza, a soberania de Deus ficou evidente quando Ester foi escolhida entre todas as donzelas e elevada à condição de rainha do Império Persa. Ester não revelara sua identidade de israelita, e alguns estudiosos acreditam que o nome Ester signifique "escondida", para designar sua identidade oculta.

Hamã, o primeiro-ministro da Pérsia, odiava os judeus porque Mardoqueu, o primo de Ester, não se curvava diante dele (veja Ester 3.1-6). Hamã usou seu cargo para aprovar uma lei que convocava um holocausto contra os judeus, que pretendia matar todos os judeus que moravam na Pérsia. Quando o genocídio proposto foi anunciado, Mardoqueu contou à rainha Ester, que decidiu apelar para o rei salvar seu povo.

Entretanto Ester se viu diante de um problema. De acordo com o protocolo persa, se ela fosse visitar o rei sem ser convidada, poderia perder a vida. Mas ela criou coragem e pediu que Mardoqueu ficasse ao lado dela em seu teste, reunindo os judeus num jejum de três dias (veja Ester 4.15,16). Como você se lembra, Deus estava com ela o rei estendeu o cetro na direção dela, demonstrando aceitação. Mais tarde, novamente pela soberania de Deus, a trama que Hamã armara contra Mardoqueu e os judeus se voltou contra ele. Ele foi pendurado na forca que havia sido preparada para Mardoqueu, e o holocausto foi revogado.

De maneiras muito semelhantes à história de Ester, as pessoas/Satanás odeiam os cristãos hoje porque estes não se curvam diante deles nem se comprometem com seus princípios ímpios. O jejum de Ester fornece um meio de proteção.

Recomendações para o jejum de Ester

Passo 1: Reconhecer a origem do perigo

Às vezes, sabemos que uma determinada provação, tentação ou um problema é proveniente de Satanás. A natureza do ataque contra nós é evidente. Por isso, quando começamos o jejum de Ester, sabemos que estamos jejuando por proteção divina contra Satanás.

Se tiver uma sensação "gelada" de opressão satânica ou sentir um "ataque demoníaco" interiormente, corra para Deus, buscando proteção, e comece o jejum de Ester imediatamente. Alguns dos jejuns mencionados anteriormente neste livro não podiam ser iniciados dentro de dois ou três dias, ou mesmo duas ou três semanas. Entretanto o jejum de Ester é uma reação imediata ao perigo.

O jejum de Ester também pode ser empregado como ferramenta para nos prevenir do perigo. Podemos entrar no jejum não por causa de uma ameaça imediata, mas para evitar que qualquer perigo nos ameace.

Ester sabia exatamente contra o quê lutava. Mardoqueu forneceu a Ester, por meio de seu servo, uma cópia do decreto que destruiria os judeus (veja Ester 4.8). Antes de saber do decreto, Ester não podia fazer nada a respeito dele. Ela olhou pela janela de seu quarto e viu Mardoqueu vestido de saco e coberto de cinzas, orando pela ajuda de Deus. Ester enviou roupas a Mardoqueu, mas ele as recusou.

Esse é um exemplo de dois crentes, um sabia da iminência do perigo, o outro, não. Essa pode ser a sua situação. Alguém pode saber do perigo futuro em sua vida, mas você não. Quando lhe informarem da ameaça, você deve começar imediatamente o jejum de Ester. Por outro lado, você pode ser aquele que sabe da ameaça e tem amigos como Ester, que não têm consciência do problema. Você tem de lhes comunicar a ameaça assim como Mardoqueu comunicou-se com Ester.

Passo 2: Entenda a natureza de sua batalha

Como afirmamos anteriormente, nem toda batalha que enfrentamos é consequência de ataque demoníaco. Mas devemos entender que de fato há um inimigo por trás de nossos problemas: *"Estejam alerta e vigiem. O Diabo, o inimigo de vocês, anda ao redor como leão, rugindo e procurando a quem possa devorar"* (1 Pe 5.8). A vida cristã não é fácil; é um conflito contra as trevas e a heresia. Quando conhecemos a natureza da batalha e quem é nosso inimigo, podemos tomar providências para nos proteger.

Quando os israelitas entraram na terra prometida, derrotaram as nações que habitavam Canaã – os filisteus, os cananeus e muitas outras nações. Mas depois de derrotarem os inimigos, os filhos de Israel deixaram que eles se estabelecessem entre eles. O que os inimigos deles não alcançaram nas batalhas, conseguiram na paz. Embora não tenham podido vencer Israel, eles escravizaram a nação por meio da "cananização" do povo de Deus. Observe quatro passos que puseram Israel sob o jugo como se de fato se os israelitas tivessem sofrido uma derrota militar:

A cananização do povo de Deus

- Os israelitas toleraram os cananeus.
- Eles se casaram com gente dos cananeus.
- Adoraram os deuses cananeus.
- Adotaram o estilo de vida cananeu.

Nossa relação com Satanás é a mesma de Israel com os inimigos deles. Satanás foi derrotado na cruz de Jesus Cristo. Sua derrota fora predita por Jesus: *"Chegou a hora de ser julgado este mundo; agora será expulso o príncipe deste mundo"* (Jo 12.31) e *"o príncipe deste mundo já está condenado"* (16.11). Satanás, como os cananeus, já foi derrotado, mas não age como um inimigo vencido, como eles agiram. Ele pode até se aproximar de você como um cristão para tentar derrotá-lo – principalmente se você fez as escolhas que os israelitas fizeram, tolerar a influência satânica, casar-se com atrações satânicas, adorar os ídolos do mundo e adotar o estilo de vida deles.

Quando você sentir o perigo e a tentação direta de forças demoníacas, deve entrar no jejum de Ester. Também deve entrar nesse jejum se sua tentação não for uma ameaça iminente, mas uma atração constante.

Passo 3: Reconheça a autoridade de quem o protege

Quando Hamã ameaçou destruir todos os judeus, Mardoqueu disse a Ester que devia ir *"à presença do rei implorar misericórdia e interceder em favor do seu povo"* (Et 4.8). Devido à permissão especial que tinha de ser concedida para ver o rei, esse ato exigia coragem e fé num poder além da própria Ester. Do mesmo modo que ela defendeu uma causa pela fé no poder de Deus, o seu jejum também exigirá a defesa de uma causa. Confiar na autoridade de Deus requer três passos.

Afaste-se. Temos de nos afastar de qualquer circunstância ou ambiente em que podemos ser tentados. A Bíblia diz: *"Fuja de tudo isso"* (1 Tm 6.11).

Resista. Não basta sairmos do lugar de influência maligna, temos de *"resistir ao Diabo, e ele fugirá"* (Tg 4.7). Paulo também nos diz: *"Combata o bom combate da fé"* (1 Tm 6.12).

Repreenda. Não conseguimos repreender o Diabo com nossa própria força, mas podemos deixar que Deus o repreenda. Observe a advertência que as Escrituras nos dão: *"Nem mesmo o arcanjo Miguel, quando estava disputando com o Diabo acerca do corpo de Moisés, ousou fazer acusação injuriosa contra ele, mas disse: 'O Senhor o repreenda!'"* (Jd 9). Só podemos repreender o Diabo no nome e no poder de Jesus Cristo, porque o nome de Jesus é um nome forte.

Passo 4: Jejue e ore por proteção

Quando se viu numa situação de risco de vida, Ester proclamou um jejum (veja Ester 4.16). Somente depois ela foi se apresentar ao rei na tentativa de salvar seu povo. Embora esse jejum seja para um tempo e um lugar específicos na vida, o jejum de Ester também pode juntar-se com oração intensa por proteção dos ataques futuros. Por causa disso, ensino que o cristão deve orar todos os dias o sétimo pedido da Oração do Senhor: *"Livra-nos do mal"* (Mt 6.13).

Passo 5: Conheça as limitações da oração e do jejum

Não espere que o jejum de Ester produza poderes onipotentes, porque jejuar e orar não é uma solução do tipo "conserta tudo". Ester estava consciente de que seu jejum podia não dar certo. Observe a mensagem que ela enviou a Mardoqueu: *"Irei ao rei, ainda que seja contra a lei. Se eu tiver que morrer, morrerei"* (Et 4.16). Ela jejuaria por três dias, mas ainda não estava certa de que continuaria viva. Ester ia ser fiel a Deus e fazer o que tinha prometido independentemente do que isso lhe custaria. Ela decidiu se apresentar ao rei. Observe o que o jejum não fez por Ester e Mardoqueu:

O que o jejum não fez

- Não alterou o decreto.
- Não fez o rei chamar a rainha.
- Não resolveu a crise.

Deus não se revelou visivelmente nas circunstâncias que Ester enfrentava. Em vez disso, operou nas circunstâncias para realizar sua glória e seu propósito. Deus não viola o livre-arbítrio das pessoas, nem a natureza de suas leis. Como as leis de Deus são uma extensão da natureza divina, o Senhor não pode opor-se a si mesmo. O rei persa teve de criar uma nova lei que fosse mais poderosa que a antiga (veja 8.7, 8). O rei não violou as próprias leis; do mesmo modo, Deus não viola suas leis. Ao entrarmos no jejum de Ester, devemos entender que algumas coisas não se alterarão. Às vezes, o mal já começou a agir, e não se pode desfazer a história. Por exemplo, não se pode reverter o mal nem a praga nem a blasfêmia proferida. Nossas palavras são como as penas de um travesseiro – uma vez espalhadas ao vento, jamais as juntaremos de novo no travesseiro.

Passo 6: Obtenha poder com o jejum em conjunto

Alguns jejuns se destinam a ser particulares – por exemplo, o jejum do discípulo. Alguns jejuns são mais eficazes quando outros se juntam a nós. Ester mandou esta resposta a Mardoqueu: *"Vá reunir todos os judeus que estão em Susã, e jejuem em meu favor. Não comam nem bebam durante três dias e três noites. Eu e minhas criadas jejuaremos como vocês"* (Et 4.16).

Por se tratar de um problema nacional, Ester convocou o povo de Deus para jejuar. Quando o problema é pessoal, o jejum deve ser pessoal. Quando o problema é nacional, o jejum deve ser nacional. O princípio a seguir é que o círculo dos envolvidos no jejum deve ser grande o suficiente para incluir todos os que são afetados pelo problema.

Passo 7: Jejuar para vencer a cegueira espiritual

Quando entrar no Jejum de Ester, peça a Deus que o ajude a discernir a natureza e o propósito do ataque espiritual sobre você ou de alguma outra ameaça. Ao entender as intenções de Satanás, você poderá jejuar para combatê-lo. De outro modo, *"assim como a serpente enganou Eva com astúcia, a mente de vocês [pode ser corrompida] e se desvie da sua sincera e pura devoção a Cristo"* (2 Co 11.3).

Um dos motivos de existir tão pouca atividade demoníaca nos Estados Unidos é que a luz do evangelho, que lança entendimento e discernimento espiritual, a tem afugentado em grande parte. Normalmente, as seduções de Satanás não são exercidas abertamente, mas de maneira encoberta. Talvez uma das maiores atividades demoníacas esteja nos seminários liberais onde se ensina a apostasia. Paulo chamou de heresia a doutrina de demônios, prevendo que "nos últimos tempos alguns abandonarão a fé e seguirão espíritos enganadores e doutrinas de demônios" (1 Tm 4.1). Esses são os que *"[têm] aparência de piedade, mas]negam] o seu poder. Afaste-se desses também"* (2 Tm 3.5).

Um dos propósitos do jejum de Ester é reforçar esse discernimento. Um dos dons espirituais é o "espírito de discernimento". Contudo, também adquirimos discernimento com a experiência, conversando com cristãos experientes e estudando a Palavra. Saiba que Satanás vai tentar varrer todo espírito de discernimento que você tem. A forma mais óbvia do ataque satânico não é o demonismo explícito. O principal estratagema de Satanás é cegar sua mente para o entendimento das coisas espirituais.

- *Quando Satanás nos cega, os demônios não precisam atacar-nos.* Nos últimos duzentos anos dos Estados Unidos, o poder demoníaco explícito tem-se manifestado menos do que tem cegado até os crentes para a verdade. *"O deus desta era cegou o entendimento"* de muitos, *"para que não vejam a luz do evangelho da glória de Cristo"* (2 Co 4.4) Satanás cega os crentes para não conhecerem nem praticarem a vontade de Deus para a vida deles.

Até ministros podem ficar cegos espiritualmente, negando os fundamentos da fé. Paulo preveniu contra os *"falsos apóstolos, obreiros enganosos, fingindo-se apóstolos de Cristo. Isto não é de admirar, pois o próprio Satanás se disfarça de anjo de luz. Portanto, não é surpresa que os seus servos finjam que são servos da justiça"* (11.13-15).

- *Depois que vencemos a cegueira, devemos ter cuidado com os ataques em outras esferas.* Quando estudamos com êxito a Palavra e entendemos a vontade de Deus, crescemos em Cristo. Se Satanás não conseguir cegar-nos, então tentará atacar-nos em outras esferas. Às vezes, se ele não consegue impedir uma pessoa de conhecer a vontade de Deus, ele vai fazer dela um fanático, e ela vai se desviar da vontade de Deus. Não há lugar melhor que o centro da vontade de Deus.
- *Jejue por uma estratégia de vitória.* Mesmo com a permissão do rei, os judeus tinham de se proteger. Ester solicitou proteção ao rei, mas ele não podia mudar o próprio decreto. A lei dos medos e persas ordenava que nunca fosse alterada. Tudo o que rei podia fazer era promulgar outra lei que fosse mais poderosa. Essa nova lei permitiria que os judeus se defendessem. A estratégia de Deus era anular uma lei com outra, para *"que os judeus estivessem prontos para vingar-se dos seus inimigos"* (Et 8. 13). Em consequência, os judeus atacaram todos os seus inimigos.

Às vezes, o jejum de Ester nos concede a defesa contra o mundo invisível. Deus enviará seus anjos para nos proteger. Outras vezes, o jejum revelará estratégias que devemos empregar para nossa própria proteção. Talvez você descubra de novo a importância de dormir tempo o suficiente e alimentar-se corretamente de maneira que adquira força física. Lembre-se, quando você está fisicamente fraco, perde a iniciativa de lutar e seus mecanismos de defesa diminuem. Outras estratégias podem implicar estudo, programas e iniciativas.

Passo 8: Jejue com bom senso, não de maneira inconsequente
Note que o resultado imediato do jejum de Ester não pôs fim ao problema. Ela conseguiu acesso ao rei, mas ela e os outros judeus tiveram de defender-se depois. Geralmente oramos e começamos um jejum, depois nos sentamos na cadeira de balanço, esperando que Deus resolva nossos problemas. O jejum de Ester nos dá poder para atacar nossos problemas, por isso saímos do jejum prontos para ficar ativos no serviço. Note as coisas que Ester teve de fazer depois que jejuou:

- *Estar no lugar certo.* Ester *"colocou-se no pátio interno do palácio, em frente do salão do rei"* (Et 5.1). Depois de ter jejuado em particular, você terá de seguir a liderança do Senhor, talvez em lugares públicos.
- *Usar as roupas adequadas.* Ester não apenas orou para que Deus mudasse o coração do rei. Usou a indumentária apropriada para ser atraente para o rei. Ela entendia que enquanto se estamos de joelhos, devemos orar como se tudo dependesse de Deus, mas quando nos levantamos, devemos trabalhar como se tudo dependesse de nós. *"Ester vestiu seus trajes de rainha"* (v. 1).

Hoje os crentes também precisam vestir *"toda a armadura de Deus, para poderem ficar firmes contra as ciladas do Diabo"* (Ef 6.11). A vestimenta para lutar contra as ciladas de Satanás é semelhante à armadura de um guerreiro. Como nos encontramos em guerra, devemos estar preparados para o ataque. Se não estivermos prontos para combater, seremos derrotados. Vestir-se adequadamente para o combate é a melhor preparação para vencer. A lista a seguir mostra os trajes recomendados.

A armadura cristã

- Para a cintura – Verdade
- Para o peito – Justiça
- Para os pés – Preparação do evangelho

- Para defesa – O escudo da fé
- Para a cabeça – O capacete da salvação
- Por espada – A Palavra de Deus

Uma olhada nessa indumentária de batalha nos informa que para derrotar Satanás são necessários os recursos *totais* da pessoa *inteira* contra um inimigo que lançará *todos* os seus planos contra nós. Não há nenhum método tão abrangente que os cristãos possam empregar para derrotar o Diabo como citar a Bíblia. Embora seja imperativo citar a Bíblia, isso não é a única arma necessária na guerra espiritual. Devemos carregar a verdade conosco não apenas na palavra falada, mas temos de estar vestidos com a verdade como atitude. Não devemos apenas ter fé, mas temos também de saber que Deus quer nos ajudar e nos defenderá tão certamente quanto sabemos que Satanás é nosso inimigo. Derrotar Satanás requer preparação total de nosso corpo, de nossa vida interior e de nossa relação com Deus.

- *Usar de sabedoria e de bom senso*. Quando Ester se apresentou ao rei, ele lhe estendeu seu cetro. Ela não entrou com audácia na presença dele nem lhe fez a reivindicação impulsivamente. Nem tampouco caiu aos pés do rei e implorou proteção. Todo pedido a um rei deve ser corretamente elaborado. Deve ser precedido de preparação correta para criar expectativa. Por isso, Ester se preparou com inteligência e sabedoria. Convidou Mardoqueu e o rei para um banquete que preparara (veja Ester 5.5).

Antes do banquete, ocorreram eventos que voltaram o coração do rei para Ester. Ele não conseguiu dormir naquela noite, por isso mandou que lhe trouxessem o diário real e o lessem. O diário revelava como Mardoqueu descobrira uma trama contra a vida do rei – em essência, como ele salvara o rei. Na manhã seguinte, o rei perguntou a Hamã como devia homenagear alguém que lhe prestara um grande serviço. Hamã, pensando que o rei queria honrá-lo, imaginou a mais sofisticada de todas as homenagens: que fosse permitido a esse homem andar pela cidade montado no cavalo real e vestido com o manto do rei. Então o rei mandou que Hamã homenageasse Mardoqueu exatamente assim. Hamã saiu conduzindo seu inimigo no cavalo do rei pelas ruas do reino.

Finalmente, no banquete de Ester, ela denunciou Hamã como o homem que emitira o decreto para que ela e seu povo fossem aniquilados. O rei ficou perplexo e, como que para controlar a ira, saiu bruscamente do salão. Enquanto isso, Hamã se pôs aos pés do divã em que estava Ester, implorando misericórdia. Nesse momento, o rei retornou e pensou equivocadamente que Hamã estava tentando violentar a rainha. Imediatamente deu ordens para enforcar Hamã na própria forca que este preparara para Mardoqueu (veja Ester 7).

No jejum de Ester original, Deus tinha preparado o coração do rei para fazer o que era justo, protegendo os judeus. Contudo, pelo jejum, Ester também adquiriu discernimento para elaborar um plano que resultou na morte do perverso Hamã.

Passo 9: Ore por proteção espiritual

Deus tem anjos, que são espíritos, para nos auxiliar e proteger. *"Os anjos não são, todos eles, espíritos ministradores enviados para servir aqueles que hão de herdar a salvação?"* (Hb 1.14). Deus não nos chamou para orar *para* espíritos angelicais por proteção. Entretanto podemos orar *a Deus* por proteção, que Ele enviará seus anjos ministradores. *"O anjo do Senhor é sentinela ao redor daqueles que o temem, e os livra"* (Sl 34.7). *"Porque a seus anjos ele dará ordens a seu respeito, para que o protejam em todos os seus caminhos"* (91.11).

Quando Daniel foi lançado na cova dos leões famintos para ser comido vivo, o rei lhe perguntou: *"Daniel, servo do Deus vivo, será que o seu Deus, a quem você serve continuamente, pôde livrá-lo dos leões?"* (Dn 6.20). Daniel respondeu: *"O meu Deus enviou o seu anjo, que fechou a boca dos leões. Eles não me fizeram mal algum"* (v. 22).

Princípios práticos para lembrar

Quanto maior o ataque espiritual, mais frequente ou mais longo deve ser seu jejum. Quanto mais grave o ataque de Satanás, mais intensos devem ser sua oração e seu jejum. Isso quer dizer que você tem de jejuar por mais tempo – talvez um jejum de três dias – ou que deve jejuar num dia em três ocasiões diferentes. Quando esteve diante de um problema grave, Jesus disse: "Esta espécie só sai pela oração e pelo jejum" (Mt 17.21).

Quanto maior o ataque espiritual sobre você, mais pessoas você tem de reunir para jejuar e orar por você. Assim como a oração de uma pessoa é eficaz, a oração de mais de uma intensifica os resultados. Jesus disse: *"Se dois de vocês concordarem na terra em qualquer assunto sobre o qual pedirem, isso lhes será feito por meu Pai que está nos céus"* (Mt 18.19).

Quando você conta a alguém o que quer que Deus faça, seu pedido passa a ser uma declaração de fé. Quando você espera uma resposta, a esperança é uma declaração de fé. Essas expressões de fé têm o poder de aumentar a fé de outras pessoas que concordam com em seu favor.

Quanto maior o ataque espiritual, mais você precisa se preparar para fazer para seu jejum. Harmonize o dia e o lugar de seu jejum e as ferramentas de estudo que vai usar com a intensidade do ataque. Observe o esboço de preparação no final deste capítulo para ter a certeza de que reuniu todo o material para o seu jejum de Ester.

O jejum de Ester também serve para a proteção espiritual de seu pastor ou de outros líderes da igreja. Satanás sabe que, se puder destruir a credibilidade da liderança da igreja, os seguidores vão perder a direção. Por isso, há tantos ataques intensos de Satanás à liderança. O jejum de Ester não é somente para o cristão que sente um ataque satânico ou a necessidade de proteção em outras situações, mas também tem aplicação especial para os líderes espirituais como para proteção de ataques contra eles.

Um dos melhores livros para a liderança cristã é *Prayer shield* (Escudo de oração), de C. Peter Wagner (Ventura, Calif.: Regal Books). Peter Wagner é meu amigo íntimo, e eu lhe disse de brincadeira que esse título não era o melhor para o livro. Ele devia tê-lo chamado de *Como um pastor pode conseguir pessoas para interceder por ele a fim de protegê-lo do maligno e fazer seu ministério mais eficaz.* O livro fornece um notável estudo para ser utilizado durante o jejum de Ester, principalmente para pastores e líderes espirituais.

Preparação para o jejum de Ester

Objetivo: O jejum de Ester, por proteção contra o maligno.

Voto: Creio que Deus me ama e pode proteger-me, e que somente Ele tem controle sobre o dia de minha morte. Por isso, eu me comprometo a convocar a proteção de Deus contra todas as forças adversárias. Também creio que existe um maligno que pode me atacar e prejudicar (veja 1 Pedro 5.8). Por isso, prometo jejuar pela proteção de Deus para mim e para outros, para que eu possa servi-lo e glorificá-lo (veja Efésios 6.12).

Jejum: Vou abster-me de _____

Início: Dia e hora em que vou começar _____

Término: Dia e hora em que vou parar_____

Decisão: Estou jejuando especificamente para _____
_____

Base Bíblica: "*O jejum que desejo não é este [...] a glória do Senhor estará na sua retaguarda*" (Is 58.6, 8).

Recursos necessários: _____

Sendo Deus a minha força, e a graça, minha base, comprometo-me com o jejum de Ester para a glória de Deus.

Assinatura _____ Data _____

Apêndice

1

Jejuar: Dar um repouso para o corpo

Autoria do dr. Rex Russell, médico.*

Se eu montar o balanço das crianças e descobrir que muitas peças ficaram de fora, e que ele não está funcionando bem, preciso consultar o manual de instruções!

Minha pesquisa sobre o jejum como meio de cura de doenças começou exatamente dessa forma. Quando observei a vida de algumas pessoas queridas, próximas a mim, ficou claro que estavam desequilibradas.

Susana, uma brilhante garotinha de nove anos de idade, tinha dislexia grave. Sua família, amorosa e interessada, dispunha de recursos para levá-la aos melhores centros médicos do país para avaliação. Estava sendo orientada por um professor especialista em problemas de aprendizagem.

Numa determinada época, Susana ficou gripada e não conseguiu se alimentar durante alguns dias. Quando o professor retornou, descobriu com surpresa que Susana podia ler! Comentou com os pais dela:

"Não sei o que vocês estão fazendo, mas, por favor, não parem. Ela está lendo melhor do que era esperado dela".

Isso significa que repouso, febre e jejum corrigem dislexia?

Quando Susana retomou sua dieta normal, os problemas de leitura retornaram. Mais tarde, quando ela experimentou comer apenas alimentos incomuns, sua habilidade de leitura melhorou. Testes posteriores revelaram

---

* Do livro *What the Bible Says About Healthy Living* (Ventura, Calif.: Regal Books, 1996). Usado com permissão.

que ela era sensível a açúcar, milho, farinha branca, margarina, mel e alguns outros alimentos normalmente consumidos. Como se suspeitava, seus pratos preferidos eram os mais agressivos.

Outra observação que fiz foi na minha própria família. Um de nossos filhos era hiperativo. Vários tipos de tratamento foram insatisfatórios. Outro plano incluía um jejum de três dias antes de iniciar um novo tratamento. Jamais havíamos pensado em jejum antes, por isso ficamos apreensivos. Em vez de um jejum de água, deixamos nosso filho comer somente alimentos que nunca havia comido antes: ameixa, kiwi, peixe, caju, etc.

No terceiro dia, ficamos totalmente perplexos por vê-lo muito calmo. Achamos que ele estava apático, mas talvez estivesse apenas agindo normalmente. Grande parte dos seus alimentos favoritos o estimulava a extremos de atividade e falta de concentração. Claro que era difícil, quase impossível, mantê-lo comendo certos alimentos em vez das "bobagens" de que gostava. Sendo assim, nossos problemas não acabaram completamente. Saber que havia algumas ajudas disponíveis em certos lugares nos deu esperanças. Decidimos investigar mais sobre o que acontece quando o corpo é privado de determinados alimentos. *O que é o jejum, afinal?*, nos perguntamos.

O que é um jejum?

De acordo com a *Enciclopédia Grolier*, jejuar é:

> A prática de abster-se de alimento, completa ou parcialmente, por determinado período. É uma prática antiga encontrada na maioria das religiões do mundo. Tradicionalmente, o jejum foi uma forma largamente empregada de ascetismo e uma prática de penitência observada com a finalidade de purificar o indivíduo ou expiar pecados e más ações.
> Muitas religiões determinam certos dias ou períodos como tempo de jejuar por seus fiéis, como, por exemplo, Quaresma, Yom Kippur e Ramadã. Certos acontecimentos na vida dos indivíduos foram considerados períodos apropriados para jejuar, como, por exemplo, o dia ou a noite anterior a um compromisso pessoal importante. A vigília de cavalheiros é um exemplo histórico dessa prática. Supõe-se que o jejum era acompanhado de oração. Nesse aspecto, o jejum devia ser distinto de abstinência.

Apêndice 1 – Jejuar: Dar um repouso para o corpo

História e origens

Hipócrates, o pai da medicina, costumava jejuar para combater doenças, 2.400 anos atrás. Os antigos curandeiros aiurvédicos do hinduísmo prescreviam jejuar uma vez por semana para a saúde do sistema digestivo. Muitas nacionalidades, religiões e línguas têm uma tradição de jejum transmitida pelos ancestrais.

Os historiadores seculares especulam que o jejum é uma derivação do fato de as pessoas passarem sem alimento em tempos difíceis, de problemas. E então acabaram aprendendo a ficar sem se alimentar *porque* passavam por problemas. Eu acho que existe uma explicação melhor.

Os chineses jejuam desde suas origens, que os estudiosos acreditam ter sido depois da quarta geração da família de Noé. Os escritos mais antigos em língua chinesa foram encontrados em ossos e cerâmica, que datam de 2000 a.C. Entre esses escritos, há histórias de uma criação de sete dias, da queda da humanidade de um lugar privilegiado num jardim, de uma grande inundação e de muitos outros relatos também registrados em Gênesis. Histórias semelhantes de inundações encontram-se em mais de duzentas línguas antigas, entre elas, várias narrativas dos nativos da América.

O fato de que o jejum se encontra em muitas outras línguas deve indicar que essa prática ocorria antes da torre de Babel. Essa narrativa é história real – as ruínas da torre podem ser vistas no atual Iraque. O povo de Babel era os descendentes de Noé. O costume de jejuar pode ter sido transmitido através da descendência de Noé. Este teria, por sua vez, recebido a tradição da própria semana da criação, quando Deus "descansou" no sétimo dia? O descanso do sábado pode ter sido planejado para o sistema digestivo bem como para observância religiosa.

Quatro tipos de jejum

1. O *jejum normal* consiste em passar sem alimento por um período determinado. A duração pode ser um dia, como em Juízes 20.26:

> *Então todos os israelitas subiram a Betel, e ali se assentaram, chorando perante o Senhor. Naquele dia jejuaram até a tarde e apresentaram holocaustos e ofertas de comunhão ao Senhor.*

Os jejuns bíblicos também eram praticados durante três dias, uma semana, um mês e até quarenta dias. Deve-se tomar extremo cuidado com jejuns mais prolongados, além de procurar aconselhamento de um médico.

2. O *jejum absoluto* consiste em passar sem alimento nem água, e deve ter curta duração. O jejum de quarenta dias de Moisés mataria qualquer pessoa sem intervenção sobrenatural. Teste o espírito que tenta levá-lo a um jejum de quarenta dias sem água, porque normalmente isso é uma impossibilidade física.

3. O *jejum parcial* consiste em omitir uma refeição num dia, ou evitar certos alimentos por um determinado período. Comer apenas vegetais frescos durante alguns dias é um bom jejum parcial. João Wesley comia apenas pão (de cereal integral) e bebia só água por vários dias. Elias jejuou (parcialmente) dois dias. João Batista e Daniel e seus companheiros são outros exemplos de jejuns parciais. As pessoas que sofrem de hipoglicemia ou outros distúrbios podem usar esse tipo de jejum.

4. O *jejum rotativo* implica evitar determinados alimentos periodicamente. Por exemplo, comem-se grupos de alimentos, como cereais, de quatro em quatro dias. Três dias de jejum sem grãos de qualquer tipo podem ser seguidos por um dia em que se ingerem grãos. Os vários grupos de alimentos entram em rodízio de maneira que sejam disponíveis alguns deles diariamente.

Os benefícios do jejum

Desde os primórdios, antes da queda do homem, nosso organismo pode ter sido projetado para descansos periódicos de alimento. O sétimo dia foi designado para repouso; e o sistema digestivo necessita de repouso tanto quanto o resto do corpo.

Cura e repouso

Uma das principais vantagens de uma noite de sono é o repouso do sistema digestivo. Não é por acaso que a primeira refeição do dia se chama desjejum. Um jejum de 12 a 14 horas também pode ser benéfico para o sistema. Uma determinada escola de pensamento ensinava que se obtém muitos benefícios saudáveis em saltar o tradicional desjejum e aguardar até o meio-dia ou mais tarde para comer. (Muita gente gosta de fazer isso hoje, mas é criticada pelas mães, pelos médicos e pela sociedade. Você tem tanto medo deles por deixar de fazer uma refeição?)

Apêndice 1 – Jejuar: Dar um repouso para o corpo

Sabemos que os alimentos (nutrientes) são necessários para a saúde. Por causa dessa linha de pensamento, antes era muito difícil eu recomendar o jejum. Minha lógica era que, se comer é saudável, deixar de comer seria prejudicial. Agora percebi que essa lógica é errônea. Jejuamos, quer chamemos isso de jejum, quer não, quando deixamos de comer das nove da noite até as seis da manhã. Estender esse jejum por um período de tempo razoável também não nos vai fazer mal.

Seu organismo foi projetado para reagir à doença de uma determinada maneira. Febre, jejum e repouso fazem parte desse projeto. Você se lembra da última vez que ficou doente? Tinha vontade de comer? Queria sair de casa? Não! Você teve febre, não conseguia comer nada e só queria ficar sozinho aninhado na cama.

Por que temos tanto trabalho para baixar a febre? A febre causa dor e vontade de ficar deitado. Relutamos para ficar de cama porque somos motivados por várias desculpas. "Gente forte não se entrega!" e "Eles não conseguem trabalhar sem mim!" (Claro que uma febre de mais de 41 graus pode provocar a morte ou uma lesão cerebral, e deve ser tratada prontamente. A temperatura do corpo deve manter-se abaixo dos quarenta graus.) Parece que o repouso, a febre e o jejum são parte do projeto para reduzir as infecções viróticas.

Já ouviu falar que se pode "transpirar um resfriado"? Parece esquisito, mas se o trabalho faz com que seu organismo se aqueça, isso deve ser bom. Os pesquisadores também descobriram que muitos vírus prejudiciais não se multiplicam em temperaturas muito acima de 38 graus. Também há informações de que a febre aumenta a mobilidade das células brancas do sangue, as quais destroem bactérias e vírus. Atualmente os pesquisadores estão aquecendo o sangue dos pacientes com *aids* para reduzir a quantidade de vírus, na esperança de obter alívio.

O corpo é projetado para curar-se por si mesmo no nível celular. Os mecanismos bioquímicos da célula são bilhões de vezes mais complexos que os mecanismos precisos de funcionamento do universo. Esses processos utilizam proteínas, carboidratos e gorduras para obter calorias e nutrientes por outras reações desconhecidas. Cada reação também gera produtos não utilizáveis. As células têm meios de eliminar esses dejetos, mas ao que parece podem ficar sobrecarregadas. Jejuar ajuda a descongestionar o sistema, e desse modo eliminar os dejetos e outras toxinas. As pesquisas modernas, os curandeiros antigos e, mais importante, a Palavra do Projetista do organismo, Deus, indicam que um dos benefícios do jejum é a cura.

Em Isaías 58, Deus censura Israel por abusar do jejum. Deus prometeu aos israelitas que jejuassem verdadeiramente de acordo com a vontade dele: *"Sua luz irromperá como a alvorada, e prontamente surgirá a sua cura"* (Is 58.8).

Muitos anos atrás, o dr. Isaac Jennings aprendeu a prescrever repouso, jejum e água pura e fresca como tratamento para a febre – em vez de sangria, calor e privação de água, que eram práticas médicas convencionais de seu tempo.[1]

O dr. Jennings adquiriu fama por curar muitas doenças crônicas. Ele receitava pílulas de várias cores, pós e água, ao mesmo tempo que se abster de alimento por vários períodos de tempo (jejuns parciais). Seu sucesso foi tão fenomenal que a Universidade de Yale lhe concedeu um título honorário.

Quando o dr. Jennings revelou que suas pílulas e pós eram pequenos fragmentos coloridos de pão, seu prestígio diminuiu. Ele tinha descoberto o efeito placebo. Teria ele também redescoberto os benefícios de longo alcance do jejum?

O jejum e a pesquisa sobre o câncer

Uma pesquisa realizada pelo dr. George Thampy, bioquímico da Universidade de Indiana, com sessenta pessoas saudáveis, que participaram de um jejum de três semanas, revelou resultados interessantes: (1) redução significativa de colesterol, (2) redução da pressão arterial; (3) alívio de artrite; (4) perda de massa corporal e peso (até vinte quilos durante o jejum de três semanas).[2]

Os indivíduos que quebraram o jejum e mantiveram uma dieta como a indicada em Gênesis 1.29 (vegetariana) não recuperaram muito peso até um mês depois de quebrar o jejum. Aqueles que passaram abruptamente para uma dieta normal recuperaram peso significativo (até 7,5 quilos) durante a primeira semana de retorno à alimentação.

Atualmente, Thampy está "caçando" um determinado elemento que, já se sabe, mata as células cancerígenas. Esse elemento é ausente em pacientes que têm tumor, e pode ser elevado em indivíduos que jejuam.

O jejum também se mostrou um tratamento eficaz para artrite reumatoide e pode reduzir as dores das articulações, inchaço e rigidez matinal em apenas alguns dias. Num experimento, 27 pacientes de artrite reumatoide permaneceram na dieta de Gênesis 1.29 – basicamente vegetariana – e mostraram melhora notável. Outro grupo de pacientes do mesmo teste não aderiram ao jejum parcial e sofreram recaídas.[3]

O jejum e a saúde mental

Entre os benefícios do jejum para a mente, estão a tranquilidade, a capacidade de se concentrar nas prioridades e a melhora generalizada da atividade mental.

Não espere milagres mentais em seu primeiro jejum. Sintomas de dependência e síndrome de abstinência (irritabilidade, ira, etc.) podem superar qualquer benefício na primeira vez. Entretanto, os exemplos de efeito positivo do jejum sobre a mente são ainda mais notáveis.

Um casal de Kansas com que conversei, ambos médicos, tinha um filho autista. Eles descobriram o jejum quando o menino tinha doze anos. Depois de um jejum de três dias, o filho deles começou a responder a eles pela primeira vez na vida. Através de exames, descobriu-se que ele tinha uma deficiência enzimática que o deixava sensível a certos alimentos. Depois de um jejum geral de alguns dias, passou-se para um jejum rotativo para proteger o sistema enzimático do menino de um colapso. Aos dezoito anos de idade, ele estava lendo e mostrando grande melhora, de acordo com os pais.

Os sintomas de muitas outras doenças mentais, como, por exemplo, hiperatividade, dislexia, delinquência incorrigível, esquizofrenia e depressão, pelo que parece, melhoravam temporariamente depois de jejuns curtos. Normalmente acredita-se que essas síndromes estejam ligadas ao relacionamento inicial entre pais e filhos. E se elas tivessem relação mais próxima com a dieta?

Os psicanalistas que seguiram a teoria de Sigmund Freud durante anos fizeram isso com dedicação tal que beirava ao culto. Freud ainda é reverenciado como o pai da psiquiatria. A teoria de Freud geradora de culpa no id inconsciente, no ego e no superego foi aceita principalmente porque a academia estava usando uma nova definição de ciência que excluía o sobrenatural. Ele mesmo usuário de cocaína, e formulou sua teoria e conquistou fama tratando pacientes com cocaína. Eles relataram resultados maravilhosos! Freud produziu uma teoria esquisita! *("Há caminho que parece certo ao homem, mas no final conduz à morte"* – Pv 14.12).

Na verdade, na definição mais estrita, os métodos de Freud se transformaram em religião. Desde seus dias, porém, muitos desses distúrbios psicológicos mostraram que têm causas orgânicas. Reportou-se que alguns sintomas dessas doenças mentais desapareceram depois de hemodiálise, procedimento que filtra os produtos tóxicos do sangue. Esses produtos se recompõem rapidamente e dentro de algumas horas os sintomas podem retornar.

Seria o caso de essas toxinas terem origem em alimentos não completamente metabolizados, ou em acúmulo de produtos não aproveitáveis? Substâncias químicas ou drogas podem causar sintomas estranhos? Claro!

A mente é algo precioso. Jejuar pode dar tempo ao corpo para se purificar de produtos tóxicos. Comer os alimentos na forma mais pura pode ser muito bom para a mente, da mesma forma que demonstrou cuidar de nossas articulações, nosso peso e nosso sistema imunológico.

O dr. Yuri Nikolayave, psiquiatra da Universidade de Moscou, tratou esquizofrênicos com jejuns de água durante 25 a 30 dias. Esses jejuns eram seguidos por ingestão de alimentos na forma mais pura durante trinta dias. Setenta por cento de seus pacientes permaneceram livres dos sintomas pelo período – seis anos – que durou o estudo.[4] Em pacientes que tinham essas doenças já avançadas, ocorreram alterações bioquímicas profundas durante o jejum.

Allan Cott, médico da Universidade de Nova York, usou esse tratamento de jejum em 28 pacientes esquizofrênicos. Ele relatou uma taxa de sessenta por cento de recuperação desses distúrbios assustadores.[5]

Para conhecer muitos casos semelhantes, leia *Brain Allergies* (Alergias cerebrais), do neuropsiquiatra William Philpott. Ele tratou de reações a alimentos com abstenção dos que eram agressivos durante três meses. Em seguida fez rodízio de refeições de quatro em quatro dias com alimentos conhecidos. O dr. Philpott emprega esse tratamento para todos os tipos de problemas físicos e psicológicos; entre eles, a artrite, com sucesso notável.[6]

A dieta rotativa é complexa e difícil, mesmo para pacientes altamente motivados. Eu, particularmente, acredito que o jugo dos alimentos e das substâncias químicas é mais facilmente rompido com períodos frequentes de abstinência (jejum). A abstinência de alimentos agressivos durante três meses é equivalente a um jejum.

Os pediatras, cardiologistas e os especialistas em medicina interna empregam essa forma de tratamento não-convencional para muitos males e obtêm resultados interessantes. Porém, é necessário supervisão.

Vícios alimentares

É possível transformar um determinado alimento no seu deus, tornando-se viciado nele. Qualquer coisa que se transforme em vício desaloja Deus de seu

Apêndice 1 – Jejuar: Dar um repouso para o corpo

devido trono em nossa vida. *"Jesurum engordou e deu pontapés; você engordou, tornou-se pesado e farto de comida. Abandonou o Deus que o fez"* (Dt 32.15)

Em sua clássica obra devocional, *My Utmost for his Highest*, Oswald Chambers escreveu: "Tenha o hábito de não ter hábitos". Ressaltou que Cristo é seu Senhor, isto é, "Patrão". Se você é servo de Cristo, até os bons hábitos podem impedi-lo de servir a seu Senhor. Comer é um hábito necessário que alguns elevaram ao reino de adoração. Não deixe que nenhuma substância química, nenhum alimento ou bebida se transforme em seu deus.

Segundo o mesmo princípio, também não se torne dependente de *jejum*. Não se iluda, crendo que não deve se alimentar de maneira saudável. Você necessita de muitos nutrientes em intervalos regulares. Jejuar eventualmente é uma exceção à regra de alimentar-se.

Nossa sociedade é viciada em álcool, esportes, alimentos, drogas, formação escolar, riqueza, poder, trabalho, relacionamentos, nicotina, jogo, compras, etc. De acordo com alguns pesquisadores, mais de dez milhões de pessoas nos Estados Unidos estão afetadas negativamente pelo uso de algumas substâncias tóxicas.[7] De acordo com o *Relatório Kellogg*:

> Como doenças características do período contemporâneo, elas são causadas por abundante sobrecarga de substâncias antes raras, de nicotina a açúcar e cocaína, que agora inundam nossa sociedade.[8]

Muitas coisas em que somos viciados são boas em si. Alimentos, sexo, dinheiro, trabalho, etc, são todas bênçãos maravilhosas se forem seguidas as diretrizes para o que foram planejados. Por experiência própria, sei que essas diretrizes se encontram nas Escrituras. Entretanto a dieta em geral é afetada negativamente por vícios. Temos apenas de observar os efeitos prejudiciais do álcool, dos distúrbios alimentares, das drogas e do fumo. Pelo fato de esses vícios nos fazerem comer incorretamente, a solução implica ingestão de alimentos corretos, bem como emoções corretas. Tanto a comida quanto as emoções são afetadas positivamente por um jejum adequado.

Entre outros vícios que nos afetam negativamente, estão o açúcar, a gordura e a cafeína. Essas substâncias não só nos fazem negligenciar os nutrientes essenciais, mas também fazem o corpo perder sua capacidade de digerir, absorver e utilizar os nutrientes de que necessita. Se os vícios forem vencidos ou prevenidos pelo jejum, os nutrientes designados para as nossas células poderão ser digeridos, absorvidos e aproveitados. Quando o jejum é combinado com a ingestão das coisas criadas para ser um alimento, "a cura virá".

A prevenção de problemas de saúde é muito mais fácil que a recuperação. Em geral, o jejum previne o vício em alimentos.

Os seres humanos têm um sistema enzimático imperfeito (lembre-se de que a queda do homem impôs limitações ao corpo: *"Maldita é você"* [Gn 3.14]). A "queda" do sistema enzimático de cada um é particular. É por isso que um indivíduo pode ser sensível ao leite e outro pode consumir grandes quantidades desse alimento sem problema nenhum. Uma pessoa pode passar a vida inteira tentando avaliar quanto cada alimento em particular afeta seu organismo.

Parece que intervalos regulares de jejum são o melhor meio de nos proteger de deficiências ou de um sistema enzimático deficiente. O jejum impede que os baixos níveis de enzimas sejam sobrecarregados pela glutonaria ou outro consumo exagerado. Jejuar talvez seja um meio de contrabalançar esse aspecto da queda – um meio planejado desde o início quando nosso criador determinou um dia de descanso.

Diz-se que o cérebro deseja a própria substância que lhe está causando dano. Na verdade, não podemos sequer confiar em nosso próprio cérebro para querer o que é melhor para nós. Esse é outro motivo por que precisamos de padrões alimentares como os que se encontram nas Escrituras. O cérebro nos informa que quer mais açúcar, gordura e outras coisas supérfluas encontradas naquilo que popularmente se chama *fast-food*. O cérebro gosta desse tipo de comida, mas, quando se consome em grande quantidade, o corpo começa a protestar com doença e/ou saúde debilitada. Se o ciclo se repetir constantemente, começam a se instalar o vício e a glutonaria. Provérbios 23 adverte:

> *Quando você se assentar para uma refeição com alguma autoridade, observe com atenção quem está diante de você, e encoste a faca à sua própria garganta, se estiver com grande apetite. Não deseje as iguarias que lhe oferece, pois podem ser enganosas.* (v. 1-3).

O dr. Joseph Beasley compara o comportamento de pessoas viciadas a um edifício em chamas:

Todas as células (do corpo) estão sendo consumidas e destruídas aos poucos pelos efeitos do vício ou da compulsão. Sem o corpo recuperado, nem a mente, nem o espírito conseguem atingir seu pleno potencial.[9]

O dr. Richard Weindruch, da Universidade da Califórnia em Los Angeles, relatou que os camundongos que jejuaram com frequência viveram mais tempo e com muito menos doenças que os que tiveram liberdade para comer o que quisessem.[10]

O vício em algum alimento, como, por exemplo, açúcar, sal, gordura ou cafeína, não será vencido com um período de vinte e quatro horas de abstinência. Quase sempre os vícios alimentares requerem abstinência do alimento agressor de três semanas a três meses para purificar o organismo. Períodos curtos, mas frequentes, de abstinência podem acabar ajudando a vencer a fixação ao alimento.

O que esperar? Como começar?

Três dias antes de começar a jejuar, coma somente as coisas que Deus criou para ser alimentos, e na forma mais pura e natural possível – antes de os nutrientes essenciais terem sido eliminados no processamento. É sábio beber água pura durante o jejum.

No primeiro dia de jejum, recomendo beber somente água e suco de frutas, com ou sem adoçante. Isso ajuda a contrabalançar os sintomas hipoglicêmicos que muitas pessoas apresentam durante o primeiro jejum. O número de sintomas e a gravidade deles pode depender dos vícios alimentares que você acumulou. A maior parte dos sintomas será leve, consistindo em dor de cabeça, fraqueza ou irritabilidade. Entre outros sintomas podem estar mau hálito, diurese aumentada (urinar com mais frequência), insônia ou uma sensação de frio.

Caso se sinta doente, coma. Você não vai ganhar bônus de virilidade fazendo-se sofrer. Em seguida, tente jejuar outra vez em poucos dias, procurando estender a duração de seu jejum um pouco mais.

Tente esticar as horas almoçando e depois deixando de jantar. Durante as horas mais difíceis do jejum, você estará dormindo. Depois você pode fazer o *"desjejum"* dando graças pelos alimentos que Deus criou para você. Em breve você será capaz de passar vinte e quatro horas ingerindo apenas água ou sucos. Você vai se sentir muito bem durante a maior parte de seu jejum! Jejue desse modo uma ou duas vezes por semana, de mês em mês ou de dois em dois meses. Consulte livros sobre jejum. Deixe Deus orientá-lo para jejuns mais prolongados. Você não será o primeiro a completar um jejum longo.

Para jejuns parciais, talvez seja bom você consumir sucos, frutas e vegetais crus e sopas no primeiro dia. No segundo dia, você pode acrescentar pães de cereais integrais, castanhas, vegetais e legumes cozidos.

Tome nota de qualquer sintoma que surgir enquanto substitui gradativamente o jejum por alimento. Se sentir alguma alteração depois de acrescentar um ou outro alimento, procure evitá-lo durante alguns meses. Depois de jejuar, ingira carnes somente em certas ocasiões ou em comemorações.

A maioria das pessoas que confiam piamente no jejum para fins de saúde recomenda um jejum eventual de um fim de semana ou mesmo de uma semana inteira. Posso garantir-lhe que, se você é saudável, esse tipo de jejum não lhe fará nenhum mal. Muitos exemplos na história da humanidade mostram pessoas jejuando completamente até quarenta dias sem se prejudicar. Mostram também muitas recuperando-se de uma série de enfermidades durante períodos de jejum.

Suplementar seu jejum com sucos recém-extraídos da fruta e caldo de carne talvez seja útil. Mesmo um jejum parcial com vegetais pode reduzir sintomas. Procure instruções de profissionais, médicos ou nutricionistas, para seus problemas específicos.

Jejuar não é uma competição esportiva. Você não precisa estabelecer nenhum recorde. Seu organismo não ficará mais saudável se você superar seu amigo ou seu adversário no jejum. Não fique emburrado se seu marido (ou sua mulher) o "ultrapassar" no jejum. Deus não lhe vai dar mais prazer, tampouco uma coroa especial, por sofrer mais que alguém. Não há nenhum placar de jejum.

Os manifestantes irlandeses que fizeram greve de fome não sentiram nenhum efeito antes de começarem a sentir a verdadeira fome. Quando a fome genuína surge, é porque o corpo está começando a deteriorar e necessita de alimento. Alguns desses manifestantes, que estavam bem saudáveis depois de cinquenta dias de jejum parcial, morreram dentro de duas semanas depois do início da verdadeira fome.

Evite toda e qualquer substância química durante um jejum. Água pura ou destilada e sucos frescos são preferíveis. Lembre-se também do conselho de Jesus:

Apêndice 1 – Jejuar: Dar um repouso para o corpo

Quando jejuarem, não mostrem uma aparência triste como os hipócritas, pois eles mudam a aparência do rosto a fim de que os outros vejam que eles estão jejuando. Eu lhes digo verdadeiramente que eles já receberam sua plena recompensa. Ao jejuar, arrume o cabelo e lave o rosto" (Mt 6.16, 17).

Jesus supunha que oraríamos, daríamos ofertas, jejuaríamos e perdoaríamos. Seus ensinos pressupõem que todos os crentes seguiriam essas instruções. Para Ele orientar os crentes sobre essas práticas era como discutir sobre respirar, dormir ou comer, que são todos parte da vida de uma pessoa normal.

Entre as recompensas de observar um jejum estão os benefícios mentais e físicos. Acredito que jejuar é um meio muito valioso para experimentar o divino projeto para a saúde plena.

Embora a Bíblia e pesquisas autorizadas indiquem que o jejum é benéfico, ainda será difícil jejuar por causa de pressões de colegas, conselho de familiares e recomendações médicas. Mesmo os programas de perda de peso nos ensinam a fazer todas as refeições. Se precisamos de três refeições por dia, isso significa que é para todos os dias? Três refeições por dia são necessárias? Quem disse? Isso é de fato saudável? (Nós, norte-americanos, sempre nos esquecemos de que três refeições quadradas (certinhas) podem-nos deixar redondos!) O que é mais saudável: jejuar ou nunca deixar de fazer uma refeição?

Por que tanta gente acha tão difícil jejuar?

A raiz do problema

Para muitos, o maior problema de jejuar é o mesmo que o de outras práticas que, sabemos, são boas e saudáveis, mas temos dificuldade em realizar. É tanto problema de *tempo* quanto problema *espiritual*. Estamos muito atarefados – não só para jejuar, mas também para estudar a Palavra de Deus, para nos comprometer com boas obras, para refletir sobre a vontade de Deus para nós, para nossa comunidade, nossa igreja, família, nosso país, etc. Estamos atarefados demais para usar as ferramentas que podem permitir aos redimidos florescerem.

Por outro lado, pense nisto: jejuar pode-nos dar pelo menos três horas a mais por dia. Calcule todo o tempo que gastamos com a preparação do alimento, com o tempo que passamos comendo – e na sonolência depois das refeições! Até mais tempo se gasta para decidir onde, o que, quando, por que e como vamos comer.

Há alguma evidência na história de que pessoas piedosas eram tão preocupadas com o preparo das refeições? Pelo contrário, muitos heróis e heroínas da fé passaram tempo jejuando – pessoas como Moisés, Davi, Neemias, Ester, Daniel, Elias, Ana, Jesus, Paulo, João Batista e seus discípulos e Ana (do Novo Testamento).

Além disso, muitos líderes que Deus usou ao longo da história praticaram o jejum, entre eles, Lutero, Calvino, Wesley e Knox. A leitura a respeito da vida e obra deles deixa evidente que o jejum era vital tanto para a relação deles com o Criador quanto para a liderança e influência deles.

Recentemente, o dr. Bill Bright, da Cruzada Universitária Para Cristo, pediu que trezentos líderes cristãos se reunissem com ele em Orlando, Flórida, para jejuar e orar. Surpreendentemente, seiscentas pessoas de várias organizações foram e jejuaram com ele durante três dias! Livros como *The Comimg Revival* (Nashville: New Life Publications, 1995), do dr. Bright, e *God's Chosen Fast* (Fort Washington: Christian Literature, 1993), de Arthur Wallis, documentam a ação do Espírito Santo em pessoas contemporâneas nossas quando praticam a disciplina do jejum.

É possível que o jejum produza avivamento em nosso país. Gostaria de fazer parte disso. E você, também não gostaria?

Notas

[1] Albert Anderson, médico, "Creation Health – Gorgotten Medical Science" (Saúde da criação – a ciência médica esquecida) (folheto publicado pelo autor), p. 2.

[2] George Thampy, Ph.D, "The Effect of Fasting" (O efeito do jejum) (Resumo 2252), num relatório de uma conferência sobre "Ingestão de alimentos e regulação do peso corporal" recebido do autor (dr. Russell) no Fort Wayne Center for Medical Education, Universidade de Indiana, Fort Wayne, IN 46805-1499.

[3] J. Kjeldsen-Kragh, médico, "Controlled Trial of Fasting and One-year Vegetarian Diet in Rheumatic Arthritis" (Ensaio controlado de jejum e dieta vegetariana de um ano em artrite reumática), *Lancet* 338:8772, 12 de outubro de 1991, p. 899-902.

[4] Yuri Nikolayave e Allan Cott, "Continued Fasting Treatment of Schizophrenics in the USSR" (Tratamento de esquizofrênicos com jejum continuado na URSS), *Schizophrenia* 1:1969, p. 44.

[5] Allan Cott, médico, "Treating Schizophrenic Children" (Tratamento de crianças esquizofrênicas), *Schizophrenia* 1:1967, p. 3.

6. William Philpott, médico, *Brain Allergies* (Alergias cerebrais). New Canaan: Keats Publishing Co., 1980, p. 28.
7. Karolyn Gazella, "Addictions: Breaking Free is Possible" (Vícios: é possível libertar-se deles) *Health Counselor*, 7:1, 1995, p. 27-31.
8. Joseph Beasley, médico, e J.M.A. Swift. *The Kellog Report* (Relatório Kellog). Bard College Center, NY: Institute of Health Policy and Practice, 1989, p. 371.
9. Joseph Beasley, médico, *Food for Recovery* (Alimentos para recuperação). Nova Iorque: Crown Trade Paperbacks, 1994, p. 5.
10. Richard Windruch, médico, "Dietary Restriction in Mice" (Restrição de dieta em camundongos), *Science* 315:4538, p. 1415-18.* Do livro *What the Bible Says About Healthy Living* (Ventura, Calif.: Regal Books, 1996). Usado com permissão.

Apêndice
2

Glossário do jejum

Abusos no jejum

Houve abuso na disciplina do jejum em pelo menos cinco formas nas Escrituras. (1) Alguns separaram a prática formal da devoção interior a Deus e do arrependimento do pecado, o que o jejum deveria representar (veja Isaías 58.5 e Joel 2.13). (2) O jejum foi praticado algumas vezes para encobrir outros motivos e/ou práticas pecaminosos (veja 1 Reis 21.9-13 e Isaías 58.41). (3) Outros jejuaram por razões econômicas em vez de espirituais ou ministeriais (veja Isaías 58.7). (4) Alguns fariseus jejuavam mais por aparência que por um ato genuíno de adoração a Deus (veja Mateus 6.16). (5) O jejum era exigido, talvez por razões de ascetismo, por alguns falsos mestres na igreja primitiva (veja 1 Timóteo 4.3).

Quebrar o jejum

O jejum deve ser quebrado de acordo com as Escrituras. Se o jejum ocorreu de acordo com a Bíblia, significa que o crente se entristeceu e se arrependeu de seus pecados, então deve quebrar o jejum com o mesmo espírito que o praticou. Não acredito que alguém vá de um espírito de oração para uma atitude leviana e comece a fazer um banquete.

Algumas pessoas não mantêm o voto de jejum – o tempo do jejum ou de abstinência de alimento/líquido que simbolizava seu voto. Acredito que isso quebra a eficácia do voto dessas pessoas e que elas devem começar novamente do início. Não acredito que possam retomar de onde pararam (isto é, se fizeram um voto de três dias, e comeram algo depois de dois dias, elas não podem voltar e jejuar por um dia).

O jejum do Yom Kippur dos judeus acontecia do pôr-do-sol ao amanhecer do dia seguinte. Pelo fato de o estômago estar vazio depois do jejum, alguns causavam choque ao corpo ao amanhecer ou noutro fim de jejum enchendo-se de alimento, achando que precisavam compensar o tempo que ficaram sem comer. O corpo humano não precisa desse choque. Além disso, não quebre o jejum com alimentos pesados. O correto é uma sopa ou um sanduíche leve. Certo homem me disse que depois de um jejum prolongado uma tigela de caldo foi "celestial" e a melhor coisa que ele já havia posto na boca.

O termo "desjejum" vem da frase bíblica "quebrando o jejum". Esse termo encontra-se no texto original de João 21.12, 15: "Depois de comerem [no grego: tomarem o desjejum], Jesus perguntou a Simão Pedro" (v. 15).

Depois que ressuscitou dos mortos, Jesus disse às mulheres que se encontravam no sepulcro que Ele iria encontrar os discípulos na Galileia (veja Mateus 28.10). Cheios de frustração, os discípulos retornaram à antiga atividade, a pesca. Talvez tivessem se esquecido de que Cristo os chamara para abandonar as redes e segui-lo (veja Marcos 1.16). Quando Cristo apareceu para eles, estavam desanimados, desviados e, quem sabe, fora da vontade de Deus. Ele lhes disse para lançar as redes no outro lado do barco, onde pescariam peixe. Quando chegaram à praia encontraram peixe, pão e uma fogueira. Jesus os convidou: "Venham quebrar o jejum" (Jo 21.12 – paráfrase do autor). Eles encerraram o jejum com Jesus Cristo.

Não estavam mais cegos espiritualmente, mas sabiam quem era Jesus. "Nenhum dos discípulos tinha coragem de lhe perguntar: 'Quem és tu?' Sabiam que era o Senhor" (Jo 21.12). Depois dessa experiência Jesus pôde comissionar o apóstolo Pedro: "Pastoreie as minhas ovelhas" (v. 16).

Quando você quebra o jejum, deve estar em comunhão com Jesus Cristo. Você jejuou e buscou a presença de Deus em sua vida: agora, saia do jejum com Ele.

Quebre seu jejum com uma "refeição santa". Não se trata da Ceia do Senhor, nem requer você tenha "alimentos" religiosos para comer ou "objetos" religiosos sobre a mesa (isto é, velas, etc.). Quando você quebrar o jejum, não se esqueça de dar graças a Deus pelo alimento que comeu e de lhe pedir força física por meio do alimento. Você deve comer seu alimento com a mesma atitude de quando se absteve dele. *"Quer vocês comam, bebam ou façam qualquer outra coisa, façam tudo pra a glória de Deus"* (1 Co 10.31).

Quebra do jejum e o serviço cristão

Jesus e seus discípulos comeram o desjejum no litoral da Galileia. Quando terminaram, Jesus se voltou para Simão Pedro e perguntou-lhe três vezes: *"Você me ama mais do que estes?"* (Jo 21.15). A palavra "estes" se refere às redes, aos barcos e à profissão de pescador de Pedro. Jesus estava perguntando a Pedro se seu amor por Ele era maior que seu amor pela profissão e pela obtenção do sustento. Essa também é a questão do jejum.

Em duas perguntas nessa conversa, o Senhor empregou a palavra "profunda" para amor: *agapao*. Com isso, Jesus estava perguntando a Pedro: "Você me ama de todo o seu coração?" Pedro foi sincero. Sabendo que não podia dizer que amava o Senhor tanto assim, respondeu: "Eu tenho afeto por ti, Senhor".

Na terceira vez, o Senhor perguntou a Pedro: "Você me ama?" Empregou a palavra rasa também utilizada para amor, como se perguntasse: "Pedro, você tem afeto por mim *realmente*?" Então Pedro conseguiu responder apenas: "Sim". Por causa da sinceridade de Pedro, o Senhor pôde lhe dar a ordem para o serviço cristão: "Pastoreie as minhas ovelhas" (v. 17).

No final do jejum daquela noite, Pedro estava pronto para o serviço cristão. Ele não era mais um servo exibido. O fracasso o fizera descobrir suas limitações. Por causa de seu arrependimento, o Senhor lhe mandou apascentar suas ovelhas. O apóstolo que havia negado seu Senhor três vezes estava sendo graciosamente reintegrado ao serviço cristão.

Depois de ter jejuado, você deve levantar-se e ir trabalhar para Jesus Cristo. Uma coisa é abster-se de alimento, outra é doar-se ao serviço e dedicar-se a ele. O jejum deve levá-lo à salvação de almas, ao ensino na escola dominical, a dar sacrificialmente de seu dinheiro ou doar de outras formas para o Senhor.

A prova de seu jejum é medida pela energia de seu serviço depois de ter quebrado o jejum. Jesus disse: *"Serão [vocês] minhas testemunhas"* (At 1.8). Como consequência do jejum, devemos ser testemunhas melhores a fim de nos transformar em melhores ganhadores de almas.

Quebre seu jejum com comemoração

Os judeus compreendiam o jejum, as festas e a comemoração. Todos os anos Israel celebrava o Dia da Expiação. A trombeta soava por toda a terra prometida no décimo dia do sétimo mês. Nessa ocasião, o sumo sacerdote entrava no Santo dos santos e fazia *"propiciação por si mesmo, por sua família e por toda a assembleia de Israel"* (Lv 16.17). A ênfase do Dia da Expiação eram os pecados da nação. Enquanto o sumo sacerdote fazia seu serviço de intercessão sacerdotal e expiação, o povo se reunia e jejuava (veja 23.27-29).

"Quem não se humilhar nesse dia será eliminado do seu povo" (v. 29). Este versículo está dizendo que aqueles que não jejuassem, não confessassem seus pecados nem se arrependessem do mal não entrariam no perdão disponível no Dia da Expiação.

O Dia da Expiação, como uma ocasião solene, era simbolizado adequadamente com o jejum, mas sempre terminava com uma grande comemoração (veja v. 32).

Quebre seu jejum com louvor

Ana era uma esposa piedosa. Ela queria servir ao Senhor, mas, acima de tudo, queria um filho. Todos os anos ela ia à casa de Deus e orava por um filho. Certa ocasião, ela jejuou e *"não comia"* (1 Sm 1.7). Ana jejuou e orou por seu pedido.

O chefe dos sacerdotes, Eli, viu-a chorando no templo. A Bíblia diz: *"Eli observava sua boca"* (1 Sm 1.12). Por causa da intensidade da oração de Ana, Eli pensou que ela estivesse embriagada e a repreendeu. Ela replicou: *"Não se trata disso meu Senhor. Sou uma mulher muito angustiada. Não bebi vinho nem bebida fermentada; eu estava derramando minha alma diante do Senhor"* (v. 15). Claro que Ana estava chorando para Deus e estava em espírito solene porque desejava que Ele respondesse as orações. Ela estava em jejum.

Depois de ter jejuado e orado, *"Ana [...] deu à luz um filho"* (1 Sm 1.20). Logo depois do nascimento do menino, Ana foi à casa de Deus. O belo cântico de louvor de Ana está registrado em 1 Samuel 2.1-10. Ela clamou: *"Meu coração exulta no Senhor"* (v. 1) e *"o Senhor é quem dá pobreza e riqueza; ele humilha e exalta"* (v. 7). Ana encerrou seu jejum com louvor.

Jejum quebrado
(Veja Jejum violado.)

Jejum em conjunto

Um jejum conduzido por um grupo de pessoas de acordo umas com as outras. Os jejuns em grupo podem ser uma reação espontânea à ação do Espírito Santo de Deus dentro do grupo, ou um evento organizado dentro de uma igreja ou grupo de igrejas em geral destinado a estimular a intervenção divina numa questão relativa à união, como, por exemplo, política nacional ou internacional. Para conhecer exemplos de jejuns coletivos nas Escrituras, veja o Apêndice 5.

Perigo como motivo de jejum

Alguns exemplos bíblicos revelam pessoas praticando a disciplina do jejum quando estavam enfrentando perigos reais ou potenciais. Entres estes estão (1) Josafá, quando ameaçado pelo povo de Moabe e outros (veja 2 Coríntios 20.3); (2) Jeoaquim, que proclamou um jejum como sinal de penitência para evitar o castigo de Deus (veja Jeremias 36.9); (3) Esdras, quando se preparava para viajar para Jerusalém (veja Esdras 8.21); (4) os judeus de Susã, quando ameaçados pela trama de Hamã (veja Ester 4.3); e (5) Joel, quando enfrentou a praga de gafanhotos (veja Joel 1.14; 2.15).

Jejum de Daniel (veja o Capítulo 8)

Problema: Quando estiver diante de um problema físico de saúde/cura, você limita sua dieta às necessidades essenciais que fortalecem o corpo para que possa curar-se por si mesmo da doença ou a manter a boa saúde.

Versículo-chave: *"Peço-lhe que faça uma experiência com os seus servos durante dez dias. Não nos dê nada além de vegetais para comer e água para beber"* (Dn 1.12).

Recomendação: (1) Comece seu jejum definindo o problema, em seguida ore por uma resposta específica ao problema. (2) Jejue como um compromisso espiritual com Deus pela resposta. (3) Seu compromisso de jejum é um teste exterior que reflete seu desejo interior. (4) Jejue e ore para compreender o papel do pecado que o impede de ter boa saúde ou de ser curado. (5) Seu jejum é uma declaração de fé para os outros. (6) O jejum de Daniel não é feito em privacidade. (7) Conheça o potencial dos alimentos que você come durante o jejum de Daniel. (8) Entregue todos os resultados físicos a Deus.

Aspectos práticos: (1) O jejum de Daniel levará a reflexão espiritual. (2) Dura mais que um dia. (3) É um jejum parcial, não um jejum completo. (4) O jejum de Daniel implica comer alimentos saudáveis. (5) O jejum de Daniel implica abstinência de "salgadinhos", "docinhos" e todas essas comidinhas de festa.

Dia da Expiação

O único jejum que as Escrituras prescrevem. Esse jejum anual foi estabelecido por revelação divina (veja Levítico 16.29), enquanto outros jejuns do calendário judeu (por exemplo, o purim) tiveram origem na tradição histórica do povo. No Dia da Expiação, a lei rabínica exigia que o povo se abstivesse de comer, beber, tomar banho, ungir-se, usar calçados e de relações conjugais. O Dia da Expiação é descrito como "o Jejum" no Novo Testamento, e talvez tenha sido observado pelos primeiros cristãos (veja Atos 27.9).

Jejum do discípulo (veja o Capítulo 2)

Problema: Pecado crônico, aquele que mantém a pessoa prisioneira. Normalmente a pessoa já tentou várias vezes, mas sem êxito, libertar-se desse pecado.

Versículo-chave: "Esta espécie só sai pela oração e pelo jejum" (Mt 17.21).

Recomendação: (1) Renunciar a qualquer controle sobre sua mente que não venha de Cristo, confirmando seu desejo de libertar-se. (2) Reconhecer que uma força externa é responsável pela prisão (veja Mateus 17.18). (3) Perdoe qualquer pessoa que você tenha responsabilizado pelo problema. (4) Submeta seu desejo ao desejo de Deus para você. (5) Assuma a responsabilidade pelo modo que você pode ter contribuído para sua própria prisão. (6) Repudie todas as más influências que o tentam a permanecer prisioneiro.

Jejum de disciplina

Jejuar em resposta a uma convicção espiritual de Deus de que deve ser feito um jejum mesmo que não haja um objetivo aparente.

Textos controversos acerca do jejum

Quatro referências ao jejum incluídas no *Textus Receptus* não aparecem nos manuscritos mais antigos. Entre esses estão Mateus 17.21; Marcos 9.29; Atos 10.30 e 1 Coríntios 7.5. Aqueles que acreditam que as referências ao jejum são acréscimos posteriores, em geral alegam que elas foram acrescentadas para apoiar a ênfase reforçada pelo ascetismo durante a Idade Média.

Jejum de Elias

Problema: Esse jejum é para aqueles que querem romper um padrão de comportamento emocional ou mental que pode ou não ser pecado. Um hábito é um padrão de comportamento adquirido pela repetição frequente que se reflete na realização regular ou aumentada.

Versículo-chave: "*Ele se levantou, comeu e bebeu. Fortalecido com aquela comida, viajou quarenta dias e quarenta noites até Horebe, o monte de Deus*" (1 Rs 19.4, 8).

Recomendação: (1) Prepare-se fisicamente para o jejum de Elias. (2) Reconheça e enfrente suas limitações. (3) Revisite o lugar em que Deus se revelou e lhe deu vitórias espirituais. (4) Jejue para ouvir e entender a Palavra de Deus. (5) Deixe que a Palavra de Deus o examine para revelar sua fraqueza. (6) Confesse (concorde com) a Deus a sua fraqueza. (7) Examine a Palavra de Deus para encontrar o significado silencioso interior de seu problema, não para ter poder exterior para vencer o hábito. (8) Estabeleça um conjunto de ações positivas. (9) Enxergue o positivo através dos olhos de Deus. Não se contente em vencer os maus hábitos, mas crie bons hábitos. (10) Visualize os resultados potenciais em sua vida quando você obedecer a Deus.

Aspectos práticos: Enquanto Elias jejuou por quarenta dias, teve assistência sobrenatural, e um jejum tão prolongado quanto o dele não é recomendado na nossa dispensação. A extensão do jejum de Elias dá a entender: (1) que você talvez precise jejuar várias vezes para vencer um hábito ou vício; (2) quanto mais intenso o hábito, mais intensa sua oração deve ser; (3) quanto mais tempo você tem o hábito, mais tempo de jejum você pode precisar para vencê-lo.

Jejum de Ester

Problema: Use-o quando enfrentar uma ameaça do maligno, ou jejue para segurança contínua a fim de que você seja protegido de forças satânicas.

Versículo-chave: "*Vá reunir todos os judeus [...] e jejuem em meu favor. Não comam nem bebam durante três dias e três noites. Eu e minhas criadas jejuaremos como vocês*" (Et 4.16).

Recomendação: (1) Reconheça a origem do perigo e da destruição. (2) Entenda que você está sitiado por poderes demoníacos. (3) Reconheça a autoridade de quem o protege. (4) Jejue e ore por proteção. (5) Conheça as limitações da oração e do jejum. (6) Obtenha poder no jejum e oração em conjunto. (7) Jejue para vencer a cegueira espiritual. (8) O jejum deve ser feito com bom senso, não abandonando imprudentemente os princípios. (9) Você necessita de proteção espiritual contra espíritos malignos.

Aspectos práticos: (1) Quanto maior o ataque espiritual, mais frequente ou mais longo deve ser seu jejum. (2) Quanto maior é o ataque espiritual que você está sofrendo, mais pessoas você deve recrutar para jejuar e orar por você. (3) Quanto maior o ataque espiritual sobre você, mais proteção e preparação você deve providenciar para o jejum. (4) Embora ore diariamente por proteção contra o maligno, você não jejua diariamente. (5) Jejue e ore pela proteção espiritual de seus líderes e de seu pastor.

Ética no jejum

Somente você e Deus podem saber se você está cumprindo sua promessa de jejuar ou se está "comendo escondido" um docinho ou tomando um golinho de água. Sua integridade determina o quanto você jejua. Jejuar não é apenas obter resposta a orações; também tem a ver como você faz isso. Os mesmos valores que você adota em sua vida vão orientá-lo em suas decisões de jejum. Jejuar não é apenas a coisa certa a fazer para obter resultados, mas também um exercício de crescimento e desenvolvimento de seu caráter.

Faça-se algumas perguntas duras depois de seu jejum:

1. Eu fiz o que disse que ia fazer?
2. Fiz do jeito que disse que ia fazer?
3. Atingi a finalidade que eu queria alcançar?

Jejum de Esdras

Problema: Quando estiver enfrentando um problema na sua vida física ou uma barreira em seu testemunho cristão. Esdras convocou todos os judeus que estavam viajando pelo deserto perigoso a jejuar por proteção para a jornada.

Versículo-chave: "*Por isso jejuamos e suplicamos essa bênção ao nosso Deus, e ele nos atendeu*" (Ed 8.23).

Recomendação: (1) Recrute os envolvidos para jejuar com você (veja Esdras 8.21). (2) Comunique o problema (v. 21). (3) Jejue seriamente para Deus (v. 21). (4) Jejue antes de tentar qualquer solução (v. 15). (5) Jejue num local com critério (v. 21). (6) Jejue por orientação passo a passo (v. 21). (7) Juntamente com o jejum, dê passos práticos para solucionar o problema (v. 24).

Jejum (obrigatório) (Veja Dia da Expiação)

O único jejum obrigatório era no Dia da Expiação, quando era oferecido um cordeiro pelos pecados de toda a nação de Israel. Observe o procedimento seguido pelo sumo sacerdote. *"Arão trará o novilho como oferta por seu próprio pecado para fazer propiciação por si mesmo e por sua família, e ele o oferecerá como sacrifício pelo seu próprio pecado"* (Lv 16.11). *"Então sacrificará o bode da oferta pelo pecado, em favor do povo"* (v. 15). Em seguida, é trazido o "bode expiatório". *"Então colocará [o sumo sacerdote] as duas mãos sobre a cabeça do bode vivo e confessará todas as iniquidades e rebeliões dos israelitas"* (v. 21).

O povo se envolvia jejuando. *"No décimo dia do sétimo mês vocês se humilharão e não poderão realizar trabalho algum, nem o natural da terra, nem o estrangeiro residente"* (v. 29). Os israelitas jejuavam para autoexame e para demonstrar contrição. *"O décimo dia deste sétimo mês é o Dia da Expiação. Façam uma reunião sagrada e humilhem-se, e apresentem ao Senhor uma oferta preparada no fogo"* (23.27). Paulo e seus companheiros talvez tenham observado o jejum do Dia da Expiação em sua viagem a Roma (veja Atos 27.9).

Jesus apoiava o jejum quando ensinava ao povo como jejuar: *"Quando jejuarem"* (Mt 6.17). Ele não mandou jejuar. O jejum é definido como uma disciplina para ajudar os crentes em seu ministério de oração: *"Para que não pareça aos outros que está jejuando, mas apenas a seu Pai, que vê em secreto. E seu Pai, que vê em secreto, o recompensará"* (Mt 6.17,18).

Quando os discípulos de João Batista perguntaram: *"Por que nós e os fariseus jejuamos, mas os teus discípulos não?"* (Mt 9.14), Jesus respondeu que eles o tinham (a divindade) e não necessitavam jejuar. Acrescentou que *"'Virão dias quando o noivo lhes será tirado; então jejuarão'"* (v.15).

O jejum não é uma exigência, nem uma "ordenança da igreja" que deve e precisa ser seguida. É uma disciplina que fortalece e uma ferramenta que fornece respostas à oração, quando corretamente aplicado.

Jejum (Significados originais)

"Jejuar, um jejum" é *tsom* em hebraico e *nesteia* em grego. Significa abstinência voluntária de alimento. A palavra hebraica é composta do negativo *ne* anexado ao verbo *esthio*, "jejuar", daí "não comer". O adjetivo grego *asitos* também é composto do radical negativo alfa (*a*) anexado ao substantivo *sitos* "milho" ou "alimento".

Primeira menção ao jejum nas Escrituras

A primeira menção da prática do jejum nas Escrituras é o jejum de quarenta dias de Moisés, quando ele se encontrou com Deus no monte Sinai e recebeu instruções acerca da construção do tabernáculo e as tábuas de pedra com os dez mandamentos inscritos (veja Êxodo 34.28; Deuteronômio 9.9). Esse encontro foi seguido de um jejum de quarenta dias, período durante o qual as tábuas de pedra foram substituídas (veja Deuteronômio 9.18).

História do jejum

Desenvolvimento histórico no Antigo Testamento: O verbo "jejuar" provém da palavra hebraica *tsum*, que se refere à prática de abnegação. Muitos estudiosos acreditam que a prática do jejum começou com a perda do apetite durante períodos de grande aflição e ameaça. Nesses tempos, a abstinência de alimento era necessária. Ana estava muitíssimo aflita porque era estéril e "chorou e não comia" (1 Sm 1.7). Também, quando o rei Acabe fracassou em sua tentativa de comprar a vinha de Nabote, ele "não comeu nada" (1 Rs 21.4). Portanto o jejum começou como uma expressão natural de tristeza.

Depois de um tempo, habitualmente era usado para refletir ou provar a tristeza de alguém, abstendo-se de alimentos e/ou demonstrando tristeza. Davi jejuou para demonstrar sua tristeza pela morte de Abner (veja 2 Samuel 3.25). Muitas referências bíblicas definem o jejum como "aflição" da alma ou do corpo de alguém. Jejuar passou a ser uma prática externa como meio de demonstrar e depois incentivar um sentimento interno de remorso pelo pecado.

Por ser o jejum uma expressão perfeitamente natural da tristeza humana, passou a ser um costume religioso para aplacar a ira de Deus. As pessoas começaram a jejuar para evitar que a ira de Deus as destruísse. Por fim, jejuar passou a ser uma base para o indivíduo tornar eficaz sua petição a Deus. Davi jejuou enquanto o seu filho estava vivo, mas parou imediatamente quando a criança morreu. Ele disse que enquanto a criança estava viva, ele tinha esperança de que sua oração fosse atendida. Contudo, depois da morte do menino, ele sabia que sua oração e seu jejum não produziriam o resultado desejado (veja 1 Reis 21.27).

Quando o jejum se transformou num modo nacional de buscar a proteção e o favor divinos, era para desviar a ira de Deus da nação ou para impedir que Ele retirasse suas bênçãos da nação. Portanto, era natural que um grupo de pessoas se associasse em confissão, jejum, tristeza pelo pecado e intercessão para Deus.

Jejum no Novo Testamento. No Novo Testamento, o jejum (gr. *nesteia*) era uma disciplina praticada por muitos, principalmente pelos fariseus e os discípulos de João Batista. Jesus começou seu ministério público com um longo jejum de quarenta dias. Quando os apóstolos foram criticados pelos fariseus e também pelos discípulos de João Batista por não jejuarem, Jesus defendeu a atitude deles, dando a entender que jejuariam mais tarde, mas não durante seu ministério entre eles.

Jesus não deu a seus discípulos instruções específicas com relação à frequência do jejum. Ele ensinou que o jejum deles devia ser diferente do dos fariseus. Deviam jejuar para Deus, não para impressionar os outros com sua pretensa espiritualidade. Mais tarde, o jejum foi praticado na igreja primitiva, principalmente quando da ordenação de presbíteros e/ou na designação de pessoas para projetos ministeriais especiais (veja Atos 13.2). Ao que parece, o jejum era praticado por Paulo e por outros líderes cristãos com razoável regularidade.

Jejum na história da igreja primitiva. Epifânio, o bispo de Salamina, nascido em 315 d.C., perguntava: "Quem não sabe que o jejum do quarto e sexto dias da semana era observado pelos cristãos de todo o mundo?" Muito cedo na história da igreja, os cristãos começaram a jejuar duas vezes por semana, escolhendo as quartas e sextas-feiras para evitar confusão com os fariseus, que jejuavam nas terças e quintas-feiras.

A prática de jejuar durante vários dias antes da Páscoa para se preparar espiritualmente para a comemoração da ressurreição de Cristo também era um costume comum. Mais tarde, esse jejum assumiu a forma de uma série de jejuns de um dia por semana, algumas semanas antes da Páscoa. Resquícios desses jejuns da igreja primitiva se veem nas tradições católico-romanas de substituir as carnes por peixe nas sextas-feiras e a guarda da Quaresma durante um período de quarenta dias antes da Páscoa. Os cristãos da era pós-apostólica também tinham o costume de jejuar em preparação para o batismo.

Jejum em movimentos de avivamento. A disciplina do jejum há muito tem sido associada a movimentos de reforma e avivamento na cristandade. Os fundadores do movimento monástico praticavam o jejum como disciplina regular de sua vida. Apesar de posteriormente o monasticismo ter degenerado para praticar o jejum e outras formas de ascetismo na vã tentativa de alcançar a salvação, é provável que os primeiros monges tenham jejuado no desejo de avivamento e reforma da igreja.

Todos os reformadores também praticaram o jejum, bem como os líderes do Avivamento Evangélico. Jonathan Edwards jejuou durante vinte e duas horas antes de pregar seu famoso sermão "Pecadores nas Mãos de um Deus Irado". Durante o Avivamento de Oração dos Leigos em 1859, os cristãos jejuavam durante a hora de almoço para frequentar as reuniões de oração nas igrejas próximas de seu local de trabalho.

No despertar mundial de 1905, a oração era quase sempre acompanhada de jejum à medida que as pessoas buscavam as bênçãos espirituais do Senhor. Billy Graham relata que jejuou e orou durante sua viagem à Inglaterra para dirigir sua primeira cruzada britânica. A resposta nas reuniões dessa época foi definida por alguns observadores como "avivamento em nossa época". Muitos movimentos de avivamento defenderam o retorno à antiga prática cristã de jejuar duas vezes por semana.

Jejuar por intervenção divina. Periodicamente, os líderes políticos declaravam um dia nacional de oração e jejum por intervenção divina em situações de crise. Em 1588, a vitória de Drake sobre a esquadra espanhola foi reconhecida em grande parte pelos ingleses da época como um ato de intervenção divina. Os peregrinos jejuaram no dia anterior ao desembarque do Mayflower, em 1620, enquanto se preparavam para fundar uma colônia missionária para alcançar o povo nativo da América do Norte.

Era comum os líderes políticos de muitas cidades da Nova Inglaterra convocarem jejum quando enfrentavam alguma crise. Seis de fevereiro de 1756, sexta-feira, foi declarado dia de oração e jejum solene na Inglaterra, uma vez que o país enfrentava a ameaça de ser conquistado por Napoleão. Abraão Lincoln também convocou um dia nacional de oração e jejum durante a Guerra Civil. Em ambas as ocasiões, a vitória militar da Inglaterra e a dos Estados do Norte, respectivamente, foram vistas pelos contemporâneos como intervenção divina.

Esses dias de oração e jejum foram proclamados por líderes políticos mais recentemente na Segunda Guerra Mundial. No meio da Batalha da Bretanha, George VI determinou o domingo, 8 de setembro de 1940, dia de oração e jejum. Num programa de rádio realizado alguns dias depois, o primeiro-ministro Winston Churchill comparou a situação da Grã-Bretanha com as ameaças anteriores da armada espanhola e a de Napoleão à ilha. Em suas memórias, Churchill identificou o dia 15 de setembro (o domingo posterior ao dia de oração) como "o ponto crucial da Batalha da Grã-Bretanha". Depois da guerra, ficou-se sabendo que Hitler decidira adiar seus planos de invasão da ilha dois dias depois (17 de setembro). Convocações semelhantes para um dia de oração também acompanharam o dia D da invasão da Europa pelos aliados (6 de junho de 1944).

Jejum individual
Um jejum assumido por um indivíduo particularmente sem o conhecimento de outros. Por causa do ensinamento de Jesus sobre o jejum no Sermão do Monte, muitos cristãos jejuadores se sentem mais à vontade com esse tipo de jejum (individual). Para ver exemplos de jejuns individuais nas Escrituras, veja o Apêndice 5.

Jejum em isolamento
O jejum feito em local isolado, que permite ao indivíduo que jejua concentrar-se com mais clareza e plenitude em Deus e nas questões espirituais. Esse tipo normalmente é um jejum que visa a um objetivo específico.

Jejum de João Batista
Problema: O jejum de João Batista é para as pessoas que passam por aflição ou problema relativo ao seu testemunho ou sua influência. *"A sua retidão irá adiante de você"* (Is 58.8).

Versículo-chave: *"Ele será grande diante do Senhor; não beberá vinho, nem bebida forte"* (Lc 1.15). *"O seu alimento era gafanhotos e mel silvestre"* (Mt 3.4).

Recomendação: (1) Associe sua dieta/jejum especial a seu desejo de influenciar. (2) Registre por escrito a área em que você deseja um testemunho melhor. (3) O jejum de João Batista o faz uma "pessoa da promessa". (4) Reconheça que você influencia mais quando jejua. (5) O jejum de João Batista é um acontecimento e um processo também. (6) Votos duradouros (por causa de problemas duradouros) se refletem em jejuns/dietas duradouros. (7) Os jejuns de curto prazo são para resultados imediatos. (8) Antes de jejuar, conheça os passos de um testemunho centrado em Cristo.

Aspectos principais: (1) Definir limites de tempo para o jejum/dieta de curto prazo ou duradouro. (2) Definir seus limites dietéticos antes de começar. (3) Definir seu objetivo de testemunho antes de começar. (4) Definir a sinceridade de sua decisão/promessa antes de começar.

Jejum de João Wesley

O fundador do metodismo sempre jejuava durante vários dias, comendo apenas pão e tomando só água.

Jejum de lipídios

Em 1996, a American Heart Associacion (Associação Americana de Cardiologia) publicou instruções de dieta para a saúde e as chamou de jejum. O jejum de lipídios admite um total de colesterol menor que duzentos. O colesterol HDL deve ser maior que quinze. O colesterol LDL deve ser menor que 150, ou cem em alguns pacientes. Os triglicérides devem estar abaixo de 250. A redução, ou jejum, é para diminuir o risco de desenvolver doença arterial coronariana.

Jejum de líquidos

Jejum marcado por abstinência de alimentos sólidos, mas que permite a ingestão de líquidos. A maior parte dos jejuadores bebe água durante o jejum. Entretanto alguns também bebem sucos de frutas. Alguns incluem café, chá e/ou leite como bebidas aceitáveis durante o jejum de líquidos.

Jejum da mídia

Jejum que implica abster-se ter contato com a mídia (meios de comunicação de massa), principalmente de assistir à televisão. Esse pode ser uma variante do jejum do discípulo para vencer o vício e a prisão, ou do Jejum de Elias para vencer hábitos.

Jejum para o ministério

Jejum que se concentra no início de um novo ministério. Pode ser feito em particular ou em acordo com outros.

Jejum nacional

Jejum realizado por toda a nação ou por um segmento significativo da nação (por exemplo, cristãos de um país). Em geral num momento de crise em proporções nacionais. No Antigo Testamento, os jejuns nacionais eram convocados durante os períodos de guerra (veja Juízes 20.26 e 2 Crônicas 20.3); quando a nação enfrentou uma grande praga (veja Joel 1.13); quando a segurança dos judeus estava ameaçada no Império Persa (veja Ester 4.16); e quando Nínive esteve diante da ameaça do castigo divino (veja Jonas 3.5).

Jejum parcial

Jejum limitado que consiste de abster-se de determinados alimentos por um período de tempo prolongado (por exemplo, abster-se de carnes durante a Quaresma) ou abster-se de todos os alimentos numa parte do dia (por exemplo, abster-se de comer antes das 15:00h).

Jejum de poder

Jejum para reforçar a consciência da guerra espiritual e para liberar o poder de Deus para alcançar a vitória em confrontos de poder.

Finalidade do jejum

Entre os motivos de jejum estão: (1) desejo de mortificar concupiscências pessoais (veja 1 Coríntios 9.27); (2) expressar arrependimento pessoal (veja Jonas 3.5-10); e (3) fortalecer a oração individual (veja Atos 10.30).

Resultados do jejum

Entre os resultados que se podem obter mediante o jejum estão: (1) maior autoridade espiritual, (2) recebimento de confirmação divina de ministério, (3) obtenção de nova orientação para o ministério, (4) obtenção de novas reflexões durante o estudo bíblico que passam a ser verdades fundamentais para o ministério, (5) aumento do desejo de orar, (6) confirmação mediante a experiência do "senso de direção", (7) poder renovado para a guerra espiritual, (8) orientação e liberdade para obreiros em ministério, (9) vitória sobre fortalezas satânicas, (10) garantia de proteção divina, (11) aumento da consciência da presença de Deus, (12) rompimento de atitudes e práticas que impedem o progresso de um novo ministério e (13) momentos em que a oração possa ser fortalecida como meio de lutar com eficácia contra as dificuldades.

Jejum rotativo

O jejum rotativo consiste em comer alimentos de apenas um grupo de alimentos por período. Alguns chamam este jejum de dieta da Clínica Mayo porque é empregado em pesquisas médicas para verificar a reação a certos grupos de alimentos. A dieta rotativa tem duas finalidades: médica, para identificar uma alergia do indivíduo ou "vício" por algum alimento, e para purificar o organismo.

A dieta rotativa médica também é chamada de "dieta rotativa diversificada" para auxiliar a equipe médica a obter êxito no diagnóstico de reações alérgicas a alimentos ou substâncias químicas. O objetivo evidente é estabelecer controle da ingestão de alimentos identificando as causas das reações físicas e os vícios associados a esses alimentos. Evitando esses alimentos ou famílias de alimentos, o indivíduo pode desfrutar de uma saúde melhor. Esse tipo de dieta rotativa, e todas as suas restrições científicas, não pode ser realizado com êxito sem orientação profissional, por causa da necessidade de controlar combinações de alimentos, a possibilidade de agrotóxicos ou pesticidas em alimentos comercializados, a purificação do organismo entre as abstenções de alimentos, etc. A dieta rotativa diversificada é definida com expressões como "evitar alimento" e "tipos de substâncias alimentícias".

O motivo por que a dieta rotativa pode beneficiar o indivíduo comum é que ela promove a purificação do organismo. Alguns propuseram que um indivíduo seguisse essa dieta durante seis dias, comendo apenas um grupo de alimentos por dia durante uma semana. Enquanto o indivíduo se alimenta com apenas um grupo de alimentos por dia, os outros grupos são eliminados por aproximadamente uma semana. O sistema molecular do organismo ganha energia por alimento ingerido e elimina as toxinas e venenos – inclusive gorduras – das células. Quando se ingere certos alimentos e suas toxinas acompanhantes em excesso, as células ficam sobrecarregadas no processo de restrição.

A dieta rotativa ajuda a purificar as células, permitindo que as toxinas e os venenos de cada grupo de alimentos sejam eliminados durante um período de seis dias. Os seis grupos de alimentos – Pirâmide de Família de Alimentos: (1) grãos: cereais, massas, pão, etc; (2) laticínios: leite; queijo, iogurte, etc.; (3) aves e derivados: frango, ovos, etc.; (4) vegetais: folhas, raízes, etc.; (5) carnes: carne vermelha, peixe; (6) frutas: castanhas, suco, etc.

Jejum de São Benedito

O Jejum de São Benedito foi escrito por São Benedito da Itália no sexto século e foi tirado de *The Rule of the Master* (A regra do mestre). A comunidade alimenta-se (apenas uma refeição por dia) na hora sexta (ao meio-dia das quintas-feiras e domingos) e na hora nona (15:00h) nos outros dias. Na Quaresma, a refeição é retardada até depois das vesperais, hora que também se observa nas quartas-feiras, sextas-feiras e sábados, duas semanas antes da Quaresma.

Os doentes comem três horas mais cedo, na hora terceira (9:00h). As crianças menores de doze anos jejuam apenas no inverno nas quartas-feiras, sextas-feiras e sábados.

Os frades em viagem não jejuam no verão. No inverno, jejuam até à noite nas quartas-feiras, sextas-feiras e sábados.

Na Páscoa a refeição comunitária é feita ao meio-dia.

Extraído de *Para Gostar de Jejum*, de Adalbert le Vogue, Petersham, Saint Bede's Publications.

O Jejum do apóstolo Paulo

Problema: Jejum para resolver problemas ou buscar sabedoria, normalmente acerca de uma questão importante ou de instrução para mudança de vida.

Versículo-chave: "Por três dias esteve [Paulo] cego, não comeu nem bebeu" (At 9.9).

Recomendação: (1) Separar um tempo para jejuar e ouvir a voz de Jesus. (2) Perguntar e responder questões de autoanálise. (3) Reconhecer o imutável isolamento da verdade. (4) Parar com todo esforço pessoal e render-se a Deus. (5) Prestar atenção no físico. (6) Prestar atenção no espiritual. (7) Obedecer ao que aprendeu de Deus. (8) A resposta obtida pode ser uma semente embrionária, não uma árvore plenamente desenvolvida. (9) Deus pode usar outras pessoas para lhe dar sabedoria e visão. (10) As pessoas talvez não compreendam seu jejum de Paulo ou o que Deus está fazendo em sua vida.

Aspectos práticos: (1) Quanto mais significativa for sua decisão, mais frequente ou mais longo deve ser seu jejum de Paulo. (2) Planeje a leitura bíblica que se relaciona com sua decisão. (3) Reúna todas as informações e mantenha-as junto de você durante o jejum de Paulo. (4) Estude e aplique os princípios de tomada de decisão para o jejum de Paulo. (5) Escreva e reescreva a decisão que você precisa tomar para esclarecer seu pensamento. (6) Registre por escrito todos os fatos que influenciam sua decisão e revise-os constantemente durante o jejum. (7) Registre por escrito todas as possíveis soluções antes de tentar tomar uma decisão. (8) Faça o compromisso de cumprir sua decisão.

Jejum de Samuel

Problema: Jejuar para trazer a presença de Deus para animar o povo apático, para dar renovação para os crentes e salvação aos perdidos. O jejum de

Samuel se aplica tanto para "ambiente de avivamento", no qual as pessoas sentem a presença de Deus, quanto para avivamento individual.

Versículo-chave: "Quando eles se reuniram em Mispá, tiraram água e a derramaram perante o Senhor. Naquele dia jejuaram e ali disseram: 'Temos pecado contra o Senhor'" (1 Sm 7.6).

Recomendação: Antes do jejum – (1) Identifique o que o prende. (2) Renove o compromisso com a presença de Deus entre seu povo. (3) Os líderes de Deus devem estar preparados em seu devido lugar. *Durante o jejum* – (4) Deve haver uma reunião de todos os envolvidos. (5) O povo de Deus deve demonstrar tristeza pelo pecado. (6) O povo de Deus deve sondar o pecado escondido e afastar-se dele. (7) Confissão coletiva de pecado. (8) Aplicar o poder da Palavra de Deus. (9) Deus abençoa símbolos. *Depois do jejum* – (10) Esteja preparado para ataques pós-jejum. (11) Decrete-se um processo contínuo de jejum, não apenas uma única vez. (12) Dê prosseguimento aos feitos que surgiram do jejum constante. (13) Procure sinais de vitória. (14) A vitória é um processo contínuo, não apenas um único evento. (15) Comemore com símbolos de vitória.

Sinônimos de jejum

As Escrituras empregam várias expressões para designar a prática do jejum. Duas expressões hebraicas diferentes são traduzidas por "não comer pão" (veja 1 Samuel 28.20 e 2 Samuel 12.17). A expressão "afligir-se" designa o jejum de Acabe quando defrontado com o juízo iminente de Deus (veja 1 Reis 21.29). O sinônimo usado com mais frequência para jejum é "afligir a alma" (Lv 16.29).

Alerta espiritual

Nossa capacidade de perceber a orientação de Deus nesta vida é diretamente proporcional à nossa capacidade de perceber o aviso interior do Espírito Santo. O alerta espiritual é Deus fornecendo uma atividade específica para nos assistir na realização da vontade dele.

Jejum de telefone

Um jejum que requer abstenção do uso do telefone. Ver também Jejum de Média.

Testemunho de um horário de jejum

Quando tenho de tomar uma decisão importante ou quando sou solicitado a transmitir uma mensagem importante, separo um período de vinte e quatro horas de jejum antes da reunião ou antes da hora necessária de tomar uma decisão. O jejum de vinte e quatro horas é de uma noite a outra. A seguir estão os itens que incluo no meu dia de oração e jejum.

Noite. Ler grandes porções das Escrituras. Leio ou procuro atentamente quantas seções das Escrituras for possível para enriquecer o conteúdo geral e as ideias principais relacionadas com o assunto de minhas necessidades.

Marcar seções importantes para estudo futuro. Quando encontro determinadas porções que sejam importantes para mim, faço uma anotação especial com o objetivo de lê-las depois na manhã seguinte.

Dormir.

Manhã. Minha primeira tarefa de manhã é desfrutar um tempo de edificação pessoal com Salmos e Provérbios. Isso normalmente me põe em sintonia com o Senhor.

Estudar passagens importantes. Releio as passagens importantes que assinalei na noite anterior e começo a estudar uma por uma. Isso implica sublinhar as passagens, fazendo estudos de palavras especiais, procurar referências cruzadas e anotar aplicações práticas.

Oração. Passo uma quantidade de tempo significativa orando por listas de oração diárias, semanais e mensais. Cubro todos esses itens no meu dia de jejum.

Intercessão. Os itens pelos quais estou jejuando passam a ser o alvo específico de intercessão. Lembro-me dos itens de cada hora. Eu também me lembro de que Deus criou a tarde como o início do dia. *"Passaram-se a tarde e a manhã; esse foi o primeiro dia"* (Gn 1.5).

Compreendo que as ideias importantes do final da tarde são o início do meu jejum. É importante começar o jejum com força e continuar até a manhã e a tarde. Também é importante que eu comece meu jejum orando pela decisão ou pela reunião que me espera. Em seguida continuo a orar por essa preocupação de hora em hora durante todo meu jejum.

Adoração e jejum. O Novo Testamento ensina que jejuar pode vir a ser um ato de adoração, isto é, "dar a Deus a adoração que lhe é devida". Pode-se incluir música, poesia, louvor e jejum na adoração, como Ana que *"adorava a Deus jejuando e orando dia e noite"* (Lc 2.37). A Bíblia não nos informa como ela jejuava diariamente para adorar a Deus. A igreja primitiva também jejuava em conjunto com a adoração. *"E servindo eles [igreja] ao Senhor e jejuando"* (At 13.2) (No texto grego original, o verbo "servir" é *leiturgeo*, de onde provém a nossa palavra "liturgia").

Jejum total

Jejum que implica abstenção tanto de alimento quanto de água. Embora Moisés tenha praticado esse tipo de jejum durante quarenta dias, o jejum total hoje em dia só é observado de um a três dias.

Jejum violado

O jejum violado ocorre quando a pessoa (1) não cumpre o voto espiritual para jejuar ou (2) quebra as restrições físicas do jejum (isto é, comer ou beber aquilo que prometeu de se abster). Às vezes, a pessoa come ou bebe distraidamente; Outras vezes, intencionalmente, do mesmo modo que uma pessoa escolhe pecar de propósito.

Evidentemente, quebrar o jejum não é o mesmo que violá-lo, porque todo jejum deve chegar a um término (veja Quebrar o jejum).

A Bíblia não diz nada acerca de princípios, exemplos ou ações a tomar quando um jejum é violado. Portanto devemos extrair princípios do corpo geral de doutrinas (nossos princípios devem estar em harmonia com as doutrinas bíblicas e não violá-las). Além disso, podemos aprender com práticas análogas de quebra de voto, como, por exemplo, princípios para quebrar o voto de nazireu.

1. *Não traz condenação.* Porque todos os pecados foram perdoados no Calvário (veja Salmo 103.12), o que você fez está coberto pela graça de Deus.

2. *Não traz os benefícios.* Se você comer ou beber e quebrar sua promessa, talvez não receba os benefícios pelos quais jejuou e orou. Note o que Deus disse de outros que quebraram o voto de nazireu. Um nazireu não podia tocar nenhum cadáver, mas, *"se alguém morrer repentinamente perto dele, contaminando assim o cabelo que consagrou, ele terá que rapar a cabeça sete dias depois, dia da sua purificação"* (Nm 6.9). Que benefício recebia pelos dias que jejuou? *"Não se contarão os dias anteriores porque ficou contaminado durante a sua separação"* (Nm 6.12). Isso significa que não recebia nenhum benefício de seu voto.

3. *Prejuízo.* Como o jejum não é exigido, não foi violada nenhuma ordem quando você comeu ou bebeu. Entretanto, pode ser que você tenha prejudicado sua vontade pessoal ou sua autoestima. Comendo, você demonstrou

falta de autodisciplina ou a fraqueza de sua resolução. Seria melhor você voltar e refazer sua promessa de jejuar, cumprindo-a, dessa vez, a fim de começar novamente a construir sua autodisciplina. Embora violar seu jejum não tenha sido "pecado" em si, talvez você tenha enfraquecido sua fé. *"Tudo o que não provém da fé é pecado"* (Rm 14.23).

O jejum da viúva

Problema. Jejum para prover para as necessidades dos outros, principalmente as necessidades humanitárias, como alimento e roupas.

Versículo-chave. *"O jejum que desejo não é este [...] Não é partilhar sua comida com o faminto, abrigar o pobre desamparado, vestir o nu que você encontrou, e não recusar ajuda ao próximo?"* (Is 58.7).

Recomendação. (1) Voltar-se para o próximo, sendo sensível aos problemas daqueles com que você entra em contato ou tem notícia. (2) Reconhecer o quanto a sua situação é melhor que a de muitos outros. (3) Dar para ajudar a satisfazer as necessidades dos outros, retirando dos recursos que normalmente você consumiria com você mesmo. (4) Pedir sabedoria para decidir o grau de seu envolvimento num projeto humanitário específico. (5) Durante seu jejum, orar pelas pessoas pelas quais você está jejuando. (6) Tentar identificar-se com o sofrimento dos outros durante seu jejum. (7) Pensar em fazer mudanças de estilo de vida significativas, que o capacitem a continuar contribuindo para as necessidades dos outros.

Aspectos práticos. (1) Identificar a necessidade humana específica e/ou projeto humanitário com o qual você vai se envolver. (2) Calcular o valor do alimento que você consumiria normalmente num dia típico. (3) Enviar dinheiro para suprir as necessidades humanitárias antes de começar a jejuar. (4) Decidir por quanto tempo você deve jejuar para economizar a quantia que pretende doar para esse projeto. (5) Quebrar seu jejum com uma refeição simples de alimentos essenciais. (6) Procurar meios específicos de reduzir seu custo de vida pessoal, o que o capacitará a contribuir mais para suprir as necessidades dos outros.

Jejum no trabalho

Jejum observado em segredo, ao mesmo tempo que se continua a rotina de trabalho regular. Em geral, esse jejum é usado para atingir um objetivo.

Apêndice
3

Comentários de líderes cristãos sobre o jejum

O jejum apagou-se completamente da vida das pessoas comuns. Jesus condenou o tipo errado de jejum, mas jamais quis dizer que o jejum devia ser eliminado por completo da vida e do viver. Seria muito bom praticá-lo à nossa própria maneira de acordo com nossas necessidades.

– William Barclay.

Na minha vida particular, o jejum tem sido empregado para fins específicos e é praticado por um período longo. Depois de três dias, não há dores de fome nem desejo de alimento. De doze a quatorze dias depois, parece que surge uma sensação de completa purificação e clareza mental. Depois de 21 dias, parece que há um derramar de poder e de criatividade espiritual indescritíveis, e isso continua até o final do jejum. Parece que principalmente depois da terceira semana não se está mais nem de longe interessado nas coisas triviais ao redor. A mente fica cheia exclusivamente de ideias e verdades profundamente espirituais.
Uma das coisas mais profundas é que a mente se concentra durante horas no mesmo assunto sem divagar nem se distrair nenhuma vez. Não há dúvida de que há um poder maravilhoso no jejum. Se o jejum for controlado pelo Espírito Santo e Jesus for o primeiro, será uma bela e poderosa experiência.

– Arthur Blessitt

Visto que o jejum é perante Deus, uma prova prática de que o que pedimos é para nós uma questão de interesse premente e verdadeiro, e visto que o jejum reforça em alto grau a intensidade e o poder da oração, e passe a ser a expressão incessante de uma oração sem palavras, posso acreditar que não será sem eficácia, principalmente quando as palavras do Mestre se referiram a um caso como o presente. Tentei jejuar, sem dizer a ninguém, e na verdade o último conflito foi extraordinariamente iluminado pelo jejum. Consegui falar com muito mais segurança e determinação. Não preciso mais estar presente com o doente, e sinto que posso influenciar sem estar presente.

– Blumhart

Eu não diria que os pregadores estudam demais. Alguns não estudam nada; outros não estudam o suficiente. Um grande número não estuda da maneira correta para se apresentarem como obreiros de Deus, aprovados. Nossa grande carência, porém, não está na cultura da mente, mas na do coração; não é a falta de conhecimento, mas a falta de santidade o nosso triste e gritante defeito – não que saibamos demais, mas que não meditamos em Deus e em sua Palavra, e não vigiamos, não jejuamos, nem oramos suficientemente.

– E. M. Bounds

Eu sentia de alguma maneira a doçura da comunhão com Deus e o constrangimento da força de seu amor e quão admiravelmente ela cativa a alma e faz todos os desejos e afeições se concentrarem em Deus. Então separei esse dia para jejuar em segredo e orar a Deus, para me orientar e abençoar com relação à grande obra que tenho em vista de pregar o evangelho e pedir que o Senhor volte para mim e mostre-me a luz de seu semblante. De manhã, eu estava debilitado e sem forças. Próximo do meio da tarde, Deus me capacitou a lutar em intercessão ardente por meus amigos ausentes, mas foi à noite que o Senhor me visitou maravilhosamente em oração. Acho que minha alma jamais esteve em tamanho êxtase antes. Não senti nenhuma restrição, pois os tesouros da divina graça estavam abertos para mim. Lutei pelos amigos ausentes, pela conquista de almas, por multidões de pobres almas, e por muitos que eu achava que eram filhos de Deus, pessoalmente em muitos lugares. Eu estava em tamanho arrebatamento desde a uma hora da tarde até próximo de escurecer, que fiquei todo molhado de suor. E ainda assim, me parecia que eu não fizera nada. Oh, o meu querido Salvador suou na verdade sangue por almas miseráveis! Eu ansiava por mais compaixão por elas. Sentia-me ainda numa doce moldura, sob a sensação do amor e da graça divinos, e fui dormir nesse envoltório, com meu coração fixo em Deus.

– David Brainerd

Apêndice 3 – Comentários de líderes cristãos sobre o jejum

Há indícios de que os cristãos do Novo Testamento ficavam particularmente sensíveis às comunicações do Espírito durante os jejuns.

– *F. F. Bruce*

A razão por que os metodistas em geral não vivem nessa salvação é que há muito sono, muita carne e muita bebida, pouco jejum e abnegação, muito convívio com o mundo, muita pregação e audiência e muito pouco autoexame e oração.

– *William Bramwell*

Estou tentando classificar e definir aspectos do jejum e da oração como experiência que leva ao crescimento da igreja. Pode ser que, expondo essas ideias, eu consiga que outros aprendam pela experiência acerca de jejuar e orar e assim estimular muito mais o crescimento da igreja. Desejo que... O jejum é uma disciplina espiritual. Talvez não seja para todos. Contudo pode ser uma chave para a "teologia do poder" necessária para abrir novos trabalhos.

– *J. Robert Clinton*

Passei a sexta-feira jejuando, meditando e orando em segredo por ajuda no Dia do Senhor. Por volta da metade do sermão, um homem chorou; no choro minha alma transbordou. Cai em oração, nem pudemos mais pregar por causa do choro e das lágrimas por toda a capela. Continuamos em intercessão, e a salvação chegou.

– *Thomas Collins*

O jejum é mais amplamente praticado em nossos campos missionários hoje em dia. Como qualquer outra prática religiosa ordenada por Deus, o jejum pode ser mal-empregado ou ser praticado em excesso. Isso será discutido em parágrafos mais adiante. Mas o jejum ainda é o meio escolhido por Deus para intensificar e fortalecer a oração. Você será pobre do ponto de vista espiritual e sua vida de oração nunca será o que Deus quer que seja enquanto não praticar o privilégio do jejum.

– *Wesley L. Duewel*

Quem não sabe que o jejum do quarto e do sexto dias da semana é observado pelos cristãos de todo o mundo?

– *Epifânio, bispo de Salamina*

O avivamento precisa chegar aos Estados Unidos. Por causa disso, convoquei os Estados Unidos para se juntar comigo num grande jejum [...] Acredito que seja bíblico convocarmos um jejum. Isso é um ato de fé. Quando convocamos um jejum, desafiamos as pessoas a se privarem de uma das necessidades da vida a fim de que possam orar com mais eficácia ao Senhor.

– *Jerry Falwell*

Também fui levado a um estado de grande insatisfação com meu próprio desejo de estabilidade na fé e no amor [...] Frequentemente me sentia fraco diante da tentação e necessitava quase sempre manter dias de jejum e oração e passar muito tempo sondando minha própria vida religiosa a fim de reter aquela comunhão com Deus e aquele apego à verdade divina que me capacita com eficácia para o trabalho em prol da promoção de avivamentos da religião.

– *Charles G. Finney*

Em minha pesquisa não encontrei nem sequer um livro que fosse totalmente dedicado ao tema do jejum de 1861 a 1954, um período de quase cem anos. O que teria sido responsável por esse desinteresse quase total por uma disciplina mencionada com tanta frequência nas Escrituras e praticada com tanto ardor pelos crentes ao longo dos séculos? Pelo menos duas coisas. Primeiro, houve uma reação, e com razão, às práticas ascéticas excessivas da Idade Média. Segundo, desenvolveu-se uma filosofia predominante que dominou literalmente a cultura norte-americana, inclusive a cultura religiosa, que é uma virtude positiva satisfazer praticamente todas as paixões humanas [...] A primeira coisa que eu aprendi sobre mim em minhas experiências de jejum foi minha paixão por sensações boas. Eu estava faminto e não me sentia bem. De repente, comecei a perceber que tinha de fazer quase tudo para me sentir bem. Ora, não há nada de errado em sentir-se bem, mas isso devia ter um lugar tranquilo em nossa vida, e não que nos controlasse.

– *Richard J. Foster*

Se alguém jejua, que o jejum seja praticado em segredo como se para o Pai, não para aparecer diante dos homens.

– *A. C. Gaebelein*

Nossa capacidade de perceber a orientação de Deus na vida é diretamente proporcional à nossa capacidade de sentir os avisos internos do Espírito Santo. Deus fornece uma atividade específica para nos assistir quando fazemos isso [...] Os homens por meio de quem Deus operou grandemente enfatizaram a importância de orar com jejum [...] Num jejum prolongado de mais de três dias, experimenta-se rapidamente um declínio dos desejos sensuais e logo tem uma nova grande alerta para as coisas espirituais.

– *Bill Gothard*

O jejum voluntário, uma prática dos anos de ouro, passou a ser uma ferramenta terapêutica de controle da obesidade descontrolada. Jejuar durante dez a quatorze dias, tendo acesso somente à água, não é arcaico nem bárbaro. É bem tolerado por homens e mulheres obesos, e é uma abordagem revolucionária e promissora para o tratamento da obesidade.

— *Robert B. Greenblatt*

O jejum não se restringe à abstinência de comer e beber. O jejum significa na verdade abstinência voluntária, por um tempo, de várias necessidades da vida como, por exemplo, alimentos, bebida, sono, repouso, convivência com pessoas, etc.
A finalidade dessas abstinências durante um período mais longo ou mais curto de tempo é para afrouxar um pouco os laços que nos prendem ao mundo ou às coisas materiais à nossa volta, a fim de que concentremos todos os nossos poderes espirituais nas coisas invisíveis da vida eterna.
Perseverar em oração quer dizer em última análise entrar na batalha contra todos os obstáculos internos e externos os quais poderiam nos afastar do espírito de oração. É nesse ponto que Deus tem ordenado o jejum como um meio de perseverarmos na luta contra os sutis e perigosos obstáculos que enfrentamos na oração.

— *O. Hallesby*

As Escrituras nos mandam jejuar, a igreja diz agora.

— *George Herbert*

Jejuns e vigílias sem um objetivo específico em vista são perda de tempo. Eles são feitos para atender a um tipo de vaidade, em vez de ser voltados para uma boa causa.

— *David Livingstone*

À medida que homens e mulheres passam a pensar com seriedade renovada nos dias e tempos pelos quais estamos passando, e enquanto muitos estão buscando o avivamento e o despertar, a questão do jejum fica cada vez mais importante.

— *D. Martyn Lloyd-Jones.*

O Novo Testamento sempre associa oração com jejum. A abstinência de alimento pode ser uma ajuda valiosa nos exercícios espirituais. Do lado humano, promove clareza, concentração e perspicácia. Do ponto de vista divino, parece que o Senhor está particularmente disposto a responder à oração quando a consideramos mais importante que a nossa necessidade de alimento.

— *William MacDonald*

Nossa tentação com certeza não é jejuar demais, mas, sim, nunca controlar nossa tolerância em relação ao apetite em nenhum grau e em nenhuma ocasião. Seríamos muito mais saudáveis e mais fortes se às vezes reduzíssemos nossas refeições e déssemos descanso de nutrição a nossos órgãos.

— *F. B. Meyer*

Se dissermos que vamos jejuar quando Deus nos impor isso, jamais jejuaremos. Somos muito frios e indiferentes. Tomemos o nosso jugo.

– *Dwight L. Moody*

Aprenda com esses homens que a obra que o Espírito Santo ordena deve nos chamar para novo jejum e oração, para nova separação do espírito dos prazeres do mundo, para uma renovada consagração a Deus e à sua comunhão. Esses homens se propuseram a jejuar e a orar e se em todos os nossos trabalhos cristãos habituais houvesse mais oração existiria mais bênção em nossa própria vida interior.

– *Andrew Murray*

Toda vez que eu jejuo estabeleço um novo aspecto espiritual em minha vida e tenho autoridade espiritual renovada em relação às pessoas.

– *George Pitt*

Como *baby-boomer**, fui condicionado a desfrutar o melhor que o mundo tem para oferecer. O jejum fala alto e intrepidamente contra o consumismo, um dos valores centrais de minha geração. Pôr de lado o que eu desejo para estimular o crescimento espiritual quer dizer negar-me a mim mesmo e tomar a minha cruz diariamente nos anos noventa. Imagino que para mim seria difícil acordar para o desafio do discipulado e viver um estilo de vida cristão coerente sem praticar a disciplina do jejum.

– *Douglas Porter*

* *Baby-boom* – geração nascida entre 1945 e 1952, período em que houve uma explosão (*boom*) de nascimentos, nos EUA e na Inglaterra. (N. da T.)

Todo cristão, creio eu, ocasionalmente deve jejuar e orar, esperando na presença de Deus até obter a vitória que necessita [...] Posso contar muitas experiências de vitórias e bênçãos que se seguiram à oração e ao jejum Mas a preferida do meu coração ocorreu em 1921 [...] Em cada culto via mais pessoas salvas que no outro. Mas, ah, que bênção foi para mim, que era um jovem pregador apenas começando! Eu sei que o jejum, a oração e a humilhação da mente autênticos, enquanto esperamos no Senhor, conseguem a bênção que Deus quer nos dar!

– *John R. Rice*

Sugiro que vocês jejuem um dia por semana. Entretanto isso pode ser alterado pelos fardos que surgem, a liderança do Espírito, e as necessidades espirituais que poderão enfrentar. Muitas vezes é preciso fazer um semijejum ou talvez um jejum com frutas ou alimentos naturais durante uma semana apenas para fortalecer o

Apêndice 3 – Comentários de líderes cristãos sobre o jejum

organismo e dar ao corpo uma chance de se purificar. Se eu sentisse que ia ter uma dor de garganta, jejuaria três ou quatro dias. Se eu tiver aflição de qualquer tipo que chegue de repente, vou jejuar e orar e ler minha Bíblia até que passe e também, claro, vou pedir que o povo de Deus ore por mim e comigo.

– *Lester Roloff*

Um valor evidente do jejum está no fato de que, quando o observamos, isso nos ajuda a manter o corpo em ordem. É um reconhecimento prático do domínio do espiritual. Contudo, além desse valor reflexo, o jejum tem benefícios diretos também com referência à oração. Muitos que o praticam por motivos corretos e a fim de se dar de maneira mais irrestrita à oração testificam que a mente fica inusitadamente clara e vigorosa. Há uma notável prontidão espiritual e um aumento do poder de concentração nas coisas do espírito.

– *J. Oswald Sanders*

Depois de jejuar por vários dias, Deus começou a falar-me ao coração a respeito do poder de ganhar almas. Parecia que o Senhor estava me mostrando que eu jamais teria a unção que Deus dá para alcançar o pior dos pecadores se eu não jejuasse durante quarenta dias e lesse a Bíblia toda pelo menos uma vez. Fiz isso, e desde esse dia minha vida jamais foi a mesma. Deus me ajudou a ganhar pessoas para Cristo de maneira que tínhamos em nossa lista de oração para vinte anos ou mais. Jamais entro num jejum prolongado de quatorze, vinte e um ou vinte e oito dias sem primeiro saber se é a vontade de Deus As mais poderosas conferências bíblicas e os maiores avivamentos que eu vivencio hoje ocorrem quando não como nem uma migalha de alimento mas apenas bebo água da hora que entro no avião até que entro no avião novamente de volta para minha cidade.
O jejum faz diferença na conquista de almas para Cristo.

– *J. Harold Smith*

Propriamente dito, o jejum não é tanto uma obrigação ordenada através de revelação mas, sim, a expressão natural de certos sentimentos e desejos religiosos. Há apenas um jejum especial obrigatório no Antigo testamento, e nenhum jejum obrigatório no Novo. Contudo, não se pode deixar de ver que o exercício está, apesar disso, em perfeita concordância com o teor integral de uma vida religiosa verdadeira em todas as épocas; e que, se não é ordenado explicitamente, é apenas porque a própria natureza nos ensina em certas circunstâncias para afligir desse modo a alma.

– *W. C. Smith*

Devemos jejuar quando estamos preocupados com a obra de Deus. Acredito que a melhor coisa que uma igreja pode ter é uma equipe pastoral, um quadro de diáconos e líderes que jejuam e oram – não quando a igreja está extinguindo a chama, mas para inflamar a igreja. Muitas igrejas mortas se acenderiam novamente se as pessoas da liderança separassem um período de tempo para jejuar e orar [...] O jejum age sobrenaturalmente em nossa vida. Deus não confia poder sobrenatural àqueles cuja vida não esteja sob total controle [...] Os cristãos que querem ter o poder sobrenatural de Deus devem estar sob controle total do Espírito Santo.

– *Charles Stanley*

Na manhã de nosso dia de jejum, parecia que o Espírito Santo tinha preenchido alguns de nós de tal maneira que todos acharam (conforme descobrimos em conversa particular posterior) que não íamos mais suportar, que íamos morrer.

– *Mrs. Howard Taylor*

Há os que pensam que o jejum é coisa da antiga dispensação, mas quando examinamos Atos 14.23 e Atos 13.2, 3, descobrimos que ele era praticado por homens sérios do período apostólico. Se quiséssemos orar com poder, deveríamos orar com jejum. Isso, claro, não significa que devemos jejuar toda vez que oramos, mas que há tempos de emergência ou crise especial no trabalho ou em nossa vida particular, quando os homens de seriedade se abstêm de satisfazer os apetites naturais, que podem ser perfeitamente adequados em outras circunstâncias, para se darem inteiramente à oração. Há um poder característico nessa oração. Toda grande crise na vida e no trabalho deve ser resolvida desse modo. Não há prazer nenhum para Deus em abrirmos mão das coisas que nos agradam de modo meramente farisaico e legalista, mas há poder nessa seriedade e determinação de obter em oração aquilo que necessitamos com urgência, que nos levam a deixar tudo de lado, mesmo as coisas que em si mesmas são corretas e necessárias, para que possamos voltar nosso rosto para buscar a Deus, e obter bênçãos dele.

– *R. A. Torrey*

Embora haja muitos tipos diferentes de jejum, o mais comum, e o que eu recomendo para iniciar, é abster-se de comer, mas não de beber, por um determinado período. No que diz respeito ao que se deve beber, todos concordam que água é o essencial. Alguns acrescentam café ou chá, outros, suco de frutas. Todos também concordam que algo como *milk shake* é demais, e não tem nada a ver com o espírito do jejum. Seja como for, o jejum implica uma prática intencional de abnegação, e essa disciplina espiritual é conhecida ao longo dos séculos como um meio de nos abrir para Deus e ser atraídos para mais perto dele [...] À medida que o jejum passa ser cada vez mais uma norma em nossa vida cristã cotidiana como indivíduos e como congregação, ficamos cada vez mais eficazes na guerra espiritual.

– *C. Peter Wagner*

Apêndice 3 – Comentários de líderes cristãos sobre o jejum

Jejuar é importante – mais importante, talvez, do que muitos de nós supomos, como confio que este livro vai revelar. Por tudo isso, não é uma doutrina bíblica principal, uma pedra fundamental da fé, nem uma panaceia para todos os males espirituais. Contudo, quando exercido com o coração puro e a motivação certa, o jejum pode nos fornecer uma chave para destravar as portas nas quais outras chaves falharam; uma janela que abre novos horizontes para o mundo invisível; uma ferramenta espiritual da providência de Deus, "poderosa para derrubar as fortalezas". Que Deus use este livro para despertar muitos do seu povo para todas as possibilidades espirituais latentes no jejum que Deus escolheu.

— *Arthur Wallis*

O jejum hoje não é nem obrigatório nem proibido, e é benéfico apenas se praticado sob a orientação do Espírito Santo.

— *John F. Walvoord*

Um pastor pode convocar um dia de oração e jejum em sua igreja. Toda vez que fiz isso como pastor, vi resultados incomuns. Normalmente fazíamos isso numa quarta-feira e fechávamos com uma reunião de oração no meio da semana. Eu pedia às pessoas que não me contassem se estavam ou não jejuando. Tínhamos uma reunião de oração especial na igreja por volta das dez da manhã para os que pudessem vir. Alguns ficavam até a hora do almoço. Às vezes, interrompíamos ao meio-dia para as esposas que tinham de preparar almoço para os filhos que chegariam da escola. Às vezes uma reunião de oração que começava à tarde se encerrava com a reunião de oração da noite. Normalmente o jejum começava de manhã e ia até a manhã seguinte. É daí que vem a palavra "desjejum" – significa "quebrar o jejum". Havia vezes que eu jejuava apenas uma ou duas refeições por dia por força das circunstâncias.

— *C. Sumner Wemp*

Primeiro, que seja feito para o Senhor, com nossos olhos fixos nele. Que nossa intenção daqui por diante seja esta, e somente esta: glorificar nosso Pai que está nos céus; expressar nossa tristeza e vergonha por nossas múltiplas transgressões de sua santa lei; esperar pelo aumento da graça purificadora, que atrai nossa afeição para as coisas do alto; acrescentar seriedade e determinação a nossas orações; evitar a ira de Deus; e obter todas as grandes e preciosas promessas que Ele fez a nós em Jesus Cristo [...] Tenhamos consciência da ilusão de que *merecemos* alguma coisa de Deus pelo nosso jejum. Não podemos ser avisados com tanta frequência disso; uma vez que o desejo de estabelecer "a nossa justiça própria" de buscar salvação por mérito, não por graça, está muito enraizado em nosso coração. O jejum é somente um meio pelo qual Deus ordenou, pelo qual esperamos sua misericórdia imerecida; e pelo qual, sem nenhum merecimento nosso, Ele prometeu nos dar gratuitamente suas bênçãos.

— *João Wesley*

Não é errado jejuar, se fizermos isso do jeito certo e pelo motivo correto. Jesus jejuou (Mt 4.3); os membros da igreja primitiva também jejuaram (At 13.2). O jejum ajuda a disciplinar os apetites do corpo (Lc 21.34) e a manter firmes nossas prioridades espirituais. Mas o jejum jamais deve se transformar numa oportunidade de tentação (1 Co 7.7). Simplesmente nos abster de um benefício natural (como alimento ou sono) não é *em si* jejuar. Precisamos nos dedicar a Deus e adorá-lo. Se não houver devoção no coração (veja Zacarias 7), não haverá benefícios duradouros.

— *Warren W. Wiersbe*

Apêndice

4

Como manter um diário do jejum

Ao longo da história, grandes líderes cristãos mantiveram um diário pessoal para registrar observações acerca de sua vida e de seu ministério cristãos. Esses líderes usavam o diário para registrar as reflexões que Deus lhes dava e as expressões de seus conflitos pessoais. O diário deles raramente era feito com a intenção de ser publicado. Entretanto, esses diários ajudaram muitos cristãos atuais a lidar com conflitos semelhantes. O diário de David Brainerd, de João Wesley e de outros são registros inspiradores de experiências pessoais com Deus que ajudam as pessoas de hoje na experiência singular que têm com Deus.

Recentemente, muitos cristãos começaram a disciplina de registrar no diário como uma ferramenta de crescimento pessoal. No início ou no fim de cada dia, reservam tempo para registrar os acontecimentos e as lições aprendidas nas últimas vinte e quatro horas. Durante um período de algumas semanas ou meses, as anotações diárias dessas pessoas fornecem meios de rever a obra de Deus na vida delas. Em geral, um diário espiritual registra o progresso de uma determinada meta ou da aplicação e do benefício de uma nova disciplina ou verdade bíblica.

Alguns cristãos relutam em fazer um diário porque não se veem como escritores. Sentem-se intimidados pelos problemas de ortografia e gramática ou de estilo rudimentar. O diário espiritual é pessoal; portanto, pode-se exercer uma enorme liberdade quando se escreve nele.

O diário pode ser útil como um livro da história pessoal, registrando até telefonemas e reuniões. Também podem servir como expressões gravadas de oração diária e sentimentos pessoais. O diário pode vir a ser um amigo particular – que capacita as pessoas a escrever como conversariam como bons amigos, contando os acontecimentos do dia e as expectativas do dia seguinte.

As vantagens de escrever no diário são numerosas. Primeiro, fazer o diário ajuda a "tirar o pé do acelerador" e restabelecer o foco das pessoas de passos firmes. Segundo, dá a oportunidade de as pessoas entrarem em contato com seus sentimentos e registrá-los. Terceiro, fornece um meio de gravar lições importantes que Deus ensina diariamente. Com o tempo, o diário registrará o crescimento significativo na vida da pessoa que poderia, não fosse por ele, passar despercebido e/ou não avaliado. Além disso, o diário fornece registros das respostas de Deus às orações e outras boas dádivas recebidas do Pai.

Como começar a escrever durante seu jejum

O passo mais difícil de qualquer nova disciplina é sempre o primeiro. Para muita gente, reservar tempo para registrar um acontecimento no diário é uma dificuldade que as impede de usar essa ferramenta na vida cristã. Se você atualmente não faz um diário espiritual, decida-se a começar um durante seu jejum. Descobrirá que fazer um diário é uma disciplina benéfica que você desejará manter pelo resto da vida. Além disso, mantendo um diário de seus dias de jejum enquanto trabalha para *Jejuar – para uma revolução na vida espiritual*, você terá um registro correto de seus sentimentos à medida que desenvolve a disciplina do jejum, além de uma fonte de consulta para reflexões especiais que recebeu de Deus durante o jejum.

Quando começar a registrar em diário nos seus dias de jejum, lembre-se de que está escrevendo para si mesmo. Isto lhe dá bastante liberdade. Talvez seja útil comprar um caderno especial ou um livro apropriado para usar como diário. Talvez você queira fazer anotações em folhas de papel e juntá-las. Seu computador pessoal pode ser seu diário. Algumas pessoas utilizaram um gravador de cassete como diário pessoal, normalmente para depois transcrever posteriormente para o papel.

Comece registrando o dia em que você começou a jejuar. Em seguida escreva sobre as lições que aprendeu recentemente, as circunstâncias com que se deparou, os sentimentos e quaisquer outras preocupações que experimentou. Algumas pessoas acham mais fácil dar um nome ao diário e escrever neles como se conversassem intimamente com seu melhor amigo.

Seu diário deve conter uma variedade de anotações. Em alguns dias, seus registros no diário podem representar um testemunho pessoal. Em outros, vai conter reflexões da leitura bíblica desses dias, um sermão que você ouviu, um artigo que leu ou um estudo bíblico a que assistiu. Quase sempre seus registros diários vão refletir seus pedidos de oração diários, ou louvor a Deus durante o jejum. Antes de começar a escrever, reserve tempo para pensar em algumas coisas que aconteceram em seu dia de jejum e nas lições que aprendeu. Algumas dessas reflexões vão ser importantes e óbvias, e você vai ter pouca dificuldade de reconhecer e registrá-las. Outras vezes, Deus pode usar meio sutis de se revelar a você e transmitir-lhe lições importantes que você precisa aprender.

As pessoas envolvidas no ministério de escrever aprendem na prática a importância de pesquisar no processo de escrita. Antes de escrever um artigo ou um livro, o autor passa muito tempo estudando e aprendendo o conteúdo que finalmente fará parte do artigo ou do livro. A prática do diário também é auxiliada por oração e meditação. Se você tem dificuldade de fazer um diário, pode ser porque não investiu tempo suficiente com Deus. Durante seu jejum, reserve tempo extra para ler as Escrituras, orar e estudar. À medida que faz isso, adquire inspiração que gostará de registrar no seu diário.

Como continuar o diário depois do jejum

Depois do jejum, reserve tempo para rever suas anotações do diário. Enquanto recorda as percepções que obteve durante o jejum, agradeça a Deus por se revelar a você e dar-lhe uma ferramenta para registrar essas reflexões. Quando começar a sentir o valor de ter um registro de suas experiências durante o jejum, o valor de manter um registro espiritual diário o tempo inteiro logo será evidente.

De quantas ideias que o Senhor lhe deu no último mês você já se esqueceu? Felizmente, alguns desses lampejos podem ser registrados em livros ou na margem da Bíblia a fim de poderem ser revisados quantas vezes for necessário. Infelizmente, alguns se perdem para sempre. Alguém já disse: "Um lápis curto é melhor que uma memória longa". Reservando tempo todos os dias para registrar suas descobertas em seu diário, você preserva as lições importantes que Deus lhe está ensinando. Desse modo, seu diário lhe fornece um meio de rever periodicamente a obra de Deus na sua vida e por meio dela.

Muitas pessoas reconhecem o valor de fazer um diário e começam com boas intenções, mas dentro de um ou dois meses percebem que abandonaram a disciplina. Manter um diário espiritual pode facilmente se transformar em mais uma obrigação para a qual o tempo é escasso. Em seu guia do líder para o discipulado comum, *Experiencing God* (Vivendo com Deus), Claude King arrola dez questões preparadas para ajudar as pessoas a reconhecer a obra de Deus na vida delas.[1] Se você tem dificuldade de encontrar o que escrever em seu diário, talvez deseje utilizar a lista do guia enquanto escreve.

1. O que Deus lhe revelou acerca dele próprio?
2. O que o Senhor lhe revelou acerca dos propósitos divinos?
3. O que Deus lhe revelou acerca dos caminhos dele?
4. O que Deus fez em sua vida ou por meio dela que lhe permitiu experimentar a presença dele?
5. Que texto bíblico Deus usou para lhe falar acerca de si mesmo, de seus propósitos e de seus caminhos?
6. Que pessoa ou preocupação especial Deus lhe deu como encargo de oração? Ele o orientou a orar por que nessa situação?
7. O que Deus fez através das circunstâncias que lhe deu o senso do tempo e da direção dele com referência a algum aspecto da vontade divina?
8. Que palavra de orientação ou verdade você acha que Deus lhe falou por meio de outro crente?
9. Que ajustes Deus o está levando a fazer em sua vida?
10. Que atos de obediência você realizou nesta semana? Que outros passos de obediência você sabe que Deus está querendo que você dê?

Nem todos que mantêm um diário fazem anotações diariamente. Seus horários podem fazer que você perca um ou dois dias da semana. Eventualmente, você pode encontrar-se fazendo anotações tanto de manhã quanto à noite. Se perder um dia, não fique frustrado a ponto de abandonar o diário. Comece novamente no dia seguinte continue escrevendo. Do mesmo modo que você tropeçava muitas vezes quando começou a andar, também pode sofrer altos e baixos enquanto desenvolve a disciplina de escrever num diário.

Plano de nove semanas para manter um diário

Torne seu estudo de *Jejuar – para uma revolução na vida espiritual* mais significativo mantendo um registro espiritual semanalmente de seus jejuns pessoais durante as próximas nove semanas. Os médicos em geral concordam que a maior parte das pessoas pode jejuar um dia por semana sem nenhum efeito colateral negativo. Alguns alegam que benefícios de saúde específicos são associados com o jejum de um dia por semana. Se você tem um problema médico específico ou está atualmente tomando medicação, consulte-se com um médico antes de jejuar.

Este livro lhe apresentou nove funções de jejum. Durante as próximas nove semanas, decida jejuar um dia por semana e se concentre numa disciplina de jejum em cada jejum. Siga as instruções sugeridas em cada capítulo enquanto se prepara para esse determinado jejum. No seu dia de jejum, reserve tempo para rever o capítulo e ler algum texto bíblico importante associado a esse jejum. Durante o período de nove semanas, talvez seja bom você memorizar Isaías 58, um texto importante sobre jejum, ou outros versículos arrolados no apêndice 5. Utilize seu dia de jejum para aprender e aplicar os princípios desse jejum.

No término de seu jejum, reserve tempo para fazer um registro no diário das experiências e reflexões que encontrou durante seu jejum. Talvez você queira usar as dez perguntas relacionadas anteriormente para ajudá-lo a refletir sobre o que Deus está fazendo em sua vida. Comece a escrever com esta declaração: "Acabei de concluir (o nome do jejum específico). Durante meu jejum..." Em seguida registre os acontecimentos e reflexões associados com seu jejum. Reserve tempo para relatar o que você fez em seu dia de jejum e o que Deus lhe ensinou. Utilize seu diário para registrar quaisquer compromissos feitos em consequência das lições que aprendeu.

Logo depois de concluir seu nono dia de jejum e registrar no seu diário, separe tempo para ler seus registros. Percebe algum padrão ou tendência no que Deus lhe ensinou? Há alguma coisa específica que você precise fazer em obediência ao que aprendeu? As anotações do diário fornecem uma revisão vantajosa de várias semanas e expõe a grandes lições que Deus está procurando ensinar-lhe. O que Deus lhe ensinou enquanto você praticou a disciplina do jejum? Sua resposta a essas e a outras perguntas vão ajudá-lo a reconhecer Deus operando em sua vida.

Talvez Deus tenha usado seu jejum para lhe ensinar lições que podem ser um incentivo para outros. Conte aos outros de seu grupo ou ao seu parceiro de oração como Deus tem trabalhado com você durante seus jejuns. Peça a seus amigos cristãos próximos que lhe peçam para prestar contas do cumprimento dos compromissos que você acha que Deus quer que cumpra.

Que Deus use seu diário espiritual para realizar os objetivos dele em sua vida.

Nota

[1.] Henry T. Blackaby and Claude V. King, *Experiencing God*. Nashville: Broadman Press, 1994.

Apêndice 5

Referências bíblicas ao jejum

Diretrizes gerais para o jejum

Atitude de jejum
Será esse o jejum que escolhi, que apenas um dia o homem se humilhe, incline a cabeça como o junco e se deite sobre pano de saco e cinzas? É isso que vocês chamam jejum, um dia aceitável ao Senhor? "O jejum que desejo não é este: soltar as correntes da injustiça, desatar as cordas do jugo, pôr em liberdade os oprimidos e romper todo jugo? Não é partilhar sua comida com o faminto, abrigar o pobre desamparado, vestir o nu que você encontrou, e não recusar ajuda ao próximo?" (Is 58.5-7)

Jejuar para Deus
"Pergunte a todo o povo e aos sacerdotes: Quando vocês jejuaram no quinto e no sétimo meses durante os últimos setenta anos, foi de fato para mim que jejuaram? E quando comiam e bebiam, não era para vocês mesmos que o faziam?" (Zc 7.5, 6).

Finalidade do jejum

Disciplinar a alma com aflição
"Até quando choro e jejuo, tenho que suportar zombaria" (Sl 69.10).

Humilhar a alma
"Proclamei jejum para que nos humilhássemos diante do nosso Deus e lhe pedíssemos uma viagem segura" (Ed 8.21).

"Contudo, quando estavam doentes, usei vestes de lamento, humilhei-me com jejum e recolhi-me em oração" (Sl 35.13).

Buscar ao Senhor
"Alarmado, Josafá decidiu consultar o Senhor e proclamou um jejum em todo o reino de Judá. Reuniu-se, pois, o povo, vindo de todas as cidades de Judá para buscar ajuda do Senhor" (2 Cr 20.3, 4).

Preparar-se para a guerra espiritual
"Esta espécie só sai pela oração e pelo jejum" (Mt 17.21).

Quando jejuar

Quando estiver diante do juízo de Deus
"Quando Acabe ouviu essas palavras, rasgou as suas vestes, vestiu-se de pano de saco e jejuou. Passou a dormir sobre panos de saco e agia com mansidão" (1 Rs 21.27).

"Decretem um jejum santo; convoquem uma assembleia sagrada. Reúnam as autoridades e todos os habitantes do país no templo do Senhor, o seu Deus, e clamem ao Senhor" (Jl 1.14).

"Voltem-se para mim de todo o coração, com jejum, lamento e pranto" (Jl 2.12).

"Jonas entrou na cidade e a percorreu durante um dia, proclamando: 'Daqui a quarenta dias Nínive será destruída'. Os ninivitas creram em Deus. Proclamaram um jejum, e todos eles, do maior ao menor, vestiram-se de pano de saco" (Jn 3.4, 5).

Durante os períodos de luto nacional
"Quando os habitantes de Jabes-Gileade ficaram sabendo o que os filisteus tinham feito com Saul, os mais corajosos dentre eles foram durante a noite a Bete-Seã. Baixaram os corpos de Saul e de seus filhos do muro de Bete-Seã e os levaram para Jabes, onde os queimaram. Depois enterraram

seus ossos debaixo de uma tamargueira em Jabes, e jejuaram durante sete dias" (1 Sm 31.11-13).

"E se lamentaram, chorando e jejuando até o fim da tarde, por Saul e por seu filho Jônatas, pelo exército do Senhor e pelo povo de Israel, porque muitos haviam sido mortos à espada" (2 Sm 1.12).

"Depois, quando o povo insistiu com Davi que comesse alguma coisa enquanto era dia, Davi fez este juramento: "Deus me castigue com todo o rigor, caso eu prove pão ou qualquer outra coisa antes do pôr-do-sol!" (2 Sm 3.35).

"Quando os habitantes de Jabes-Gileade ficaram sabendo o que os filisteus haviam feito com Saul, os mais corajosos dentre eles foram e apanharam os corpos de Saul e de seus filhos e os levaram a Jabes. Lá sepultaram seus ossos sob a Grande Árvore, e jejuaram por sete dias" (1 Cr 10.11, 12).

Quando a comunhão com Cristo foi rompida

"Jesus respondeu: 'Como podem os convidados do noivo ficar de luto enquanto o noivo está com eles?'. 'Virão dias quando o noivo lhes será tirado; então jejuarão'" (Mt 9.15).

"Jesus respondeu: 'Como podem os convidados do noivo jejuar enquanto este está com eles? Não podem, enquanto o têm consigo. Mas virão dias quando o noivo lhes será tirado; e nesse tempo jejuarão'" (Mc 2.19, 20).

"Jesus respondeu: 'Podem vocês fazer o convidado do noivo jejuar enquanto o noivo está com eles?' Mas virão dias quando o noivo lhes será tirado; naqueles dias jejuarão'" (Lc 5.34, 35).

Quando estiver preocupado com o bem-estar dos outros

"Contudo, quando estavam doentes, usei vestes de lamento, humilhei-me com jejum e recolhi-me em oração" (Sl 35.13).

Quando se sentir desafiado por preocupações pessoais

"Depois que Natã foi para casa, o Senhor fez adoecer o filho que a mulher de Urias dera a Davi. E Davi implorou a Deus em favor da criança. Ele jejuou e, entrando em casa, passou a noite deitado no chão. Os oficiais do palácio tentaram fazê-lo levantar-se do chão, mas ele não quis, e recusou comeu" (2 Sm 12.15-17).

"Seus conselheiros lhe perguntaram: 'Por que ages assim? Enquanto a criança estava viva, jejuaste e choraste; mas, agora que a criança está morta, te levantas e comes!' Ele respondeu: 'Enquanto a criança ainda estava viva, jejuei e chorei. Eu pensava: Quem sabe? Talvez o Senhor tenha misericórdia de mim e deixe a criança viver. Mas agora que ela morreu, por que deveria jejuar? Poderia eu trazê-la de volta à vida? Eu irei até ela, mas ela não voltará para mim'." (2 Sm 12.21-23).

Quando estiver enfrentando perigo

"Então informaram a Josafá: 'Um exército enorme vem contra ti de Edom, do outro lado do mar Morto. Já está em Hazazom-Tamar, isto é, En-Gedi'. Alarmado, Josafá decidiu consultar o Senhor e proclamou um jejum em todo o reino de Judá. Reuniu-se, pois, o povo, vindo de todas as cidades de Judá para buscar ajuda do Senhor" (2 Cr 20.2,3).

"Ali, junto ao canal de Aava, proclamei jejum para que nos humilhássemos diante do nosso Deus e lhe pedíssemos uma viagem segura para nós e nossos filhos, com todos os nossos bens. Tive vergonha de pedir soldados e cavaleiros ao rei para nos protegerem dos inimigos na estrada, pois lhe tínhamos dito: 'A mão bondosa de nosso Deus está sobre todos os que o buscam, mas o seu poder e a sua ira são contra todos os que o abandonam'. Por isso jejuamos e suplicamos essa bênção ao nosso Deus, e ele nos atendeu" (Ed 8.21-23).

"Então Ester mandou esta resposta a Mardoqueu: 'Vá reunir todos os judeus que estão em Susã, e jejuem em meu favor. Não comam nem bebam durante três dias e três noites. Eu e minhas criadas jejuaremos como vocês. Depois disso irei ao rei, ainda que seja contra a lei. Seu tiver que morrer, morrerei" (Et 4.15, 16).

Quando estiver engajado em guerra espiritual

"Esta espécie só sai pela oração e pelo jejum" (Mt 17.21).
"Ele respondeu: 'Essa espécie só sai pela oração e pelo jejum'" (Mc 9.29).

Quando estiver ordenando ministros do evangelho

"Enquanto adoravam o Senhor e jejuavam, disse o Espírito Santo: 'Separem-me Barnabé e Saulo para a obra a que os tenho chamado'. Assim, depois de jejuar e orar, impuseram-lhes as mãos e os enviaram" (At 13.2, 3).

"Paulo e Barnabé designaram-lhes presbíteros em cada igreja; tendo orado e jejuado, eles os e encomendaram ao Senhor, em quem haviam confiado" (At 14.23).

Apêndice 5 – Referências bíblicas ao jejum

Jejum acompanhado de...

Abstinência de relações sexuais

"Não se recusem um ao outro, exceto por mútuo consentimento e durante certo tempo, para se dedicarem à oração. Depois, unam-se de novo, para que Satanás não os tente por não terem domínio próprio" (1 Co 7.5).

Confissão de pecado

"Quando eles se reuniram em Mispá, tiraram água e a derramaram perante o Senhor. Naquele dia jejuaram e ali disseram: 'Temos pecado contra o Senhor'" (1 Sm 7.6).

No vigésimo quarto dia do mês, os israelitas se reuniram, jejuaram, vestiram pano de saco e puseram terra sobre a cabeça. Os que eram de ascendência israelita tinham-se separado de todos os estrangeiros. Levantaram-se nos seus lugares, confessaram os seus pecados e a maldade dos seus antepassados. Ficaram onde estavam e leram o Livro da Lei do Senhor, do seu Deus, durante três horas, e passaram outras três horas confessando os seus pecados e adorando o Senhor, o seu Deus' (Ne 9.1-3)

Humilhação

"Depois prostrei-me perante o Senhor outros quarenta dias e quarenta noites; não comi pão, nem bebi água, por causa do grande pecado que vocês tinham cometido, fazendo o que o Senhor reprova, provocando a ira dele" (Dt 9.18).

"Contudo, quando estavam doentes, usei vestes de lamento, humilhei-me com jejum e recolhi-me em oração" (Sl 35.13).

"Até quando choro e jejuo, tenho que suportar zombaria" (Sl 69.10).

"Quando Acabe ouviu essas palavras, rasgou as suas vestes, vestiu-se de pano de saco e jejuou. Passou a dormir sobre panos de saco e agia com mansidão" (1 Rs 21.27).

"No vigésimo quarto dia do mês, os israelitas se reuniram, jejuaram, vestiram pano de saco e puseram terra sobre a cabeça" (Ne 9.1).

Lamento

"Mardoqueu enviou cartas a todos os judeus das cento e vinte e sete províncias do império de Xerxes, desejando-lhes paz e segurança, e confirmando que os dias de Purim deveriam ser comemorados nas datas determinadas, conforme o judeu Mardoqueu e a rainha Ester tinham decretado e estabelecido para si mesmos, para todos os judeus e para os seus descendentes, e acrescentou observações sobre tempos de jejum e de lamentação" (Et 9.30, 31).

Luto

"E se lamentaram, chorando e jejuando até o fim da tarde, por Saul e por seu filho Jônatas, pelo exército do Senhor e pelo povo de Israel, porque muitos haviam sido mortos à espada" (2 Sm 1.12).

"Quando Acabe ouviu essas palavras, rasgou as suas vestes, vestiu-se de pano de saco e jejuou. Passou a dormir sobre panos de saco e agia com mansidão" (1 Rs 21.27).

"Em cada província onde chegou o decreto com a ordem do rei, houve grande pranto entre os judeus, com jejum, choro e lamento. Muitos se deitavam em pano de saco e em cinza" (Et 4.3).

"Quando ouvi essas coisas, sentei-me e chorei. Passei dias lamentando-me, jejuando e orando ao Deus dos céus" (Ne 1.4).

"Voltem-se para mim de todo o coração, com jejum, lamento e pranto" (Jl 2.12).

"Então Esdras retirou-se de diante do templo de Deus e foi para o quarto de Joanã, filho de Eliasibe. Enquanto esteve ali, não comeu nem bebeu nada, lamentando a infidelidade dos exilados" (Ed 10.6).

Aparência pessoal

"Ao jejuar, arrume o cabelo e lave o rosto" (Mt 6.17).

Oração

"Por isso jejuamos e suplicamos essa bênção ao nosso Deus, e ele nos atendeu" (Ed 8.23).

"Quando ouvi essas coisas, sentei-me e chorei. Passei dias lamentando-me, jejuando e orando ao Deus dos céus" (Ne 1.4).

"Contudo, quando estavam doentes, usei vestes de lamento, humilhei-me com jejum e recolhi-me em oração" (Sl 35.13).

"Por isso me voltei para o Senhor Deus com oração e súplicas, em jejum, em pano de saco e coberto de cinza" (Dn 9.3).

"E eles lhe disseram: 'Os discípulos de João jejuam e oram frequentemente, bem como os discípulos dos fariseus; mas os teus vivem comendo e bebendo" (Lc 5.33).

Leitura das Escrituras

"No vigésimo quarto dia do mês, os israelitas se reuniram, jejuaram, vestiram pano de saco e puseram terra sobre a cabeça. Os que eram de ascendência israelita tinham-se separado de todos os estrangeiros. Levantaram-se nos seus lugares, confessaram os seus pecados e a maldade dos seus antepassados. Ficaram onde estavam e leram o Livro da Lei do Senhor, do seu Deus, durante três horas, e passaram outras três horas confessando os seus pecados e adorando o Senhor, o seu Deus" (Ne 9.1-3).

"Por isso, vá ao templo do Senhor no dia do jejum e leia ao povo as palavras do Senhor que eu ditei, as quais você escreveu. Você também as lerá a todo o povo de Judá que vem de suas cidades" (Jr 36.6).

"Baruque leu a todo o povo as palavras de Jeremias escritas no rolo. Ele as leu no templo do Senhor, da sala de Gemarias, filho do secretário Safã. A sala ficava no pátio superior, na porta Nova do templo" (Jr 36.10).

Choro

"E se lamentaram, chorando e jejuando até o fim da tarde, por Saul e por seu filho Jônatas, pelo exército do Senhor e pelo povo de Israel, porque muitos haviam sido mortos à espada" (2 Sm 1.12).

"Quando ouvi essas coisas, sentei-me e chorei. Passei dias lamentando-me, jejuando e orando ao Deus dos céus" (Ne 1.4).

"Em cada província onde chegou o decreto com a ordem do rei, houve grande pranto entre os judeus, com jejum, choro e lamento. Muitos se deitavam em pano de saco e em cinza" (Et 4.3).

"Até quando choro e jejuo, tenho que suportar zombaria" (Sl 69.10).

"Voltem-se para mim de todo o coração, com jejum, lamento e pranto" (Jl 2.12).

Adoração

"No vigésimo quarto dia do mês, os israelitas se reuniram, jejuaram, vestiram pano de saco e puseram terra sobre a cabeça. Os que eram de ascendência israelita tinham-se separado de todos os estrangeiros. Levantaram-se nos seus lugares, confessaram os seus pecados e a maldade dos seus antepassados. Ficaram onde estavam e leram o Livro da Lei do Senhor, do seu Deus, durante três horas, e passaram outras três horas confessando os seus pecados e adorando o Senhor, o seu Deus" (Ne 9.1-3).

Bênçãos prometidas associadas com jejum

Oração respondida, visão e restauração

"Se você eliminar do seu meio o jugo opressor, o dedo acusador e a falsidade do falar; se com renúncia própria você beneficiar os famintos e satisfazer o anseio dos aflitos, então a luz despontará nas trevas, e a sua noite será como o meio-dia. O Senhor o guiará constantemente; satisfará os seus desejos numa terra ressequida pelo sol e fortalecerá os seus ossos. Você será como um jardim bem regado, como uma fonte cujas águas nunca faltam. Seu povo reconstruirá as velhas ruínas e restaurará os alicerces antigos; você será chamado reparador de muros, restaurador de ruas e moradias" (Is 58.9-12).

Alegria, contentamento e júbilo

"Assim diz o Senhor dos Exércitos: 'Os jejuns do quarto mês, bem como os do quinto, do sétimo e do décimo mês serão ocasiões alegres e cheias de júbilo, festas felizes para o povo de Judá. Por isso amem a verdade e a paz" (Zc 8.19).

Recompensados por Deus Pai

"Ao jejuar, arrume o cabelo e lave o rosto, para que não pareça aos outros que você está jejuando, mas apenas a seu Pai, que vê em secreto. E seu Pai, que vê em secreto, o recompensará" (Mt 6.17, 18).

Poder espiritual sobre demônios

"Esta espécie só sai pela oração e pelo jejum" (Mt 17.21).
 "Ele respondeu: 'Essa espécie só sai pela oração e pelo jejum'" (Mc 9.29).

Efeitos do jejum

"Então a palavra do Senhor veio ao tesbita Elias: 'Você notou como Acabe se humilhou diante de mim? Visto que se humilhou, não trarei essa desgraça durante o seu reinado, mas durante o reinado de seu filho" (1 Rs 21.28, 29).

"De tanto jejuar os meus joelhos fraquejam e o meu corpo definha de magreza" (Sl 109.24).

"Jesus chamou os seus discípulos e disse: 'Tenho compaixão desta multidão, já faz três dias que eles estão comigo e nada têm para comer. Não quero mandá-los embora com fome, porque podem desfalecer no caminho'" (Mt 15.32).

"Tenho compaixão desta multidão; já faz três dias que eles estão comigo e nada têm para comer. Se eu os mandar para casa com fome, vão desfalecer no caminho, porque alguns deles vieram de longe" (Mc 8.2, 3).

Proclamações de jejuns

Yom Kippur (Dia da Expiação)
"O décimo dia deste sétimo mês é o Dia da Expiação. Façam uma reunião sagrada e humilhem-se, e apresentem ao Senhor uma oferta preparada no fogo" (Lv 23.27).

Por Saul
"Os homens de Israel estavam exaustos naquele dia, pois Saul lhes havia imposto um juramento, dizendo: 'Maldito seja todo o que comer antes do anoitecer, antes que eu tenha me vingado de meus inimigos!' Por isso ninguém tinha comido nada" (1 Sm 14.24).

Por Josafá
"Alarmado, Josafá decidiu consultar o Senhor e proclamou um jejum em todo o reino de Judá" (2 Cr 20.3).

Por Joel
"Toquem a trombeta em Sião, decretem jejum santo, convoquem uma assembleia sagrada" (Jl 2.15).

Pelo rei de Nínive
"Os ninivitas creram em Deus. Proclamaram um jejum, e todos eles, do maior ao menor, vestiram-se de pano de saco. Quando as notícias chegaram ao rei de Nínive, ele se levantou do trono, tirou o manto real, vestiu-se de pano de saco e sentou-se sobre cinza. Então fez uma proclamação em Nínive:

'Por decreto do rei e de seus nobres: Não é permitido a nenhum homem ou animal, bois ou ovelhas, provar coisa alguma; não comam nem bebam! Cubram-se de pano de saco, homens e animais. E todos clamem a Deus com todas as suas forças. Deixem os maus caminhos e a violência. Talvez Deus se arrependa e abandone a sua ira, e não sejamos destruídos'." (Jn 3.5-9).

Por Jeoaquim
"No nono mês do quinto ano do reinado de Jeoaquim, filho de Josias, rei de Judá, foi proclamado um jejum perante o Senhor para todo o povo de Jerusalém e para todo o povo que vinha das cidades de Judá para Jerusalém" (Jr 36.9).

Por Esdras
"Ali, junto ao canal de Aava, proclamei jejum para que nos humilhássemos diante do nosso Deus e lhe pedíssemos uma viagem segura para nós e nossos filhos, com todos os nossos bens. Tive vergonha de pedir soldados e cavaleiros ao rei para nos protegerem dos inimigos na estrada, pois lhe tínhamos dito: 'A mão bondosa de nosso Deus está sobre todos os que o buscam, mas o seu poder e a sua ira são contra todos os que o abandonam'. Por isso jejuamos e suplicamos essa bênção ao nosso Deus, e ele nos atendeu" (Ed 8.21-23).

Por Ester
"Então Ester mandou esta resposta a Mardoqueu: 'Vá reunir todos os judeus que estão em Susã, e jejuem em meu favor. Não comam nem bebam durante três dias e três noites. Eu e minhas criadas jejuaremos como vocês. Depois disso irei ao rei, ainda que seja contra a lei. Seu tiver que morrer, morrerei" (Et 4.15, 16).

Pelo Purim
"Mardoqueu enviou cartas a todos os judeus das cento e vinte e sete províncias do império de Xerxes, desejando-lhes paz e segurança, e confirmando que os dias de Purim deveriam ser comemorados nas datas determinadas, conforme o judeu Mardoqueu e a rainha Ester tinham decretado e estabelecido para si mesmos, para todos os judeus e para os seus descendentes, e acrescentou observações sobre tempos de jejum e de lamentação" (Et 9.30, 31).

Apêndice 5 – Referências bíblicas ao jejum

Duração dos jejuns

Parte de um dia
"Tendo voltado ao palácio, o rei passou a noite sem comer e não aceitou nenhum divertimento em sua presença. Além disso, não conseguiu dormir" (Dn 6.18).

De um dia
"O décimo dia deste sétimo mês é o Dia da Expiação. Façam uma reunião sagrada e humilhem-se, e apresentem ao Senhor uma oferta preparada no fogo" (Lv 23.27).

"Quando eles se reuniram em Mispá, tiraram água e a derramaram perante o Senhor. Naquele dia jejuaram e ali disseram: 'Temos pecado contra o Senhor'" (1 Sm 7.6).

"Os homens de Israel estavam exaustos naquele dia, pois Saul lhes havia imposto um juramento, dizendo: 'Maldito seja todo o que comer antes do anoitecer, antes que eu tenha me vingado de meus inimigos!' Por isso ninguém tinha comido nada" (1 Sm 14.24).

"Por isso, vá ao templo do Senhor no dia do jejum e leia ao povo as palavras do Senhor que eu ditei, as quais você escreveu. Você também as lerá a todo o povo de Judá que vem de suas cidades" (Jr 36.6).

"No vigésimo quarto dia do mês, os israelitas se reuniram, jejuaram, vestiram pano de saco e puseram terra sobre a cabeça" (Ne 9.1).

De três dias
"Deram-lhe água e comida: um pedaço de bolo de figos prensados e dois bolos de uvas passas. Ele comeu e recobrou as forças, pois tinha ficado três dias e três noites sem comer e sem beber" (1 Sm 30.12).

"Jesus chamou os seus discípulos e disse: 'Tenho compaixão desta multidão, já faz três dias que eles estão comigo e nada têm para comer. Não quero mandá-los embora com fome, porque podem desfalecer no caminho" (Mt 15.32).

"Tenho compaixão desta multidão; já faz três dias que eles estão comigo e nada têm para comer. Se eu os mandar para casa com fome, vão desfalecer no caminho, porque alguns deles vieram de longe" (Mc 8.2, 3).

"Por três dias ele [Paulo] esteve cego, não comeu nem bebeu" (At 9.9).

De sete dias

"Quando os habitantes de Jabes-Gileade ficaram sabendo o que os filisteus tinham feito com Saul, os mais corajosos dentre eles foram durante a noite a Bete-Seã. Baixaram os corpos de Saul e de seus filhos do muro de Bete-Seã e os levaram para Jabes, onde os queimaram. Depois enterraram seus ossos debaixo de uma tamargueira em Jabes, e jejuaram durante sete dias" (1 Sm 31.11-13).

"Quando os habitantes de Jabes-Gileade ficaram sabendo o que os filisteus haviam feito com Saul, os mais corajosos dentre eles foram e apanharam os corpos de Saul e de seus filhos e os levaram a Jabes. Lá sepultaram seus ossos sob a Grande Árvore, e jejuaram por sete dias" (1 Cr 10.11, 12).

"Depois que Natã foi para casa, o Senhor fez adoecer o filho que a mulher de Urias dera a Davi. E Davi implorou a Deus em favor da criança. Ele jejuou e, entrando em casa, passou a noite deitado no chão. Os oficiais do palácio tentaram fazê-lo levantar-se do chão, mas ele não quis, e recusou comeu. Seus conselheiros lhe perguntaram: 'Por que ages assim? Enquanto a criança estava viva, jejuaste e choraste; mas, agora que a criança está morta, te levantas e comes!'. Ele respondeu: 'Enquanto a criança ainda estava viva, jejuei e chorei. Eu pensava: Quem sabe? Talvez o Senhor tenha misericórdia de mim e deixe a criança viver. Mas agora que ela morreu, por que deveria jejuar? Poderia eu trazê-la de volta à vida? Eu irei até ela, mas ela não voltará para mim'." (2 Sm 12.15-18, 21-23).

Quatorze dias

"Pouco antes do amanhecer, Paulo insistia que todos se alimentassem, dizendo: 'Hoje faz catorze dias que vocês têm estado em vigília constante, sem nada comer'" (At 27.33).

Três semanas

"Naquela ocasião eu, Daniel, passei três semanas chorando. Não comi nada saboroso; carne e vinho nem provei; e não usei nenhuma essência aromática, até se passarem as três semanas" (Dn 10.2, 3).

Quarenta dias

"Moisés ficou ali com o Senhor quarenta dias e quarenta noites, sem comer pão e sem beber água. E escreveu nas tábuas as palavras da aliança: os Dez Mandamentos" (Êx 34.28).

Apêndice 5 – Referências bíblicas ao jejum

"Quando subi o monte para receber as tábuas de pedra, as tábuas da aliança que o Senhor tinha feito com vocês, fiquei no monte quarenta dias e quarenta noites; não comi pão, nem bebi água" (Dt 9.9).

"Depois prostrei-me perante o Senhor outros quarenta dias e quarenta noites; não comi pão, nem bebi água, por causa do grande pecado que vocês tinham cometido, fazendo o que o Senhor reprova, provocando a ira dele" (Dt 9.18).

"Ele se levantou, comeu e bebeu. Fortalecido com aquela comida, viajou quarenta dias e quarenta noites" (1 Rs 19.8).

"Então Jesus foi levado pelo Espírito ao deserto, para ser tentado pelo Diabo. Depois de jejuar quarenta dias e quarenta noites, teve fome" (Mt 4.1, 2).

"Jesus, cheio do Espírito Santo, voltou do Jordão e foi levado pelo Espírito ao deserto, onde, durante quarenta dias, foi tentado pelo Diabo. Não comeu nada durante esses dias e, ao fim deles, teve fome" (Lc 4.1, 2).

Abusos de jejum

Pelos hipócritas

"Contudo, no dia do seu jejum vocês fazem o que é do agrado de vocês, e exploram os seus empregados. Seu jejum termina em discussão e rixa, e em brigas de socos brutais. Vocês não podem jejuar como fazem hoje e esperar que a sua voz seja ouvida no alto" (Is 58.3, 4).

"Então o Senhor me disse: 'Não ore pelo bem-estar deste povo. Ainda que jejuem, não escutarei o clamor deles; ainda que ofereçam holocaustos e ofertas de cereal, não os aceitarei. Mas eu os destruirei pela guerra, pela fome e pela peste" (Jr 14.11, 12).

"Quando jejuarem, não mostrem uma aparência triste como os hipócritas, pois eles mudam a aparência do rosto a fim de que os outros vejam que eles estão jejuando" (Mt 6.16).

Pelos fariseus

"O fariseu, em pé, orava no íntimo: 'Deus, eu te agradeço porque não sou como os outros homens: ladrões, corruptos, adúlteros; nem mesmo como este publicano. Jejuo duas vezes por semana e dou o dízimo de tudo quanto ganho" (Lc 18.11, 12).

Pela rainha Jezabel

"Naquelas cartas ela escreveu: 'Decretem um dia de jejum e ponham Nabote sentado num lugar de destaque entre o povo. E mandem dois homens vadios sentar-se em frente dele e façam com que testemunhem que ele amaldiçoou tanto a Deus quanto ao rei. Levem-no para fora e apedrejem-no até a morte'" (1 Rs 21.9, 10).

Pelos líderes de Jezreel

"As autoridades e os nobres da cidade de Nabote fizeram conforme Jezabel os orientara nas cartas que lhes tinha escrito. Decretaram jejum e fizeram Nabote sentar-se num local destacado no meio do povo. Então dois homens vadios vieram e se sentaram em frente dele e o acusaram diante do povo, dizendo: 'Nabote amaldiçoou tanto a Deus quanto ao rei'. Por isso o levaram para fora da cidade e o apedrejaram até a morte" (1 Rs 21.11-13).

Por falsos mestres

"O Espírito diz claramente que nos últimos tempos alguns abandonarão a fé e seguirão espíritos enganadores e doutrinas de demônios. Tais ensinamentos vêm de homens hipócritas e mentirosos, que têm a consciência cauterizada e proíbem o casamento e o consumo de alimentos que Deus criou para serem recebidos com ação de graças pelos que creem e conhecem a verdade" (1 Tm 4.1-3).

Exemplos de jejum coletivo

Israel, antes da batalha contra Benjamim

"Então todos os israelitas subiram a Betel, e ali se assentaram, chorando perante o Senhor. Naquele dia jejuaram até a tarde e apresentaram holocaustos e ofertas de comunhão ao Senhor" (Jz 20.26).

Israel em Mispá

"Quando eles se reuniram em Mispá, tiraram água e a derramaram perante o Senhor. Naquele dia jejuaram e ali disseram: 'Temos pecado contra o Senhor'" (1 Sm 7.6).

O Exército de Saul

"Os homens de Israel estavam exaustos naquele dia, pois Saul lhes havia imposto um juramento, dizendo: 'Maldito seja todo o que comer antes de anoitecer, antes que eu tenha me vingado de meus inimigos!' Por isso ninguém tinha comido nada" (1 Sm 14.24).

Os homens de Jabesh Gileade

"Quando os habitantes de Jabes-Gileade ficaram sabendo o que os filisteus tinham feito com Saul, os mais corajosos dentre eles foram durante a noite a Bete-Seã. Baixaram os corpos de Saul e de seus filhos do muro de Bete-Seã e os levaram para Jabes, onde os queimaram. Depois enterraram seus ossos debaixo de uma tamargueira em Jabes, e jejuaram durante sete dias" (1 Sm 31.11-13).

"Quando os habitantes de Jabes-Gileade ficaram sabendo o que os filisteus haviam feito com Saul, os mais corajosos dentre eles foram e apanharam os corpos de Saul e de seus filhos e os levaram a Jabes. Lá sepultaram seus ossos sob a Grande Árvore, e jejuaram por sete dias" (1 Cr 10.11, 12).

Os homens fortes de Davi

"E se lamentaram, chorando e jejuando até o fim da tarde, por Saul e por seu filho Jônatas, pelo exército do Senhor e pelo povo de Israel, porque muitos haviam sido mortos à espada" (2 Sm 1.12).

Judá

"Alarmado, Josafá decidiu consultar o Senhor e proclamou um jejum em todo o reino de Judá. Reuniu-se, pois, o povo, vindo de todas as cidades de Judá para buscar ajuda do Senhor" (2 Cr 20.3, 4).

O povo de Nínive

"Os ninivitas creram em Deus. Proclamaram um jejum, e todos eles, do maior ao menor, vestiram-se de pano de saco. Quando as notícias chegaram ao rei de Nínive, ele se levantou do trono, tirou o manto real, vestiu-se de pano de saco e sentou-se sobre cinza. Então fez uma proclamação em Nínive: 'Por decreto do rei e de seus nobres: Não é permitido a nenhum homem ou animal, bois ou ovelhas, provar coisa alguma; não comam nem bebam! Cubram-se de pano de saco, homens e animais. E todos clamem a Deus com todas as suas forças. Deixem os maus caminhos e a violência. Talvez Deus se arrependa e abandone a sua ira, e não sejamos destruídos'" (Jn 3.5-9).

O povo de Judá (durante o reinado de Jeoaquim)
"No nono mês do quinto ano do reinado de Jeoaquim, filho de Josias, rei de Judá, foi proclamado um jejum perante o Senhor para todo o povo de Jerusalém e para todo o povo que vinha das cidades de Judá para Jerusalém. Baruque leu a todo o povo as palavras de Jeremias escritas no rolo. Ele as leu no templo do Senhor, da sala de Gemarias, filho do secretário Safã. A sala fica no pátio superior, na porta Novo do templo" (Jr 36.9).

Os remanescentes quando voltaram do cativeiro
"Ali, junto ao canal de Aava, proclamei jejum para que nos humilhássemos diante do nosso Deus e lhe pedíssemos uma viagem segura para nós e nossos filhos, com todos os nossos bens. Tive vergonha de pedir soldados e cavaleiros ao rei para nos protegerem dos inimigos na estrada, pois lhe tínhamos dito: 'A mão bondosa de nosso Deus está sobre todos os que o buscam, mas o seu poder e a sua ira são contra todos os que o abandonam'. Por isso jejuamos e suplicamos essa bênção ao nosso Deus, e ele nos atendeu" (Ed 8. 21-23).

Os remanescentes em Jerusalém depois do cativeiro
"No vigésimo quarto dia do mês, os israelitas se reuniram, jejuaram, vestiram pano de saco e puseram terra sobre a cabeça" (Ne 9.1).

Os judeus durante o reinado de Assuero
"Em cada província aonde chegou o decreto com a ordem do rei, houve grande pranto entre os judeus, com jejum, choro e lamento. Muitos se deitavam em pano de saco e em cinza" (Et 4.3).

"Então Ester mandou esta resposta a Mardoqueu: 'Vá reunir todos os judeus que estão em Susã, e jejuem em meu favor. Não comam nem bebam durante três dias e três noites. Eu e minhas criadas jejuaremos como vocês. Depois disso irei ao rei, ainda que seja contra a lei. Seu tiver que morrer, morrerei". (Et 4.15, 16).

Os fariseus

"Os discípulos de João Batista vieram perguntar-lhe: "Por que nós e os fariseus jejuamos, mas os teus discípulos não?" (Mt 9.14).

"Os discípulos de João e os fariseus estavam jejuando. Algumas pessoas vieram a Jesus e lhe perguntaram: 'Por que os discípulos de João e os dos fariseus jejuam, mas os teus não?'" (Mc 2.18).

"E eles lhe disseram: 'Os discípulos de João jejuam e oram frequentemente, bem como os discípulos dos fariseus; mas os teus vivem comendo e bebendo" (Lc 5.33).

Os discípulos de João Batista

"Os discípulos de João Batista vieram perguntar-lhe: "Por que nós e os fariseus jejuamos, mas os teus discípulos não?" (Mt 9.14).

"Os discípulos de João e os fariseus estavam jejuando. Algumas pessoas vieram a Jesus e lhe perguntaram: 'Por que os discípulos de João e os dos fariseus jejuam, mas os teus não?'" (Mc 2.18).

"E eles lhe disseram: 'Os discípulos de João jejuam e oram frequentemente, bem como os discípulos dos fariseus; mas os teus vivem comendo e bebendo" (Lc 5.33).

As multidões que seguiam Jesus

"Jesus chamou os seus discípulos e disse: 'Tenho compaixão desta multidão, já faz três dias que eles estão comigo e nada têm para comer. Não quero mandá-los embora com fome, porque podem desfalecer no caminho" (Mt 15.32).

"Tenho compaixão desta multidão; já faz três dias que eles estão comigo e nada têm para comer. Se eu os mandar para casa com fome, vão desfalecer no caminho, porque alguns deles vieram de longe" (Mc 8.2, 3).

Os líderes da igreja de Antioquia

"Na igreja de Antioquia havia profetas e mestres: Barnabé, Simeão, chamado Níger, Lúcio de Cirene, Manaém, que fora criado com Herodes, o tetrarca, e Saulo. Enquanto adoravam o Senhor e jejuavam, disse o Espírito Santo: 'Separem-me Barnabé e Saulo para a obra a que os tenho chamado. Assim, depois de jejuar e orar, impuseram-lhes as mãos e os enviaram" (At 13.1-3).

Judeus comprometidos em matar Paulo
"Na manhã seguinte os judeus tramaram uma conspiração e juraram solenemente que não comeriam nem beberiam enquanto não matassem Paulo. Mais de quarenta homens estavam envolvidos nessa conspiração" (At 23. 12, 13).

A tripulação e os passageiros do barco Adramítio
"Pouco antes do amanhecer, Paulo insistia que todos se alimentassem, dizendo: 'Hoje faz catorze dias que vocês têm estado em vigília constante, sem nada comer'" (At 27.33).

Exemplos de jejuns individuais

Acabe
"Então Acabe foi para casa aborrecido e indignado porque Nabote, de Jezreel, lhe dissera: 'Não te darei a herança dos meus pais'. Deitou-se na cama, virou o rosto para a parede e recusou-se a comer. Sua mulher Jezabel entrou e lhe perguntou: 'Por que você está tão aborrecido? Por que não come?'" (1 Rs 21.4, 5).

"Quando Acabe ouviu essas palavras, rasgou as suas vestes, vestiu-se de pano de saco e jejuou. Passou a dormir sobre panos de saco e agia com mansidão" (1 Rs 21.27).

Ana
"Estava ali a profetisa Ana, filha de Fanuel, da tribo de Aser. Era muito idosa; tinha vivido com seu marido sete anos depois de se casar e então permanecera viúva até a idade de oitenta e quatro anos. Nunca deixava o templo: adorava a Deus jejuando e orando dia e noite" (Lc 2.36, 37).

Cornélio
"Cornélio respondeu: 'Há quatro dias eu estava em minha casa orando a esta hora, às três horas da tarde. De repente, colocou-se diante de mim um homem com roupas resplandecentes e disse: 'Cornélio, Deus ouviu sua oração e lembrou-se de suas esmolas'" (At 10.30, 31).

Daniel

"Por isso me voltei para o Senhor Deus com oração e súplicas, em jejum, em pano de saco e coberto de cinza" (Dn 9.3).

"Naquela ocasião eu, Daniel, passei três semanas chorando. Não comi nada saboroso; carne e vinho nem provei; e não usei nenhuma essência aromática, até se passarem as três semanas" (Dn 10.2, 3).

Dario

"Tendo voltado ao palácio, o rei passou a noite sem comer e não aceitou nenhum divertimento em sua presença. Além disso, não conseguiu dormir" (Dn 6.18).

Davi

"Contudo, quando estavam doentes, usei vestes de lamento, humilhei-me com jejum e recolhi-me em oração" (Sl 35.13).

"Até quando choro e jejuo, tenho que suportar zombaria" (Sl 69.10)

Depois, quando o povo insistiu com Davi que comesse alguma coisa enquanto era dia, Davi fez este juramento: "Deus me castigue com todo o rigor, caso eu prove pão ou qualquer outra coisa antes do pôr-do-sol!" (2 Sm 3.35).

"Depois que Natã foi para casa, o Senhor fez adoecer o filho que a mulher de Urias dera a Davi. E Davi implorou a Deus em favor da criança. Ele jejuou e, entrando em casa, passou a noite deitado no chão. Os oficiais do palácio tentaram fazê-lo levantar-se do chão, mas ele não quis, e recusou comer." (2 Sm 12.15-17).

"De tanto jejuar, os meus joelhos fraquejam e o meu corpo definha de magreza" (Sl 109.24).

O servo egípcio de um amalequita

"Deram-lhe água e comida: um pedaço de bolo de figos prensados e dois bolos de uvas passas. Ele comeu e recobrou as forças, pois tinha ficado três dias e três noites sem comer e sem beber" (1 Sm 30.11).

Elias

"Ele se levantou, comeu e bebeu. Fortalecido com aquela comida, viajou quarenta dias e quarenta noites" (1 Rs 19.8).

Ester

"Então Ester mandou esta resposta a Mardoqueu: 'Vá reunir todos os judeus que estão em Susã, e jejuem em meu favor. Não comam nem bebam durante três dias e três noites. Eu e minhas criadas jejuaremos como vocês. Depois disso irei ao rei, ainda que seja contra a lei. Seu tiver que morrer, morrerei". (Et 4.15,16).

Esdras

"Então, na hora do sacrifício da tarde, eu saí do meu abatimento, com a túnica e o manto rasgados, e caí de joelhos com as mãos estendidas para o Senhor, o meu Deus" (Ed 9.5)

"Então Esdras retirou-se de diante do templo de Deus e foi para o quarto de Joanã, filho de Eliasibe. Enquanto esteve ali, não comeu nem bebeu nada, lamentando a infidelidade dos exilados" (Ed 10.6).

Ana (mãe de Samuel)

"Isso acontecia ano após ano. Sempre que Ana subia à casa do Senhor, sua rival a provocava e ela chorava e não comia. Elcana, seu marido, lhe perguntava: 'Ana, por que você está chorando? Por que não come? Por que está triste? Será que eu não sou melhor para você do que dez filhos?'" (1 Sm 1.7,8).

Jesus

"Então Jesus foi levado pelo Espírito ao deserto, para ser tentado pelo Diabo. Depois de jejuar quarenta dias e quarenta noites, teve fome" (Mt 4.1, 2).

"Jesus, cheio do Espírito Santo, voltou do Jordão e foi levado pelo Espírito ao deserto, onde, durante quarenta dias, foi tentado pelo Diabo. Não comeu nada durante esses dias e, ao fim deles, teve fome" (Lc 4.1, 2).

João Batista

"Pois veio João que jejua e não bebe vinho, e dizem: 'Ele tem demônio'" (Mt 11.18).

"Pois veio João Batista, que jejua e não bebe vinho, e vocês dizem: 'Ele tem demônio'" (Lc 7.33).

Jônatas

"Jônatas levantou-se da mesa muito irado; naquele segundo dia da festa da lua nova ele não comeu, entristecido porque seu pai havia humilhado Davi" (1 Sm 20.34).

Moisés

"Moisés ficou ali com o Senhor quarenta dias e quarenta noites, sem comer pão e sem beber água. E escreveu nas tábuas as palavras da aliança: os Dez Mandamentos" (Êx 34.28).

"Quando subi o monte para receber as tábuas de pedra, as tábuas da aliança que o Senhor tinha feito com vocês, fiquei no monte quarenta dias e quarenta noites; não comi pão, nem bebi água" (Dt 9.9).

"Depois prostrei-me perante o Senhor outros quarenta dias e quarenta noites; não comi pão, nem bebi água, por causa do grande pecado que vocês tinham cometido, fazendo o que o Senhor reprova, provocando a ira dele" (Dt 9.18).

Neemias

"Quando ouvi essas coisas, sentei-me e chorei. Passei dias lamentando-me, jejuando e orando ao Deus dos céus" (Ne 1.4).

Paulo

"Por três dias ele [Paulo] esteve cego, não comeu nem bebeu" (At 9.9).

"Em açoites, prisões e tumultos; em trabalhos árduos, noites sem dormir e jejuns" (2 Co 6.5).

"Trabalhei arduamente; muitas vezes fiquei sem dormir, passei fome e sede, e muitas vezes fiquei em jejum; suportei frio e nudez" (2 Co 11.27).

Saul

"Na mesma hora Saul caiu estendido no chão, aterrorizado pelas palavras de Samuel. Suas forças se esgotaram, pois ele tinha passado todo aquele dia e toda aquela noite sem comer" (1 Sm 28.20).

Urias

"Urias respondeu: 'A arca e os homens de Israel e de Judá repousam em tendas; o meu senhor Joabe e os seus soldados estão acampados ao ar livre.

Como poderia eu ir para casa para comer, beber e deitar-me com minha mulher? Juro por teu nome o por tua vida que não farei uma coisa dessas!'" (2 Sm 11.11).

Jejuns especiais (dietas restritas)

Sem cereais nem grãos (Festa das Primícias)
"Vocês não poderão comer pão algum, nem cereal tostado, nem cereal novo, até o dia em que trouxerem essa oferta ao Deus de vocês. Este é um decreto perpétuo para as suas gerações, onde quer que morarem" (Lv 23.14)

Sem uva e os produtos da uva (voto de nazireado)
"Terá que se abster de vinho e de outras bebidas fermentadas e não poderá beber vinagre feito de vinho ou de outra bebida fermentada. Não poderá beber suco de uva nem comer uvas, nem passas. Enquanto for nazireu não poderá comer nada que venha da videira, nem mesmo as sementes ou as cascas" (Nm 6.3, 4).

Apenas pratos com vegetais (Daniel na Babilônia)
"Peço-lhe que faça uma experiência com os seus servos durante dez dias: Não nos dê nada além de vegetais para comer e água para beber. Depois compare a nossa aparência com a dos jovens que comem a comida do rei, e trate os seus servos de acordo com o que você concluir'. Ele concordou e fez a experiência com eles durante dez dias. Passados os dez dias, eles pareciam mais saudáveis e mais fortes do que todos os jovens que comiam a comida da mesa do rei. Assim o encarregado tirou a comida especial e o vinho que haviam sido designados e em lugar disso lhes dava vegetais" (Dn 1.12-16)

Abstenção de alimentos não confiáveis
"Não destrua a obra de Deus por causa da comida. Todo alimento é puro, mas é errado comer qualquer coisa que faça os outros tropeçarem. É melhor não comer carne nem beber vinho, nem fazer qualquer outra coisa que seu irmão a cair" (Rm 14.20, 21).

"Portanto, se aquilo que eu como leva meu irmão a pecar, nunca mais comerei carne, para não fazer meu irmão tropeçar" (1 Co 8.13).

Apêndice
6

Bibliografia comentada

ANDERSON, ANDY. *Fasting Changed my Life*. (Prefácio de Jack R. Taylor). Nashville, Broadman Press, 1977. Um testemunho da experiência de jejum do autor. Também contém testemunhos de outros líderes cristãos.

BEALL, JAMES LEE. *The Adventure of Fasting*. Grand Rapids: Fleming H Revell, 1974. Um livro geral sobre o jejum.

BRAGG, PAUL C. *The Miracle of Fasting*. Santa Ana: Health Science, 1976. Uma discussão popular acerca do jejum do ponto de vista médico e de saúde. Defende o jejum regular por razões de saúde.

BRIGHT, BILL. *The Coming Revival: America's Call to Fast, Pray and Seek God's Face*. Orlando: New Life Publications, o ministério editorial da Cruzada Universitária Para Cristo, 1995. Relata o jejum de quarenta dias do autor e exorta outros a jejuar e orar pelo avivamento nos Estados Unidos.

BRIGHT, BILL. *Seven Basic Steps to Successful Fasting and Prayer*. Orlando: New Life Publications, 1995. Informa como se preparar espiritualmente para o jejum.

BUCKINGER, OTTO H.F. *Everything You Want to Know About Fasting*. Nova York: Pyramid Books, 1972. Discussão popular acerca do jejum do ponto de vista médico e de saúde. Defende jejuar regularmente para melhorar a saúde.

COTT, ALLAN. *Fasting: the Ultimate Diet.* Nova Iorque: Bantam Books, 1975. Discussão popular do ponto de vista médico acerca do jejum como abordagem eficaz para perda de peso significativa.

DUEWEL, WESLEY L. *Touch the World Through Prayer.* (Prefácio de Bill e Vonette Bright.) Grand Rapids: Francis Asbury Press, 1986. Manual prático que se concentra em vários aspectos do ministério da oração. Apresenta um capítulo sobre o jejum como meio de aprofundar o ministério de oração de um crente.

FALWELL, JERRY. *Fating: What the Bible Teaches.* Wheaton: Tyndale House Publishers, 1981. Um estudo bíblico que ensina como jejuar visando a uma chamada para um jejum nacional para preparar para o returno aos valores morais tradicionais na política e na sociedade norte-americana.

GREENBLATT, ROBERT. *Search the Scriputres*: Modern Medicine and Biblical Personages. (Prefácio de Henry King Stanford). Carnforth Lancs, Inglaterra: The Parthenon Press, 1985. Uma interpretação de fatos bíblicos selecionados vistos sob a ótica do conhecimento médico contemporâneo. contém um breve capítulo sobre o jejum.

GROOMS, J. O. *Soul-Winner's Fast.* Lynchburg: Treasure Path to Soul Winning, Inc, 1979. Um programa de memória de temas bíblicos em seis meses com base em 120 versículos que tratam de várias questões de jejum.

KIRBAN, SALEM. *How to Keep Healthy and Happy by Fasting.* Huntingdon: Salem Kirban, 1971. Uma discussão acessível de jejum tanto por questões de saúde quanto espirituais.

LLOYD-JONES, D. MARTYN. *Studies in the Sermon on the Mount.* Grand Rapids: Eerdmans Publishing Col, 1971. Estudo clássico do Sermão do Monte (Mt 5-7) por um expositor britânico. Contém um sermão sobre jejuar com base em Mateus 6.16-18.

MAURRAY, ANDRES. *With Christ in the School of Prayer: Thoughts on our Training for the Ministry of Intercession.* Grand Rapids: Fleming Revell Co, 1953. Estudo clássico sobre oração realizado por um respeitado líder cristão do século passado. Inclui um capítulo sobre o jejum.

PORTER, DOUGLAS. *Investing in the Harvest.* Lynchburg: Church Growth Institute, 1991. Campanha de mordomia (administração) que compreende um jejum de quarenta horas. Inclui diretrizes práticas a ser observadas na semana do jejum.

PRINCE, DEREK. *Shaping History Through Prayer and Fasting.* Grand Rapids: Fleming H. Revell Co., 1973. Exortação ao jejum para mudar os Estados Unidos.

RICE, JOHN. *Prayer: Asking and Receiving.* (Introdução de Oswald J. Smith). Murfreesboro: Sword of the Lord Publishers, 1942. Estudo abrangente acerca da oração realizado por um líder evangelista/avivalista da metade do século XX. Inclui um capítulo sobre jejum.

SANDERS, J. OSWALD. *Prayer Power Unlimited.* Chicago: Moody Press, 1977. Estudo de vários aspectos da oração pessoal. Inclui um capítulo intitulado "Os cristãos devem jejuar?"

SHELTON, HERBERT M. *Fasting Can Save Your Life.* Chicago: Natural Hygiene Press, 1978. Discussão acessível acerca do jejum do ponto de vista médico e de saúde. Defende o jejum regular como benefício para a saúde.

TOWNS, ELMER L. *Spirituals Factors of Church Growth.* Lynchburg: Church Growth Institute, 1992. Estudo abrangente de vários fatores espirituais que influenciam o crescimento da igreja. Inclui um capítulo sobre o jejum.

WAGNER, C. PETER. *Warfare Prayer: How to Seek God's Power and Protection in the Battle to Build his Kingdom.* Ventura: Regal Books, 1992. Estudo introdutório sobre o papel da oração na guerra espiritual. Contém uma discussão breve sobre como começar a disciplina do jejum.

WALLIS, ARTHUR. *God's Chosen Fast.* Fort Washington: Christian Literature Crusade, 1969. Estudo dos principais textos bíblicos que tratam do jejum e de seus benefícios na vida cristã.

WEMP, C. SUMMER. *How on Earth Can I Be Spiritual?* Nashville: Thomas Nelson, 1978. Estudo acessível de vários aspectos da vida cheia do espírito de um ponto de vista não-carismático. Contém um capítulo sobre o jejum.

Gostou?

Você foi abençoado por este livro? A leitura desta profunda obra foi uma experiência rica e impactante em sua vida espiritual?

O fundador da Editora Atos, que publicou este exemplar que você tem nas mãos, o Pastor Gary Haynes, também fundou um ministério chamado *Movimento dos Discípulos*. Esse ministério existe com a visão de chamar a igreja de volta aos princípios do Novo Testamento. Cremos que podemos viver em nossos dias o mesmo mover do Espírito Santo que está mencioado no livro de Atos.

Para isso acontecer, precisamos de um retorno à autoridade da Palavra como única autoridade espiritual em nossas vidas. Temos que abraçar de novo o mantra *Sola Escriptura*, onde tradições eclesiásticas e doutrinas dos homens não têm lugar em nosso meio.

Há pessoas em todo lugar com fome de voltarmos a conhecer a autenticidade da Palavra, sermos verdadeiros discípulos de Jesus, legítimos templos do Espírito Santo, e a vermos o amor ágape, como uma família genuína. E essas pessoas estão sendo impactadas pelo *Movimento dos Discípulos*.

Se esses assuntos tocam seu coração, convidamos você a conhecer o portal que fizemos com um tesouro de recursos espirituais marcantes.

Nesse portal há muitos recursos para ajudá-lo a crescer como um discípulo de Jesus, como a TV Discípulo, com muitos vídeos sobre tópicos importantes para a sua vida.

Além disso, há artigos, blogs, área de notícias, uma central de cursos e de ensino, e a Loja dos Discípulos, onde você poderá adquirir outros livros de grandes autores. Além do mais, você poderá engajar com muitas outras pessoas, que têm fome e sede de verem um grande mover de Deus em nossos dias.

Conheça já o portal do Movimento dos Discípulos!

www.osdiscipulos.org.br